中国社会科学院创新工程学术出版资助项目

国家社科基金重大特别委托项目
西藏历史与现状综合研究项目

中国社会科学院创新工程学术出版资助项目
国家社科基金重大特别委托项目
西藏历史与现状综合研究项目

西藏重点文物保护单位的现状、潜在资源分析与保护对策

霍巍 杨锋 谌海霞 著

社会科学文献出版社
SOCIAL SCIENCES ACADEMIC PRESS (CHINA)

西藏历史与现状综合研究项目
编 委 会

名誉主任 江蓝生

主　任 郝时远

副主任 晋保平

成　员（按姓氏音序排列）

旦增伦珠　尕藏加　郝时远　何宗英
胡　岩　　江蓝生　晋保平　刘晖春
马加力　　石　硕　宋月华　苏发祥
许德存（索南才让）许广智　杨　群
扎　洛　　张　云　仲布·次仁多杰
周伟洲　　朱　玲

总 序

郝时远

中国的西藏自治区，是青藏高原的主体部分，是一个自然地理、人文社会极具特色的地区。雪域高原、藏传佛教彰显了这种特色的基本格调。西藏地区平均海拔4000米，是人类生活距离太阳最近的地方；藏传佛教集中体现了西藏地域文化的历史特点，宗教典籍中所包含的历史、语言、天文、数理、哲学、医学、建筑、绘画、工艺等知识体系之丰富，超过了任何其他宗教的知识积累，对社会生活的渗透和影响十分广泛。因此，具有国际性的藏学研究离不开西藏地区的历史和现实，中国理所当然是藏学研究的故乡。

藏学研究的历史通常被推溯到17世纪西方传教士对西藏地区的记载，其实这是一种误解。事实上，从公元7世纪藏文的创制，并以藏文追溯世代口传的历史、翻译佛教典籍、记载社会生活的现实，就是藏学研究的开端。同一时代汉文典籍有关吐蕃的历史、政治、经济、文化、社会生活及其与中原王朝互动关系的记录，就是中国藏学研究的本土基础。现代学术研究体系中的藏学，如同汉学、东方学、蒙古学等国际性的学问一样，曾深受西学理论和方法的影响。但是，西学对中国的研究也只能建立在中国历史资料和学术资源基础之上，因为这些历史资料、学术资源中所蕴含的不仅是史实，而且包括了古代记录者、撰著者所依据的资料、分析、解读和观念。因此，中国现代藏学研究的发展，不仅需要参考、借鉴和吸收西学的成就，而且必须立足本土的传统，光大中国藏学研究的中国特色。

作为一门学问，藏学是一个综合性的学术研究领域，"西藏历史与现状综合研究项目"即是立足藏学研究综合性特点的国家社会科学基金重大特别委托项目。自2009年"西藏历史与现状综合研究项目"启动以来，中国社会科学院建立了项目领导小组，组成了专家委员会，制定了《"西藏历史与现状综合研究项目"管理办法》，采取发布年度课题指南和委托的方式，面向全国进行招标申报。几年来，根据年度发布的项目指南，通过专家初审、专家委员会评审的工作机制，逐年批准了一百多项课题，约占申报量的十分之一。这些项目的成果形式主要为学术专著、档案整理、文献翻译、研究报告、学术论文等类型。

承担这些课题的主持人，既包括长期从事藏学研究的知名学者，也包括致力于从事这方面研究的后生晚辈，他们的学科背景十分多样，包括历史学、政治学、经济学、民族学、人类学、宗教学、社会学、法学、语言学、生态学、心理学、医学、教育学、农学、地理学和国际关系研究等诸多学科，分布于全国23个省、自治区、直辖市的各类科学研究机构、高等院校。专家委员会在坚持以选题、论证等质量入选原则的基础上，对西藏自治区、青海、四川、甘肃、云南这些藏族聚居地区的学者和研究机构，给予了一定程度的支持。这些地区的科学研究机构、高等院校大都具有藏学研究的实体、团队，是研究西藏历史与现实的重要力量。

"西藏历史与现状综合研究项目"具有时空跨度大、内容覆盖广的特点。在历史研究方面，以断代、区域、专题为主，其中包括一些历史档案的整理，突出了古代西藏与中原地区的政治、经济和文化交流关系；在宗教研究方面，以藏传佛教的政教合一制度及其影响、寺规戒律与寺庙管理、僧人行止和社会责任为重点，突出了藏传佛教与构建和谐社会的关系；在现实研究方面，则涉及政治、经济、文化、社会和生态环境等诸多领域，突出了跨越式发展和长治久安的主题。

在平均海拔4000米的雪域高原，实现现代化的发展，是中国改革开放以来推进经济社会发展的重大难题之一，也是没有国际经验可资借鉴的中国实践，其开创性自不待言。同时，以西藏自治区现代化为主题的经济社会发展，不仅面对地理、气候、环境、经济基础、文化特点、社会结构等特殊性，而且面对境外达赖集团和西方一些所谓"援藏"势力制造的"西藏问题"。因此，这一项目的实施也必然包括针对这方面的研究选题。

所谓"西藏问题"是近代大英帝国侵略中国、图谋将西藏地区纳入其殖民统治而制造的一个历史伪案，流毒甚广。虽然在一个世纪之后，英国官方承认以往对中国西藏的政策是"时代错误"，但是西方国家纵容十四世达赖喇嘛四处游说这种"时代错误"的国际环境并未改变。作为"时代错误"的核心内容，即英国殖民势力图谋独占西藏地区，伪造了一个具有"现代国家"特征的"香格里拉"神话，使旧西藏的"人间天堂"印象在西方社会大行其道，并且作为历史参照物来指责1959年西藏地区的民主改革、诋毁新西藏日新月异的现实发展。以致从17世纪到20世纪上半叶，众多西方人（包括英国人）对旧西藏黑暗、愚昧、肮脏、落后、残酷的大量实地记录，在今天的西方社会舆论中变成讳莫如深的话题，进而造成广泛的"集体失忆"现象。

这种外部环境，始终是十四世达赖喇嘛及其集团势力炒作"西藏问题"和分裂中国的动力。自20世纪80年代末以来，随着苏联国家裂变的进程，达赖集团在西方势力的支持下展开了持续不断、无孔不入的分裂活动。达赖喇嘛以其政教合一的身份，一方面在国际社会中扮演"非暴力"的"和平使者"，另一方面则挑起中国西藏等地区的社会骚乱、街头暴力等分裂活动。2008年，达赖集团针对中国举办奥运会而组织的大规模破坏活动，在境外形成了抢夺奥运火炬、冲击中国大使馆的恶劣暴行，在境内制造了打、砸、烧、杀的严重罪行,其目的就是要使所谓"西藏问题"弄假成真。而一些西方国家对此视而不见,则大都出于"乐观其成"的"西化""分化"中国的战略意图。其根本原因在于,中国的经济社会发展蒸蒸日上,西藏自治区的现代化进程不断加快,正在彰显中国特色社会主义制度的优越性,而西方世界不能接受中国特色社会主义取得成功,达赖喇嘛不能接受西藏地区彻底铲除政教合一封建农奴制度残存的历史影响。

在美国等西方国家的政治和社会舆论中,有关中国的议题不少,其中所谓"西藏问题"是重点之一。一些西方首脑和政要时不时以会见达赖喇嘛等方式,来表达他们对"西藏问题"的关注,显示其捍卫"人权"的高尚道义。其实,当"西藏问题"成为这些国家政党竞争、舆论炒作的工具性议题后,通过会见达赖喇嘛来向中国施加压力,已经成为西方政治作茧自缚的梦魇。实践证明,只要在事实上固守"时代错误",所谓"西藏问题"的国际化只能导致搬石砸脚的后果。对中国而言,内因是变化的依据,外因是变化的条件这一哲学原理没有改变,推进"中国特色、西藏特点"现代化建设的时间表是由中国确定的,中国具备抵御任何外部势力破坏国家统一、民族团结、社会稳定的能力。从这个意义上说,本项目的实施不仅关注了国际事务中的涉藏斗争问题,而且尤其重视西藏经济社会跨越式发展和长治久安的议题。

在"西藏历史与现状综合研究项目"的实施进程中,贯彻中央第五次西藏工作座谈会的精神,落实国家和西藏自治区"十二五"规划的发展要求,是课题立项的重要指向。"中国特色、西藏特点"的发展战略,无论在理论上还是在实践中,都是一个现在进行时的过程。如何把西藏地区建设成为中国"重要的国家安全屏障、重要的生态安全屏障、重要的战略资源储备基地、重要的高原特色农产品基地、重要的中华民族特色文化保护地、重要的世界旅游目的地",不仅需要脚踏实地地践行发展,而且需要科学研究的智力支持。在这方面，本项目设立了一系列相关的研究课题，诸如西藏跨越式发展目标评估，西藏民生改善的目标与政策，西藏基本公共服务及其管理能力，西藏特色经济发展与发展潜力，西藏交通运输业的发展与国内外贸易，西藏小城镇建设与发展，西藏人口较少民族及其跨越式发展等研究方向，分解出诸多的专题性研究课题。

注重和鼓励调查研究，是实施"西藏历史与现状综合研究项目"的基本原则。对西藏等地区经济社会发展的研究，涉面甚广，特别是涉及农村、牧区、城镇社区的研究，都需要开展深入的实地调查，课题指南强调实证、课题设计要求具体，也成为这类课题立项的基本条件。在这方面，我们设计了回访性的调查研究项目，即在20世纪五六十年代开展的藏区调查基础上，进行经济社会发展变迁的回访性调查，以展现半个多世纪以来这些微观社区的变化。这些现实性的课题，广泛地关注了经济社会的各个领域，其中包括人口、妇女、教育、就业、医疗、社会保障等民生改善问题，宗教信仰、语言文字、传统技艺、风俗习惯等文化传承问题，基础设施、资源开发、农牧业、旅游业、城镇化等经济发展问题，自然保护、退耕还林、退牧还草、生态移民等生态保护问题，等等。我们期望这些陆续付梓的成果，能够从不同侧面反映西藏等地区经济社会发展的面貌，反映藏族人民生活水平不断提高的现实，体现科学研究服务于实践需求的智力支持。

如前所述，藏学研究是中国学术领域的重要组成部分，也是中华民族伟大复兴在学术事业方面的重要支点之一。"西藏历史与现状综合研究项目"的实施涉及的学科众多，它虽然以西藏等藏族聚居地区为主要研究对象，但是从学科视野方面进一步扩展了藏学研究的空间，也扩大了从事藏学研究的学术力量。但是，这一项目的实施及其推出的学术成果，只是当代中国藏学研究发展的一个加油站，它在一定程度上反映了中国藏学研究综合发展的态势，进一步加强了藏学研究服务于"中国特色、西藏特点"

的发展要求。但是，我们也必须看到，在全面建成小康社会和全面深化改革的进程中，西藏实现跨越式发展和长治久安，无论是理论预期还是实际过程，都面对着诸多具有长期性、复杂性、艰巨性特点的现实问题，其中包括来自国际层面和境外达赖集团的干扰。继续深化这些问题的研究，可谓任重道远。

  在"西藏历史与现状综合研究项目"进入结项和出版阶段之际，我代表"西藏历史与现状综合研究项目"专家委员会，对全国哲学社会科学规划办公室、中国社会科学院及其项目领导小组几年来给予的关心、支持和指导致以崇高的敬意！对"西藏历史与现状综合研究项目"办公室在组织实施、协调联络、监督检查、鉴定验收等方面付出的努力表示衷心的感谢！同时，承担"西藏历史与现状综合研究项目"成果出版事务的社会科学文献出版社，在课题鉴定环节即介入了这项工作，为这套研究成果的出版付出了令人感佩的努力，向他们表示诚挚的谢意！

2013 年 12 月北京

目 录

第一章　全球化背景下的西藏文化遗产保护 / 1
　　第一节　国际文化遗产保护的发展概况 / 1
　　第二节　国内文化遗产保护的发展概况 / 12
　　第三节　西藏文化遗产保护概况 / 21

第二章　西藏历史文化资源的形成及其发展演变 / 31
　　第一节　自然地理环境与文化资源空间 / 31
　　第二节　西藏史前时期形成的历史文化资源 / 36
　　第三节　吐蕃时期形成的历史文化遗产 / 47
　　第四节　宋、元、明、清时期西藏文物资源
　　　　　　的扩增与定型化 / 64
　　第五节　近现代西藏历史文化遗产发展的新趋势 / 78
　　第六节　小结 / 84

第三章　西藏重点文物保护单位的设立 / 85
　　第一节　全国重点文物保护单位 / 85
　　第二节　自治区级文物保护单位 / 93

1

第三节 西藏各级文物保护单位的分布特点 / 110

第四节 西藏文物保护单位的属性与管理特点 / 114

第四章 西藏重点文物潜在资源分析 / 120

第一节 全国重点文物保护单位评选标准试析 / 121

第二节 西藏重点文物潜在资源分析 / 126

第三节 对西藏潜在重点文物资源的总体评价 / 187

第五章 西藏重点文物保护单位现状的若干个案分析 / 190

第一节 典型个案之一——藏王陵 / 190

第二节 典型个案之二——布达拉宫 / 197

第三节 典型个案之三——大昭寺 / 205

第四节 小结 / 211

第六章 西藏重点文物资源的保护对策与建议 / 214

第一节 继续深化文物资源的普查工作 / 214

第二节 大力提升全国重点文物保护单位的申报力度与成功效率 / 223

第三节 继续加强对现有重点文物保护单位的科学管理工作 / 226

结　语 / 234

参考文献 / 238

后　记 / 247

插图目录

图 2-1　山南昌果沟遗址外景（霍巍摄）　…………………………　41
图 2-2　浪卡子措美大石遗迹平面示意图　…………………………　45
图 2-3　皮央扎布拉山岩画地点　……………………………………　47
图 2-4　琼结藏王陵全景图（秦臻摄）　………………………………　53
图 2-5　藏王陵陵位分布图（杨峰制图）　……………………………　54
图 2-6　列山墓地东区墓葬分布示意图　……………………………　54
图 2-7　列山墓地的梯形墓　…………………………………………　55
图 2-8　拉孜县查木钦吐蕃墓葬之墓前石狮（霍巍摄）　……………　56
图 2-9　大昭寺一层平面图　…………………………………………　57
图 2-10　大昭寺金顶（谌海霞摄）　…………………………………　58
图 2-11　桑耶寺乌孜大殿外景（霍巍摄）　…………………………　58
图 2-12　查拉路甫石窟外的寺院（霍巍摄）　………………………　60
图 2-13　拉萨药王山摩崖石刻（霍巍摄）　…………………………　60
图 2-14　唐蕃会盟碑（霍巍摄）　……………………………………　62
图 2-15　《大唐天竺使出铭》摩崖石刻局部（霍巍摄）　……………　62
图 2-16　恩兰·达札路恭纪功碑（霍巍摄）　………………………　62
图 2-17　察秀塘遗址二号遗迹平面分布图　…………………………　63
图 2-18　察秀塘四号遗迹中出土的墨书藏文牛头骨局部
　　　　（03QZCXTJ4：3）　………………………………………　64
图 2-19　萨迦南寺大殿（霍巍摄）　…………………………………　67
图 2-20　夏鲁寺大殿（霍巍摄）　……………………………………　68
图 2-21　夏鲁寺壁画（霍巍摄）　……………………………………　68
图 2-22　江孜白居寺大塔（霍巍摄）　………………………………　68

图 2-23　色拉寺内的康村（霍巍摄）………………………………………… 69
图 2-24　哲蚌寺远景（霍巍摄）……………………………………………… 70
图 2-25　药王山远望布达拉宫（湛海霞摄）………………………………… 71
图 2-26　罗布林卡之达旦明久颇章（湛海霞摄）…………………………… 71
图 2-27　皮央·东嘎遗址石窟分布示意图…………………………………… 73
图 2-28　御制平定西藏碑（霍巍摄）………………………………………… 74
图 2-29　御制十全碑（霍巍摄）……………………………………………… 74
图 2-30　洛扎县色乡曲西的古碉楼群（霍巍摄）…………………………… 76
图 2-31　皮央村Ⅰ区独立土塔………………………………………………… 77
图 2-32　江孜宗山抗英遗址（杨峰摄）……………………………………… 79
图 2-33　朗赛林庄园（霍巍摄）……………………………………………… 81
图 3-1　西藏全国重点文物保护单位数与周边省区比较…………………… 89
图 3-2　西藏与周边省区全国重点文物保护单位批次分布趋势对比……… 90
图 3-3　西藏全国重点文物保护单位分类分布……………………………… 92
图 3-4　西藏全国重点文物保护单位区域分布……………………………… 93
图 3-5　西藏自治区级文物保护单位批次分布……………………………… 95
图 3-6　西藏自治区级文物保护单位分类分布……………………………… 108
图 3-7　西藏自治区级文物保护单位地区分布……………………………… 109
图 3-8　西藏自治区级文物保护单位数量与周边省区比较………………… 109
图 3-9　西藏自治区级文物保护单位公布批次与周边省区比较…………… 110
图 3-10　西藏各地区国保、区保单位数趋势……………………………… 113
图 3-11　西藏国保单位分类比例…………………………………………… 113
图 3-12　西藏区保单位分类比例…………………………………………… 114
图 4-1　洛扎县曲西上村古碉楼群（霍巍摄）……………………………… 131
图 4-2　东嘎Ⅰ区第1号窟窟顶……………………………………………… 135
图 4-3　东嘎Ⅰ区第1号窟窟顶壁画中的四龙相环………………………… 136
图 4-4　东嘎Ⅰ区第1号窟西壁曼荼罗……………………………………… 136
图 4-5　东嘎Ⅰ区第1号窟门楣壁画中的骑羊人物………………………… 137
图 4-6　东嘎Ⅰ区第1号窟门楣壁画局部…………………………………… 137
图 4-7　加查县邦达村M2结构图纵剖面…………………………………… 140
图 4-8　日土阿垄沟石丘墓外观……………………………………………… 141

图 4-9	日土阿垄沟石丘墓 M6 平面示意	142
图 4-10	阿里卡尔普墓地出土陶器之一	143
图 4-11	阿里卡尔普墓地出土陶器之二	143
图 4-12	皮央·东嘎遗址内三处墓葬分布示意	144
图 4-13	格林塘列石遗迹（北—南）	144
图 4-14	格林塘列石遗迹平面图	145
图 4-15	石丘墓上的石丘形制	146
图 4-16	不同类型的石丘墓上的石丘	147
图 4-17	皮央·东嘎墓地中的竖穴土坑墓	147
图 4-18	PGM6 平面、剖面图	147
图 4-19	皮央·东嘎墓地出土器物之一	148
图 4-20	皮央·东嘎墓地出土的陶器	149
图 4-21	皮央·东嘎墓地出土器物之二	150
图 4-22	泽蚌墓地 M2	152
图 4-23	泽蚌墓地中的列石遗迹	153
图 4-24	纳恰墓地 M25（南—北）	153
图 4-25	日土任姆栋 1 号岩面岩画	158
图 4-26	阿里塔康巴岩画 1 号画面	159
图 4-27	洛扎县多穷村石刻（夏吾卡先摄）	163
图 4-28	门当河与洛扎怒曲河交汇处石刻（夏吾卡先摄）	164
图 4-29	仁达摩崖造像	169
图 4-30	昌都芒康扎廓西摩崖造像（霍巍摄）	174
图 4-31	吉隆贡塘王城远眺（霍巍摄）	178
图 4-32	吉隆贡塘王城一角（霍巍摄）	179
图 4-33	上盐井天主教堂	184
图 4-34	上盐井天主教堂内部	184
图 4-35	中央人民政府驻藏代表楼	186
图 4-36	昌都市解放委员会办公旧址	187
图 5-1	松赞干布陵（霍巍摄）	194
图 5-2	6 号陵前石狮（霍巍摄）	195
图 5-3	1 号陵前的保护标志石碑（霍巍摄）	196

图 5-4　藏王陵区内法物流通处（霍巍摄） …………………… 196
图 5-5　在建松赞拉康寺管会（霍巍摄） …………………… 197
图 5-6　高原明珠——布达拉宫（谌海霞摄） …………………… 198
图 5-7　布达拉宫白宫（谌海霞摄） …………………… 199
图 5-8　拉萨宗角禄康公园转经廊（谌海霞摄） …………………… 204
图 5-9　已经维修完成的强巴佛殿（谌海霞摄） …………………… 207
图 5-10　维修中的大昭寺金顶（谌海霞摄） …………………… 207
图 6-1　波密县中心县委红楼 …………………… 230

第一章　全球化背景下的西藏文化遗产保护

全球化发展的趋势促使中国的进步与世界的发展紧密地联系在一起。现代中国文明的每一个变化，无论多么细微，都能从世界文明发展的轨迹上找到与之关联的因素。虽然中国作为文明古国，对文化遗产的认知有自己独到的价值观念与认知方式，但现代意义上的文化遗产保护理念的产生与发展，主要是受到了以欧洲为代表的文化遗产保护思想的影响与辐射[①]。而西藏文化遗产保护的基本理念也是在世界文化遗产保护的全球化背景下逐步建立和发展起来的。

第一节　国际文化遗产保护的发展概况

随着时代的发展，特别是进入21世纪以来，文化遗产保护成为当今学术界谈论的一个热门话题。现代意义上的文化遗产保护概念始于两百多年前的西方国家，改革开放以后逐渐影响到中国。目前国际上通行的保护原则绝大多数是由西方国家率先制定的，因此有必要对文化遗产保护概念的发展历程进行梳理，以观察其对中国，尤其是对西藏文化遗产保护所产生的影响。尽管西方针对以石质材料为主要特点的文化遗产保护方法，并不一定完全适用于以土木材料为主要特点的中国，但是作为对一种社会行为发展规律的思考，对于21世纪以来中国文化遗产保护理论与实践的影响仍然是显而易见的[②]。

---

① 郑育林：《国际文化遗产保护理念的发展与启示》，《文博》2010年第1期。
② 郑育林：《国际文化遗产保护理念的发展与启示》，《文博》2010年第1期。

一　早期文化遗产保护思想的萌芽

世界各国都有各自的文化保护传统。现代意义上的文化遗产保护概念始于人们对古物的收藏爱好，无论在欧洲还是在中国都是如此。早在古希腊罗马时期，人们就有收藏古代遗物的习惯。欧洲文艺复兴时期，随着人文主义的兴起，人们要求恢复古希腊罗马的文化和艺术，从而促进了古代艺术品收藏的兴起。拥有大量艺术品的罗马教廷，为防止艺术品的破坏与流失，于15世纪颁布了最早的文化遗产保护专项法令。在欧洲，对文物建筑和历史纪念物的保护，就广义而言，至少可追溯到古罗马时期，发展至文艺复兴时期又有了进一步的发展。但是，保护和修复工作真正开始引起重视，应该说是始于18世纪末，至于这项工作的科学化，以及一些基本概念、理论和原则的形成，则是从19世纪中叶开始，历经一百多年发展和演变的结果。

19世纪中叶，进化论逐步成为欧洲思想领域的主流，随着科学技术的进步，人们逐渐摆脱宗教神权思想的束缚，开始重新认识自然和人类的关系。人们对文物古迹的认识发生改变，促进博物馆和考古学的出现和发展。这种转变使文化遗产保护和研究有了科学的基础。到20世纪上半叶，由于世界各国政治、经济的复杂化，相互之间战争频繁，许多国家的文物古迹遭到战争的破坏。联合国教科文组织于1954年在海牙通过了《武装冲突情况下保护文化财产公约》，以减少战争对文物的毁灭性破坏。当时新中国还未加入联合国，但在解放战争中，人民军队在拟订作战计划时已经充分考虑到避免对文物古迹的伤害。这与海牙公约的精神是一致的。另外，20世纪现代考古学理论有了很大的发展，田野考古发掘技术也有显著提高，人们对地下埋藏文物的保护逐步加强。1956年，联合国教科文组织在马德里通过了《关于适用于考古发掘的国际原则的建议》，进一步加强了对地下文物的保护。

二　欧美及日韩各国文化遗产保护的发展

为了更全面地认识与理解世界文化遗产理论与实践的历史进程，下面试列举出一些国家文化遗产法规的形成与举措，作为考察这一问题的相关背景。

1. 法国

法国是世界上最早呼吁对文化遗产进行保护的国家之一。1840年，法国颁布了针对历史建筑保护的《历史性建筑法案》，政府开始参与文化遗产保护活动。1913年，又颁布了《历史古迹法》，明确指出"不论公共或私人财产，一旦被认定为历史性建筑，就不得拆毁，而其维修费用将由政府资助部分或全部"①。《历史古迹法》为现行文化遗产保护制度奠定了基本的法律规则。随着保护对象范围的扩大，法国在文化遗产的立法上采取国家和地方相结合的方式。

法国自1983年开始实行《地方分权法》后，国家退出对市镇建设的大部分管理，但国家仍掌握文化遗产保护区的管理。法国实行国家集中管理文化遗产保护的制度，对保护区范围内的城市建设采用国家干预的方式，不纳入城市土地利用规划管理体系，被国家列为文化遗产保护区的地区，建设不受城镇土地利用规划管理，而是通过由国家文化部负责制定的保护区规划来指导和控制其中的建设活动；保护区规划由文化部委任的建筑师负责制定。这种国家集中管理文化遗产保护的制度，保证了国家管理的权威性和唯一性。

2. 意大利

意大利是对文化遗产立法保护较早的国家，1872年就颁布了第一部文物建筑保护法，1932年又制定了《文物建筑修复标准》。更重要的是，意大利将文物保护作为一项重要国策写入了宪法。宪法第9条明确规定："国家负责对艺术、历史遗产和景点进行保护。"

意大利实行国家集中管理文化遗产制度，由中央文化部集中管理。文化部下设有负责遗产管理的建筑景观遗产管理局、考古资源管理局和文化遗产管理局（管理可移动文物与博物馆）。还根据各地文化遗产的分布情况，分别在地方设立对应和服从于中央的建筑景观管理处、考古资源管理处和文化遗产管理处。例如，在那不勒斯有上述三个管理处，在庞贝有考古管理处，而这些管理处的人、财、物全部来自中央，代表中央直接管理地方文化遗产，不受地方政府的控制。这种制度使中央政府的政策、法令能及时得到贯彻落实，保证了国家文化遗产管理的权威性、唯一性和有效性。

---

① 刘满佳：《全球视野下的文化遗产保护（上）》，《今日民族》2008年第2期。

3. 英国

1882年英国颁布了《古迹保护法》，1900年又颁布了《古迹保护法修正案》，两部法案的颁布反映了英国社会对文化遗产认识的不断深化，遗产的内容进一步扩大到庄园、农舍、桥梁等与历史事件有关或具有历史意义的建筑物。

英国对文化遗产立法保护是以国家立法为核心，立法对象多层次，包括古迹、登记在案的建筑、保护区、历史古城。1967年，英国通过了《城市休憩资源法案》，地方政府有权将特定地区指定为限制开发的保护区。而且，地方政府有权将具有建筑、文化或历史方面重要性的单体建筑列入保护名单。此后，一系列法令的出台进一步巩固了这部法案，保护区和列入保护名单的建筑数量大幅增加。

4. 美国

20世纪60年代以后，随着绿色廊道（Green Way）的概念在美国日趋成熟，美国历史文化保护开始形成遗产区域保护概念。所谓遗产区域，就是为了当代和后代的利益，由居民、商业机构和政府部门通过合作伙伴关系共同参与提升、保护、解说，促进社区自然和文化遗产的发展。就其内涵而言，遗产区域是拥有特殊文化遗产集合的区域性文化景观，是由文化发展的特殊条件所形成的区域性遗产的集中地，一般具有共同的文化主题。保护方法强调对该地区历史文化价值的综合认识，并利用遗产复兴经济，同时解决本地区所面临的景观趋同、社区认同感消失、经济衰退等问题，是从整体历史文化环境入手，追求遗产保护、区域振兴、居民休闲、文化旅游和教育多赢的多目标保护规划方法。

美国联邦政府授权国家公园管理局根据1906年的《文物法》和1953年的《历史遗址法》，以保护各类史前时期和历史时期的遗迹遗存。1960年，政府又颁布了《水库抢救法案》，责成内务部通过国家公园管理局负责保护由于水利建设而受到威胁的文物考古遗存。1966年，美国颁布的《国家历史保护法》制定了具体条文来保护与美国历史、建筑、考古和文化有关的重要地区、遗址、房屋、建筑物和物品。

5. 日本

1871年（明治四年）日本颁布《古器物保存法》，而后又于1897、1929、1933年相继出台《古社寺保护法》《古迹名胜天然纪念物保护法》

《国宝保存法》等文化遗产保护法规。1950年日本又颁布《文化财保护法》，首次提出"无形文化财"的概念。该保护法第2条规定文化遗产的范围为：

（1）有形文化财，指历史、艺术方面具有较高的价值（包括其本体、与本体有关的部分及对价值的形成有意义的土地及其他部分）的建筑物、绘画、雕刻、工艺品、书籍、书法、古代文书及其他有形的文化载体，包括考古资料及其他具有较高学术价值的历史资料。

（2）无形文化财，指历史、艺术方面具有较高价值的戏剧、音乐、工艺技术及其他无形的文化载体。

（3）民俗文化财，指对于认识国民生活的承袭和发展不可或缺的关于衣食住行、生产、信仰、节日等反映风俗习惯、民俗艺能等方面的服饰、器具、房屋及其他物品。

（4）纪念物，指在历史或者学术方面具有较高价值的贝冢、古坟、城址、民居及其他遗迹；在艺术、观赏方面具有较高价值的庭院、桥梁、峡谷、海滨、山岳及其他名胜地和对于学术研究方面具有较高价值的动物（包括生息地、繁殖地及迁徙地）、植物（包括其生长的土地）及地质矿物（包括产生特殊自然现象的土地）。

（5）传统建筑物群，指具有较高价值的、与周围环境风貌共同形成历史风格的传统建筑物。

1975年，日本修改《文化财保护法》，扩展三类文化财保护对象：（1）与重要文化财形成一体，构成其价值的土地及其他实物；（2）传统建筑物群，指与周围环境一体并形成了历史景观的传统建筑物群中具有较高价值的部分；（3）与文化财保存相关的传统技术。保护对象从单体、分散的文物古籍保护扩展到包含历史街区、历史村落、近代建筑及传统文化活动等自然与人文环境整体的保护。

1996年修改的《文化财保护法》中引入欧美的"文化财登录制度"。登录对象包括住宅、工厂、办公楼、桥梁、隧道、水闸、大坝等建筑物以及烟囱、围墙等。登录标准为：建成后经过50年的建筑物，具备以下三个条件之一者：（1）有助于国家的历史景观之形成者；（2）成为造型艺术之典范者；（3）难以再现者。登录制度进一步拓展了文化保护对象，建筑物保护从寺院、神社等宗教建筑扩大到民居、近代建筑、近代土木工程遗产、产业遗址等多种类型。

日本《文化财保护法》在文化遗产保护范围方面，通过指定制度和登录制度确立了重点保护和一般保护相结合的全面保护原则，特别是首次确立无形文化遗产的保护范围，形成文化遗产保护的系统性、整体性保护，具有超前性。

6. 韩国

1962年韩国制定的《文化财保护法》，确立了文化财的概念——指由于人为地、自然地而形成的国家的、民族的、世界的遗产，它们具有较高的历史的、艺术的、学术的、景观的价值。范围包括：

（1）有价值的建筑物、曲谱、书籍、古文献、绘画、雕刻、工艺品以及其他有形的文化载体，包括考古资料等。

（2）无形文化财：指在历史、艺术、学术等方面具有较高价值的戏剧、音乐、舞蹈、工艺技术以及其他文化载体。无形文化财的发明、发展直到消失，是与国民生活、生产密切相关的，要了解人们的生活方式和随时代更迭所产生的生活方式变迁，无形文化财是不可缺少的见证。

（3）纪念物：指具有历史、学术方面较高价值的寺址、古坟、城址、宫址、窑址、遗物包含层以及其他的历史遗迹；在艺术或观赏方面具有较高价值的名胜地；在历史或学术及景观方面具有较高价值的动物。

（4）民俗资料：指对于认识国民生活的承袭和发展不可缺少的，关于衣食住行、生产、宗教、节日的习惯、民俗艺能及反映上述风俗习惯和民俗艺能的有形的服饰、器具、家具、房屋及其他物品。

三 国际文化遗产保护规则的约定

在20世纪50年代前后，联合国教科文组织倡议成立了一些国际专业组织和研究中心，签署了一系列文物保护的协议书和劝告书，文化遗产保护的国际合作逐渐加强。

1954年联合国教科文组织通过了《武装冲突情况下保护文化财产公约》，又称"海牙公约"。公约第三条指出，"各缔约国承允采取其认为适当的措施，有利于和平时期做好准备以保障位于其境内的文化财产免受武装冲突的可预见的影响"。为了保障这一目标的实施，又进一步指出各缔约国之间"对文化遗产彼此尊重"。《海牙公约》指出"在武装冲突不可避免的情况下，占领另一缔约国的全部或部分领土的任何缔约国应尽可能协助被占领国家当局保护并保存其文化遗产"。这表明了对文化遗产的保护必须纳入超阶级利益、超民族利益、超国家利益的全人类共同利益的保护范畴。这种超阶级、超民族、超国家的保护理念，从另一种意义上讲，也就是超越时空的保护理念①。

1962年联合国教科文组织于巴黎通过的《关于保护景观和遗址风貌与特性的建议》，充分考虑到因原始土地的开发和城市中心的盲目发展，以及工商业与装备制造业的巨大工程和规划的实施，加速了对景观和遗址的风貌与特征的损坏。而景观和遗址是许多国家经济和社会生活中的一个重要因素，有助于保障其居民的健康，保护的措施应为预防性的。

1964年5月由联合国教科文组织倡导成立"国际文化财产保护与修复中心"，并在威尼斯召开会议，通过了《国际古迹保护与修复宪章》，又称《威尼斯宪章》。面对战后经济的高速发展和社会发展的复杂化和文化遗产保护的多样化，《宪章》指出"历史古迹"的实质是"饱含着过去的信息留存至今，成为人们古老的活的见证"，而保护的实质是"真实地传递这些全部信息"。历史文物建筑的概念，不仅包含个别的建筑作品，而且包含能够见证某种文明、某种有意义的发展或某种历史事件的城市或乡村环境。古迹不能与其所见证的历史和其产生的环境分离。保护一座文物建筑，意味着要保护当地环境。

1972年联合国教科文组织为了确保对世界遗产的合理评定与保护，通过了一项《保护世界文化和自然遗产公约》。《公约》的首要使命是界定具有突出的普遍价值的自然遗产和文化遗产，将其列入《世界遗产名录》，在全世界范围内号召各个缔约国对其加以保护。通过设立"世界遗产委员会"和"世界遗产基金"，促进所有国家和人民对于这些重要遗产保护的有效合作。考虑到文化遗产和自然遗产越来越多地受到破坏的威胁，既包括自然侵蚀，也包括社会、经济条件的变化，造成对遗产更加难以应对的损害和破坏现象，联合国教科文组织提出整个国际社会有责任通过提供集体性援助来参与世界范围内的具有突出普遍价值的文化和自然遗产的保护。《公约》明确表示，保护文化遗产应该在突破文化固有的局限、突破

---

① 郑育林：《国际文化遗产保护理念的发展与启示》，《文博》2010年第1期。

阶级利益的局限、突破国家利益的局限的基础上进行。

1976年在肯尼亚首都内罗毕召开的联合国教科文组织第19次大会上，主要针对历史城市和历史地区的保护展开研讨，通过了《关于历史地区的保护及其当代作用的建议》（简称《内罗毕建议》）。建议指出历史地区及其环境是不可替代的世界遗产的组成部分，应该得到积极保护。任何修复工程的进行应以科学原则为基础。在现代城市化背景下，历史地区遭受直接和间接的双重破坏。一方面建筑物的规模和密度加大，另一方面，新开发地区会毁坏邻近的历史地区的环境和特征，应"确保古迹和历史地区的景色不致遭到破坏，并确保历史地区与当代生活的和谐一致"①。

1977年12月国际建筑协会在秘鲁首都利马以《雅典宪章》为基础，围绕建筑与城市规划的现代化进行了充分的讨论，通过了代表新的规划设计思想的《马丘比丘宪章》。该宪章充分认识到自《雅典宪章》问世以来，世界人口数量已经翻了一番，城市化进程正在席卷世界各地，城市的增长使在态、能源、粮食供应三个方面造成了严重的危机。该宪章提出城市的个性和特性取决于城市的体型结构和社会特征，因此不仅要保存和维护好城市的历史遗址和古迹，而且还要传承一般的文化传统。一切有价值的说明社会和民族特性的文物必须保护起来。保护、恢复和重新使用现有历史遗址和古建筑必须同城市建设过程结合起来，以保证这些文化遗产具有经济利益并继续具有生命力。

1979年澳大利亚国际古迹遗址理事会在南部城市巴拉通过了《巴拉宪章》，并于1981、1988和1999年对宪章进行了修订。《巴拉宪章》是一部以保护古迹遗址的文化价值为主旨的历史遗产保护法案，它继承了《威尼斯宪章》的精髓，又结合了澳大利亚遗产保护实际，提出了详细的保护法则，具有实质性的指导意义。

1981年国际古迹遗址理事会与国际历史园林委员会在佛罗伦萨召开会议，决定起草一份以佛罗伦萨为名的历史园林保护宪章，即《佛罗伦萨宪章》。宪章认为历史园林是从历史或艺术的角度而言民众所感兴趣的建筑和园艺构造，应被看作是一种古迹并加以保护。

从20世纪70年代起，人们注意到现代化的波及范围已包括村镇级的

---

① 郑育林：《国际文化遗产保护理念的发展与启示》，《文博》2010年第1期。

文化与自然环境,许多历史地区受到威胁和破坏。国际专家酝酿进一步扩大文化遗产保护的范围,最终在1987年10月通过了《保护历史城镇与城区宪章》,即《华盛顿宪章》。该宪章指出应对城镇中具有历史意义的地区,包括城市、村镇、历史中心或居住区以及自然和人造的环境加以保护。其具体原则和目标确保了历史和现代化的适应性存在。例如,宪章为了最大限度地生效,规定文物保护应成为社会经济发展的整体政策的组成部分并在各级城市规划和管理中考虑进去,以及必须使地方居民参加进来和实施教育。《华盛顿宪章》总结了《威尼斯宪章》实施二十多年的时间经验,指出值得保存的特性包括历史城镇和城区的特征以及标明这种特征的一切物质的和精神的组成部分,而这种保护应成为经济与社会发展政策、各层面城市与区域规划的完整组成部分,强调了居民参与的重要作用,对历史城区保护具有指导意义。

1994年国际古迹遗址理事会在日本奈良通过的《奈良真实性文件》对文化遗产保护领域的传统思想发出挑战。奈良文件重申了《威尼斯宪章》关于价值和真实性的论断,"价值取决于信息的来源是否真实可靠""真实性是文化遗址价值的基本特征,对真实性的了解是进行文化遗址科学研究的基础"等,又进一步指出"文化和遗址的多样性是我们这个世界不可替代的精神资源和全人类的智慧财富,是跨时空存在的,需要得到各种文化和信仰的尊重"。奈良文件重新定义了遗产保护最根本的真实性概念,把这个原本有严格定义和科学评判标准的概念加以多样化,使得各文化均可定义其"真实性"的内涵。但此观点很难被大多数委员接受,因此无法以宣言或宪章的形式发表。但总的来说,奈良文件对真实性这个问题的突破,还是影响了很多国家和地区的文化遗产保护理论和实践。

1999年国际古迹遗址理事会在墨西哥通过了《国际文化旅游宪章》。该宪章阐述了东道主社区的文化个性和文化遗产与国内外游客的兴趣、期望和行为之间的关系。该宪章提出"出于对文化遗产的共同尊重和对此项资源脆弱性的担忧,遗产保护组织和旅游业必须积极对话,共同合作以保护和发展世界遗产。"

在《保护世界文化和自然遗产公约》制定和实施后的30多年里,国际社会又陆续产生了数十份有关遗产保护的公约、建议、宪章、宣言、决议和原则。越来越多的国家和非政府组织通过这些国际文件来推广遗产保护的理念和措施。同时，这些国际文件也见证了世界文化遗产保护的发展历程。人们逐渐认识到遗产保护不仅要保护物质实体本身及其自然环境，还要保护与之密切相关的人文环境。

四 新世纪国际文化遗产保护的新发展

新世纪以来，国际文化遗产保护事业有了新的发展，新增了工业遗产、线型文化遗产、文化景观遗产、遗址环境保护、非物质文化等新类型。

1978年国际工业遗产保护委员会成立，随后该组织开展了大量工业遗产的保护、调查、管理及研究工作。2000年国际古迹遗址理事会与国际工业遗产保护委员会在伦敦签署协议，携手合作保护工业遗产。2003年在俄罗斯召开的国际工业遗产保护委员会大会上通过了《下塔吉尔宪章》，初步形成了工业遗产保护的国际准则。宪章提出"应该对工业遗产进行研究，对意义重大、富有特征的实例予以认定、保存和维护"。2005年国际古迹遗址理事会在西安举行第15届大会，大会决议将2006年4月18日"国际古迹遗址日"的主题定为"保护工业遗产"，以此来扩大工业遗产保护的影响，引起各国对工业遗产保护的重视。

1982年在墨西哥召开的"世界文化政策大会"发表宣言，首次将物质文化遗产和非物质文化遗产共同列入人类"文化遗产"。会后联合国教科文组织在相关文件中对文化遗产进行了物质与非物质的区分。联合国教科文组织分别于1989年、1997年、2000年通过了《关于保护传统和民间文化的建议》《宣布人类口头和非物质文化遗产代表作申报书编写指南》《世界文化多样性宣言》，并于2003年通过了《保护非物质文化遗产公约》。从"传统和民间文化"到"口头和非物质代表作"，再到"非物质文化遗产"，逐步建立了完整、清晰的非物质文化遗产概念。

1992年第16届世界遗产委员会首次提出文化景观遗产的概念，是指反映人类创造与自然天成相互结合形成的文化财富。文化景观分为三种类型：（1）由人类设计和建筑的景观，通常包括处于美学原因建造的园林和公园景观，它们经常与宗教等其他纪念性建筑物相关；（2）有机进化的景观，主要指自然景观；（3）关联性文化景观，指以与自然因素、强烈的宗教、艺术或文化相联系为特征，而不是以文化物证为特征的这类景观。文化景观反映了在持续发展的社会、经济、文化的影响下,在自然环境的制约条件和机会影响下,人类社会和居住地经过历史岁月而获得的价值,展示了人类和自然环境共同作用下所展示的多样性。

2005年国际古迹遗址理事会第15届大会在西安召开,大会主题为"背景环境中的古迹遗址——不断变化的城乡景观中的文化遗产保护",并通过了"保护历史建筑、古遗址和历史地区环境"的《西安宣言》。宣言将文化遗产的范围扩大到了"环境",包含了物资与非物质遗产、文化与自然遗产的更广泛的内涵。宣言认为文化遗产环境包括(1)环境自身物质实体和人们对这个环境的视觉印象;(2)文化遗产与周边自然环境的相互作用;(3)遗产环境的文化背景及与该遗产相关的社会活动、习俗、传统知识等非物质文化遗产的形式。宣言还指出不同规模的古建筑、古遗址和历史区域(包括城市、陆地和海上自然景观、遗址线路以及考古遗址),其重要性和独特性在于它们在社会、精神、历史、艺术、审美、自然、科学等层面或其他文化层面存在的价值,也在于它们与物质的、视觉的、精神的以及其他文化层面的背景环境之间所产生的重要联系。因此有必要充分认识保护和延续历史建筑、古遗址和历史地区与其背景环境的重要联系,以减少人类活动对文化遗产的真实性、意义、价值、完整性和多样性造成的威胁。

线型文化遗产是由"绿色廊道""文化线路"等概念发展而来。1987年美国首次使用"绿色廊道"的概念。1994年在马德里的世界遗产专家会议第一次清晰地提出"文化线路"的概念。1998年国际古迹遗址理事会成立文化线路学科委员会,系统、深入探讨文化线路的内涵、价值、意义及其保护策略。2002年该委员通过了关于文化线路的《马德里共识》,肯定了文化线路的遗产价值,奠定了线型文化遗产保护的理论基础。2005年国际古迹遗址理事会第15届大会形成《文化线路宪章草案》的决议,线型文化遗产逐渐成为国际文化遗产保护领域关注的新热点。遗产线路是跨越多个国家和地区的交流和多重文化的对话,从空间和时间上展现了在这一线路进行的文化交流活动。因此,线型文化遗产特别强调国家和地区之间的交流与对话。

总之,国际文化遗产保护理念的萌生、发展和完善经历了百余年的发展历程,完成了从保护各个国家遗产到保护人类共同遗产的过程;从保护单体文物到保护历史街区，乃至历史城市的过程；从保护文化遗产本身，到保护文化遗产及遗产周边环境的过程；从对单一文化类型遗产的保护，向多类型、多特点的文化遗产保护的发展。特别是近年来，国际社会关于文化遗产保护的理论不断更新，"工业遗产""文化线路""文化景观"和"文化空间"等新概念的提出，极大地拓展了文化遗产保护的内涵和外延。

第二节 国内文化遗产保护的发展概况

一 古物收藏与保护——新中国成立前

古物收藏与保护，我国古已有之，但具有现代意义的文化遗产保护思想始于20世纪初。光绪三十二年（1906）清政府下令责成官员对敦煌的抄本、雕刻和造像等，加以保护，并于同年颁布了《保存古物推广办法》，通令各省执行。光绪三十四年（1908），清政府又颁布了《城镇乡地方自治章程》，"保存古迹"被列为城镇乡的"自治事宜"。宣统元年（1909），清政府计划组织调查国内碑碣、造像、绘画、陵墓、庙宇等文物古迹。但由于清政府的下台，保护法令的实施也就不了了之。

1913年，康有为访问了意大利，回国后即提倡向意大利学习，并著文《保存中国名迹古器说》，全面论述保存文物古迹的意义。康有为将其归纳为四个方面：（1）教育大众向先贤学习；（2）有利于维护国家形象和国际地位；（3）提高大众的文化素养和文明程度；（4）作旅游开发利用，增加国民收入。这是近代历史上第一次对文化遗产保护意义最深刻的阐述[①]。

1914年，北洋政府在故宫成立古物陈列所，并于同年颁布《大总统发布限制古物出口令》[②]。1916年3月，北洋政府内务部颁发了《为切实保存前代文物古迹致各省民政长训令》。同年10月，又颁发《保存古物暂行办法》，共5条，要求各地对待古物应"一面认真调查，一面切实保管"[③]。然而，20世纪初的中国处于剧烈的社会变动之中，根本无暇顾及这种并不

[①] 张松：《中国文化遗产保护法制建设史回眸》，《中国名城》2009年第3期。
[②] 《大总统发布限制古物出口令》（1914年6月14日），《中华民国史档案资料汇编》第3辑"文化"，第185页。
[③] 《保存古物暂行办法》（1916年），《中华民国史档案资料汇编》第3辑"文化"，第198页。

直接威胁民族存亡的事业。

1928年9月，南京国民政府内政部颁布《名胜古迹古物保存条例》，共11条。同年，在蔡元培主持的国民政府大学院内设立了第一个现代意义上的文物保护机构——古物保管委员会。委员会共有委员20名，有蔡元培、陈寅恪、张静江、林风眠、易培基、胡适、傅斯年、李四光、徐悲鸿等文化、科技和政界著名人士。1929年，朱启钤创办了著名的学术团体"中国营造学社"，开始对中国的古代建筑进行保护和研究。1930年，南京国民政府颁布了《古物保存法》，共14条。《古物保存法》第贰条明确规定："本法所称古物是指与考古学、历史学、古生物学以及其他与文化有关之一切古物而言"，这里"古物"的概念已超越了过去所谓"古董"的范畴，而更接近于现代文化遗产的概念，但主要指的是可移动文物。该法还对地下、地上文物的归属、管理机构的认定、考古发掘活动做出了一定的规定。1931年颁布的《古物保存法施行细则》在第十五条指出"凡名胜古迹古物应永远保存之，但依土地征收法应征收时，由该管理官署呈由内政部核办，并分报中央保管委员会备查"①，初步产生了不可移动文物和遗产地保护与管理的概念。

1932年，南京国民政府设立"中央古物保管委员会"，裁撤原隶属教育部的古物保管委员会，同时还制定了《中央古物保管委员会组织条例》。当时"中央古物保管委员会"开展了全国范围的文物调查活动，并就境内盗掘和毁坏文物古迹的案件予以追查并制定保护办法，颁布了《采掘古物规则》（1935）、《古物出国护照规则》（1935）及《外国学术团体或私人参加采掘古物规则》（1936）、《暂定古物范围及种类大纲》（1935）、《古物奖励规则》（1936）等一系列保护、保管文物的法规，至此我国早期的文物保护管理机制才初步建立起来。当时在古物保管委员会任职的傅雷曾用笔名"傅汝霖"编译了《各国文物保管法规汇编》，呼吁"会同内政教育两部发起保管古物运动，举办大规模之宣传工作"②。后来"中央古物保管委员会"进行了大量有关古建筑、古墓葬、古遗址的调查，发表了多份有价值的报告，直到抗日战争爆发后才停止工作。

---

① 张松：《中国文化遗产保护法制建设史回眸》，《中国名城》2009年第3期。
② 张松：《中国文化遗产保护法制建设史回眸》，《中国名城》2009年第3期。

《古物保存法》和《古物保存法施行细则》吸取并借鉴了西方近代文物立法的成果，在中国历史上第一次把文物保护纳入法律约束框架。这些法令和机构是我国近代以来最早的文物保护法规和国家文物保护专门机构。但是，由于时局动荡，尽管"中央古物保管委员会"在文物保护方面做了一些制度建设工作，但没有形成一个长期稳定的管理体制，也没有设置相应的文物管理机构，更缺乏相关专业人才，法规基本没有得到有效的执行。

二 文物保护制度的建立——新中国成立至1976年

新中国成立后，民国时期初步形成的文化遗产保护制度被彻底遗弃，新的文化遗产保护制度在社会主义探索中逐渐形成。新中国成立初期，中央人民政府首先针对近代以来珍贵文物大量流失海外的情况进行立法，并加强对文物古迹的保护与管理措施。如颁布《禁止珍贵文物图书出口暂行办法》(1950)、《古文化遗址及古墓葬之调查发掘暂行办法》(1950)；中央人民政府政务院《关于保护古文物建筑的指示》(1950)、《关于地方名胜古迹的保护管理办法》(1951)、《关于在基本建设工程中保护历史及革命文物的指示》(1953)等①。其中《关于地方名胜古迹的保护管理办法》要求在文物古迹较多的省、市设立"文物管理委员会"，直属该省、市人民政府，负责调查、保护和管理该地区的古建筑、古文化遗址、革命遗址。这是新中国成立以来最早建立的文物管理专门机构。

1950年5月，随着国家工农业的发展，各项基本建设工程的进行，制定文物保护法规提上议事日程。1953年，中央人民政府政务院发出了《关于在基本建设工程中保护历史及革命文物的指示》，1956年又发出了《关于在农业建设中保护文物的通知》②。1957年10月，北京市公布第一批文物保护单位和保护办法，包括故宫、中南海、天坛、颐和园等共39处③。从此，以政府公布文物保护单位的形式对历史文化遗产进行保护，成为我国主要的保护手段。

---

① 国家文物局编《中华人民共和国文物博物馆事业纪事1949—1999》下册，文物出版社，2002，第1005、1002页。
② 国家文物局编《中华人民共和国文物博物馆事业纪事1949—1999》下册，第1002页。
③ 国家文物局编《中华人民共和国文物博物馆事业纪事1949—1999》上册，第123页。

1961年3月，国务院发布《文物保护管理暂行条例》比较系统地论述了我国文物的概念、保护管理机构、保护方法、分级保护制度，强调了"必须严格遵守恢复原状或者保存现状"的修缮、保养原则[①]。《文物保护管理暂行条例》第二条规定了保护范围，包括以下五个方面：（1）与重大历史事件、革命运动和重要人物有关的、具有纪念意义和史料价值的建筑物、遗址、纪念物等；（2）具有历史、艺术、科学价值的古文化遗址、古墓葬、古建筑、石窟寺、石刻等；（3）各时代有价值的艺术品、工艺美术品；（4）革命文献资料以及具有历史、艺术和科学价值的古旧图书资料；（5）反映各时代社会制度、社会生产、社会生活的代表性实物。《文物保护管理暂行条例》还指出一切文物保护单位的保护和管理，都由所在地县、市人民委员会负责。其中对"文物保护单位"首次提出了"四有"的管理制度，即"有保护范围、标志说明、记录档案、保管机构"。第六条规定"各级人民委员会在制定生产建设规划和城市建设规划的时候，应当将所辖地区内的各级文物保护单位纳入规划，加以保护"。

《文物保护管理暂行条例》发布的同时，国务院还公布了第一批180处全国重点文物保护单位，建立了重点文物保护单位制度，将一批具有重大历史、艺术、科学价值的革命遗址、革命纪念建筑、石窟寺、古建筑、古遗址、古墓葬、石刻等公之于世，置于国家制度的保护之下。随后国务院颁布了《关于进一步加强文物保护和管理工作的指示》（1961），《文物保护单位保护管理暂行办法》（1963），《革命纪念建筑、历史纪念建筑、古建筑、石窟寺修缮暂行管理办法》（1963），《古遗址、古墓葬调查、发掘暂行管理办法》（1964），《关于改变文物商业的性质和管理体制的方案》（1960）等。这一系列文物保护法规和管理办法的出台，初步构建了我国文物保护管理制度体系。

但始于1966年的十年"文革"使我国刚刚建立起的文物保护制度遭到严重破坏，以"破四旧"为代表的一系列政治运动使文物古迹遭受了广泛的、前所未有的人为破坏。"文化大革命"期间形成的一种忽视文化、忽视传统的"破旧立新"的社会倾向，在此后的很长时间产生了不良影响。在此期间，尽管国家发布了《关于保护国家财产，节约闹革命的

---

① 国家文物局编《中华人民共和国文物博物馆事业纪事1949—1999》上册，第182页。

通知》（1967）、《关于加强文物保护工作的通知》（1974）、《关于加强文物商业管理和贯彻执行文物保护政策的意见》（1974），但在当时的条件下，文物保护工作举步维艰。直到70年代后期，文物保护工作才得以逐步恢复。1979年颁布的《中华人民共和国刑法》第173条、174条，对盗运珍贵文物出口、故意破坏国家保护的珍贵文物、名胜古迹的行为做出追究刑事责任的规定。①

三 文物保护向文化遗产保护的转变——1980年至20世纪末

1980年5月，国务院发布了《关于加强历史文物保护工作的通知》（1980）等文件，要求认真保护各种有历史意义和艺术价值的古建筑、石刻、石窟等历史文物。

1982年11月，全国人大常委会第二十五次会议通过的《中华人民共和国文物保护法》，完善了国家文物保护法律制度。《文物保护法》的颁布与实施，是国家保护历史文化遗产采取的一项重大措施，为加强文物保护、制止文物破坏，提供了强有力的法律依据，标志中国文物保护管理工作进入了新的历史阶段。②此后颁布的《田野考古工作规程》（1984）、《博物馆藏品管理办法》（1986）、《文物商店向国内群众销售文物试行办法》（1987）、《中华人民共和国水下文物保护管理条例》（1989）、《文物出境鉴定管理办法》（1989）、《全国重点文物保护单位保护范围、标志说明、记录档案和保管机构工作规范》（1991）、《中华人民共和国考古涉外工作管理办法》（1991）、《中华人民共和国文物保护法实施条例》（2003）、《文物保护工程管理办法》（2003）、《文物行政处罚程序暂行规定》（2004）、《文物复制暂行管理办法》（2009）等一系列法律法规，标志着我国文物保护法律制度的完善。

20世纪80年代以来，"文化遗产"一词开始在中国学者的视野中频繁出现。1982年，中国开始实行历史文化名城保护制度。1985年，中国加入《世界遗产公约》，这意味着承认和接受以世界遗产为中心的，以联合国教科文组织、国际古迹遗址理事会、世界自然与资源保护联盟和

---

① 国家文物局编《中华人民共和国文物博物馆事业纪事 1949—1999》上册，第350页。
② 国家文物局编《中华人民共和国文物博物馆事业纪事 1949—1999》上册，第422页。

国际文化财产保护与修复研究中心的保护思想和实践为基础的国际文化遗产保护体系，并通过世界遗产把中国原本相对独立的文物保护体系和国际文化遗产保护体系连接在了一起①。

1986年，中国开始实施"历史文化保护区"，将文物古迹比较集中或较完整地保存某一历史时期的传统风貌与民族地方特色的街区、建筑群、小镇、村落划定为历史文化保护区加以保护。现在北京已公布历史文化保护区40处，浙江省历史文化保护区43处，上海市历史文化风貌区12处等②。

到20世纪末，我国的文化遗产保护形成了"文物保护单位"、"历史文化保护区"（2002年修订的《文物保护法》中定名为"历史文化街区"）、"历史文化名城"三个层次。这三个层次的重要性不仅在于从点到面扩大了保护范围，其意义是根据它们的不同特点采取不同的保护方法。但有一点是共同的，那就是要求历史文化名城、历史文化街区和文物保护单位都要作好保护规划，这些保护规划的编制方法经过这些年的规划实践已经比较成熟，形成了《历史文化名城保护规划规范》和《全国重点文物保护单位保护规划编制办法》等。

四 文化遗产保护的新发展——2000年至今

2000年中国加入世界贸易组织以来，经济建设突飞猛进，城市和乡村的面貌都发生着巨大的变化。在城市化的进程中，大型工程建设对文化遗产和历史街区的破坏变得日趋严重③。文物保护工作出现了一些新情况和新问题，1982年出台的《文物保护法》其中一些法规已不能完全适应形势发展的需要。2002年全国人大对《文物保护法》进行了大规模的修订，条款比1982年有大幅增加。1982年的旧法全文只有33条，新法增至80条，增加了近1.5倍。此次文物保护法的修订在内容上是一次全面深入的修改和完善。如何正确处理经济建设与文物保护的关系，如何正确处理文物保护与利用的关系，是新的历史时期文化遗产保护的主要问

---

① 吕舟：《中国文化遗产保护三十年》，《建筑学报》2008年第12期。
② 刘满佳：《全球视野下的文化遗产保护》（下），《今日民族》2008年第5期。
③ 王景慧：《中国文化遗产：保护状况与规划展望》，《建设科技》2007年第11期。

题。在新修订的《中华人民共和国文物保护法》公布施行半年后,国务院又公布了《中华人民共和国文物保护法实施条例》,于 2003 年 7 月 1 日起施行。

新颁布的《中华人民共和国文物保护法》,把国内文物分为不可移动文物和可移动文物。不可移动文物包括古文化遗址、古墓葬、古建筑、石窟寺、石刻、壁画、近代现代重要史迹和代表性建筑等,根据它们的历史、艺术、科学价值,可以分三个级别,全国重点文物保护单位,省级文物保护单位,市、县级文物保护单位。

2004 年,国家文物局发布了《全国重点文物保护单位规划编制要求》和《全国重点文物保护单位保护规划编制审批办法》,保护规划成为全国重点文物保护单位保护工作的基础。根据《全国重点文物保护单位规划编制要求》,保护规划应当包括价值分析,现状评估,保护区域划定,相关区域的保护、管理要求,保护措施,及管理、研究、展陈、环境整治、安防、防灾等专项规划。保护规划的编制促进了对保护对象价值的认识和发掘,这种认识的深化又使得人们能够从整体上认识保护对象,并采取长期的有针对性的保护措施,展陈规划、管理规划等专项规划又促进了人们考虑对保护对象的合理利用。全国重点文物保护单位保护规划的编制工作有效地提高了中国文物保护的整体水平[1]。

我国政府意识到加强与国际组织之间的合作,是促进文化遗产事业发展的一种有效途径和重要方式,也是中国文化遗产事业走向世界的重要标志。这既可为中国的文化遗产保护注入新的理念、增加新的活力,也可增强中国在国际文化遗产保护领域的主动权和话语权。

近年来,我国成功承办了第 28 届世界遗产大会、第 15 届国际古迹遗址理事会、第 2 届文化遗产保护与可持续利用国际会议、东亚地区文物建筑保护理念与实践国际研讨会、城市文化国际研讨会等重要国际会议;陆续形成《苏州宣言》《西安宣言》《绍兴共识》《北京文件》《城市文化北京宣言》等国际文件,这是第一批在中国形成的文化遗产保护的国际文件,表明中国在国际文化遗产保护领域发挥出越来越重要的作用。上海成功获得 2010 年国际博物馆协会第 22 届会员代表大会主办权,国际古迹遗

---

[1] 吕舟:《中国文化遗产保护三十年》,《建筑学报》2008 年第 12 期。

址理事会国际保护中心在西安成立。中国文化遗产保护已经越来越得到国际同人的认可和尊重,在世界上的影响与日俱增[①]。

2005年12月,国务院发出了《关于加强文化遗产保护的通知》,确定了我国文化遗产保护的指导思想、基本原则和总体目标,并明确要求建立完备的文化遗产保护制度,形成完善的文化遗产保护体系,使文化遗产得到全面有效的保护。

2007年,国务院批准了《国家文化和自然遗产地保护"十一五"规划纲要》。国家发展和改革委员会安排中央资金支持国家文化和自然遗产地保护。为做好国家文化和自然遗产地保护工作,加强国家文化和自然遗产地的保护性基础设施的装备建设,2007年全国共建设13个国家文化和自然遗产地保护项目,总投资37542万元,其中,安排中央投资20000万元,地方配套17452万元[②]。2010年中央预算内投资4亿元,带动地方配套投入约2亿多元,支持承德普宁寺、大同云冈石窟等26个国家重要文化和自然遗产地的保护设施建设[③]。

国家文化和自然遗产地保护专项投资,主要用于解决列入世界遗产名录及预备清单的自然遗产地以及全国百处重要大遗址的生存保护面临的突出困难,包括:(1)保护管理设施建设,主要是必要的看护和管理用房、消防设施、安防设施、监控设施、卫生环卫设施等;(2)必要的环境整治,主要是遗产地核心区域内一些必需的拆迁,必要的绿化美化、道路改造,以及防范自然灾害发生的工程(如防洪堤坝、山体加固、河道清淤等);(3)监测巡查设施设备建设和购置,主要是一些监测站点建设、生物物种保护设施、巡查防护道路建设等;(4)适当的科普、教育设施,主要是各种展示设施,以及必要的展陈和信息咨询设施建设。该规划纲要在深入研究我国各类遗产地有关情况的基础上,对"十一五"期间遗产地保护的有关重大战略、重大措施、重大项目和重大行动进行统筹规划,对今后的遗产地保护工作具有重要的指导意义。

---

① 《文化遗产保护30年——访国家文物局局长单霁翔》,《国际人才交流》2008年第4期。
② 《我委下达2007年国家文化和自然遗产地保护投资》,中华人民共和国国家发展和改革委员会网站,http://www.ndrc.gov.cn/shfz/t20071129_175869.htm。
③ 《我委下达国家文化和自然遗产地保护2010年中央预算内投资计划》,中华人民共和国国家发展和改革委员会网站,http://www.ndrc.gov.cn/shfz/t20100719_361403.htm。

五 小结

在 2005 年国务院颁发的《关于加强文化遗产保护的通知》中，正式启用了"文化遗产"一词，该词包含了非物质文化遗产和《文物保护法》中定义的可移动文物、不可移动文物。国外相关法律文件与论述中提到遗产概念时经常使用文化财、文化财产、历史建筑与环境、古迹等同义词，也经常牵涉许多有共同特质的不同名词，如文化景观、考古遗址、历史街区和遗产群落等。这些名词的产生可以说是从 1931 年《雅典宪章》制定以来，学界对于文化遗产内涵的认知不断扩充而来的。在这个逐渐加深认识的过程中，文化意义始终是遗产概念得以成立的核心所在[①]。

2002 年新修订的《文物保护法》，标志着中国开始建立起单体文物、历史文化名城等多层次文化遗产保护体系。文化遗产保护概念不断扩大，保护理念不断深化。乡土建筑、工业遗产、少数民族文化遗产、文化景观、文化线路、20 世纪遗产等新型文化遗产大量涌现，大大突破了原有文物保护的概念和范畴。

在近一个世纪的发展历程中，我国的文化遗产保护经历了从古物保存到不可移动文物保护；从文物保护单位到大遗址、历史街区、历史文化名城、历史文化名村名镇、风景名胜区等多种类型的遗产地保护；形成了"修旧如旧""历史城市整体性保护"等遗产保护理论；制定了一系列保护法律法规；建立了专职的遗产保护部门。在这个过程中，通过不断的理论和实践，我国的遗产保护概念主要经历了三个转变。

第一，在保护立法方面，经历了从单纯依靠政府法令到初步建立包括国家法律、中央政府法规、地方法律法规等多方面多层次的保护法律法规体系的转变。

第二，在保护观念方面，经历了从传统的"收藏"到现代的"保护"的转变。

第三，在保护方法方面，经历了从单纯保护遗产本体到整体保护遗产及其环境的转变，并在部分领域中初步形成遗产地保护体系。

---

① 黄明玉：《文化遗产的价值评估及记录建档》，复旦大学博士学位论文，2009，第 13 页。

第三节　西藏文化遗产保护概况

一　近代历史上的藏族文化遗产保护

1951年西藏和平解放以前，政教合一的西藏地方政府除了从宗教的角度维护传统藏传佛教文化、佛教寺院外，文化遗产保护工作基本上是一片空白。从19世纪20年代到20世纪40年代，一些外国传教士、商人、探险家从喜马拉雅山外或内地进入青藏高原，进行传教活动，西藏少数文物通过他们的游记或调查报告的形式散见于记载，这时期所见的文物多为吐蕃时期或吐蕃时期以前的[1]。19世纪末20世纪初，英国殖民主义者于1888年、1904年两次派兵入侵西藏地区，这一时期西藏地区的文化遗产遭到外来势力的严重破坏。

二　民主改革以来西藏的文化遗产保护概述

西藏在和平解放以后，特别是1959年民主改革以来，中央人民政府高度重视西藏地区的文物保护事业，逐步建立起了文物考古的专门机构与专业队伍，开始着手调查、整理和保护藏族传统文化和历史遗迹。在此期间，西藏的文化遗产保护事业与全国的文物保护事业同步发展，经历了从文物保护到文化遗产保护的观念转型，并取得了丰硕成果。

1. 文物保护机构的健全

1951年西藏和平解放后，中共西藏工委协助西藏地方政府管理文物。1959年，西藏民主改革以后，文物保护受到中央人民政府的高度重视。同年，西藏成立了最早的文物管理机构——中共西藏工委文物古迹文件档案管理委员会，下设文物管理小组，配备专业文物干部，主要在文物调查、征集、保护等方面开展工作[2]。

1961年，布达拉宫、大昭寺、甘丹寺、藏王墓、江孜宗山抗英遗址、

---

[1] 罗珍：《西藏文物保护的一些思考》，《西藏日报》2004年5月30日，第002版。
[2] 《西藏百科全书》编撰委员会：《西藏百科全书·文物保护》，西藏人民出版社，2009，第460页。

古格王国遗址等9处文物古迹被列入国务院公布的第一批全国重点文物保护单位。1961年成立西藏工委文物古迹文件档案文物接管组，并在文教处内设文物组①。1962年11月20日，西藏自治区筹备委员会公布了第一批自治区级重点文物保护单位。

西藏自治区人民委员会于1965年9月14日决定成立自治区文物管理委员会②，专司全区文物保护管理工作，并公布小昭寺、热振寺、楚布寺等11处自治区级重点文物保护单位，对其中急需维修的进行了维修，将征集到的西藏历史、宗教和民族文物登记注册，集中保管。

1996年，西藏自治区文物局正式成立，下设文博处、宣保办、办公室等机构，负责全区地上、地下文物保护、调查、发掘、管理与研究工作。自治区各地、市也都成立了文物保护机构③。截至2007年，西藏自治区各级文物保护管理机构12个，博物馆2个，文物科研机构1个，文物总店1个和文物鉴定机构1个，文物保护工作者270余人，其中90%是藏族，专业技术人员80余人④。

2. 文物调查及相关成果

1956年，文化部文物管理局、北京大学、中国科学院考古研究所、古代建筑修整所、故宫博物院等单位派人组成西藏文物调查团，赴西藏了解文物情况。调查团于1956年夏分赴拉萨、日喀则、山南等地，对重点文物进行实地调查。这次文物调查工作取得了丰富的一手资料，形成了一批学术成果，使西藏许多重要的文物古迹原貌得以流传下来。例如，北京大学宿白教授先后撰写了《西藏拉萨地区佛寺调查记》《西藏山南地区佛寺调查记》《西藏日喀则地区寺庙调查记》等系列论文，并最终汇集成《藏传佛教寺院考古》，由此开创了中国藏传佛教寺院考古的先河⑤。调查组组长

---

① 王明星、强巴次仁、严晓勤：《西藏自治区文物考古机构及主要工作》，《考古》2001年第6期。
② 国家文物局编《中华人民共和国文物博物馆事业纪事1949—1999》上册，第221页。
③ 王明星、强巴次仁、严晓勤：《西藏自治区文物考古机构及主要工作》，《考古》2001年第6期。
④ 《西藏百科全书》编撰委员会：《西藏百科全书·文物保护》，第460页。
⑤ 霍巍：《西藏文物考古事业的奠基之举与历史性转折——西藏全区文物普查工作的回顾与展望》，《西藏大学学报》2008年第1期。

王毅先生撰写了系列调查报告《西藏文物见闻记》并在《文物》上连载①，使国内外学术界对西藏文物有了新的认识。1958年年底，中国科学院考察队在林芝发现了古代人头盖骨和一些陶器、陶片、石器等。1964年，中国科学院珠穆朗玛峰地区科学考察队在西藏定日的苏热发现旧石器时代中晚期的石器，把人类在世界屋脊的生存史提前到几万年前②。可以说新中国成立以来真正具有学术价值的西藏文物考古事业，正是由这些学者们奠定了最初的基石③。

1984年，国务院拨款建立西藏自治区档案馆，成立文物普查队，开始有计划、有步骤地对全区地上、地下文物进行普查。1984~1985年，根据国家文物局的统一部署，在西藏自治区境内展开了第二次全国文物普查工作。此次文物普查工作实际上并未在全区范围内展开，而是选择了一些重点地区。此次文物普查主要调查的区域有拉萨市，山南地区的乃东县、琼结县、扎囊县以及阿里地区的札达县、普兰县等。普查工作的深度与广度均有重大突破，有关情况可以从这次文物普查形成的一批重要文献资料中略见一斑。其中，最主要的成果有由西藏自治区文管会编印的内部资料《拉萨文物志》《扎囊县文物志》《乃东县文物志》《琼结县文物志》。1985年对阿里地区的文物普查主要集中在以古格王国时期都城札不让为中心的古格时期建筑遗址的考古调查上，其调查成果反映在1991年由文物出版社出版的《古格故城》一书中，这是学术界对古格王国遗址最为全面、系统、科学的一次调查后形成的学术成果，也是这次文物普查形成的最为重要的学术成果之一。

其后，西藏文物管理部门与陕西省文物局、四川大学历史系、湖南省文物局合作，继续对全区进行了为期8年的文物普查工作，共调查文物点1800多处，基本掌握了自治区文物的类型和分布情况，为进一步开展文物保护工作奠定了良好的基础。这次文物普查工作也形成了一批重要的学术成果。如西藏人民出版社出版的《西藏地方文物志丛书》，这套丛书包括《吉隆县文物志》《阿里地区文物志》《昂仁县文物志》《萨迦、谢通门县

---

① 见《文物》1960年第6期至1961年第6期。
② 国家文物局编《中华人民共和国文物博物馆事业纪事1949—1999》上册，第210页。
③ 霍巍：《西藏文物考古事业的历史性转折——为西藏自治区成立40周年而作》，《中国藏学》2005年第3期。

文物志》《错那、隆子、加查、曲松县文物志》《亚东、康马、岗巴、定结县文物志》等，较为全面地反映了各地、县文物分布和保存情况。丛书按照古遗址、古墓葬、古建筑、石刻与摩崖造像、文物藏品、革命文物、风景名胜地等类型编排体例，对文物普查中调查发现的资料加以整理，并提出了一些初步的研究意见。《文物》1985年第9期刊载了一组共15篇论文和考古调查简报，从新石器时代、吐蕃时代直到元、明、清各个历史时期，涉及古遗址、古墓葬、石窟、寺院、碑刻、印章、古刻本、灵塔建筑、宗教文物等各个方面。此外，由四川大学编辑出版的《南方民族考古》第四辑《西藏考古专辑》（1991）和《西藏考古》第一辑（1994），也是对此次文物普查所获资料及其研究成果的初步总结。四川人民出版社编辑出版的两部大型资料性画册《西藏寺院壁画艺术》和《西藏岩画艺术》，则是其中专题性的学术资料结集。有学者利用这些调查资料形成了一些学术研究专著，如霍巍《西藏古代墓葬制度史》（1995）、李永宪《西藏原始艺术》（1998）、柴焕波《西藏艺术考古》（2000），都是建立在这几次文物普查资料基础之上的研究成果①。

2007~2011年，在全国第三次文物普查工作中，西藏的文物普查取得了大量新的收获。据有关部门数据显示，西藏全区目前已经发现的各类文物点总数达4277处，其中包括古遗址1379处、古墓葬116处、石窟寺及石刻遗迹587处，其数量已经大大超过了前两次文物普查所获的数据②总和。目前有关资料正在整理过程当中，它们的正式公布将会推进西藏文物考古和文化遗产保护事业的进一步发展。

3. 考古发掘和研究

西藏自治区自创立文物保护机构以来，文物工作者分赴全区各地，调查、征集了数万件流散文物，收集了许多珍稀文物，先后在昌都卡若、朗县列山、拉萨曲贡等处，发掘出了一系列新、旧石器时代的遗址、古墓葬等。

1977年调查发现卡若遗址，1978年7月5日，自治区文管会考古组开

---

① 霍巍：《西藏文物考古事业的奠基之举与历史性转折——西藏全区文物普查工作的回顾与展望》，《西藏大学学报》2008年第1期。
② 有关数据系西藏自治区文物保护研究所哈比布所长提供，有待正式公布，均以正式公布的数据为准，此数据仅供参考。

始对昌都卡若遗址进行试掘。同年，自治区文管会与四川大学、云南省博物馆合作对卡若遗址进行了正式发掘。20世纪90年代，先后发掘了拉萨曲贡遗址、山南昌果沟、阿里皮央·东嘎、林芝列山墓地等数十处遗址。

20世纪80年代后，西藏各地相继出版了《拉萨文物志》《琼结县文物志》等文物志和《布达拉宫》《西藏唐卡》《萨迦寺》《古格故城》《西藏文物精粹》等文物画册，以及《昌都卡若》《西藏岩画》《青藏铁路发掘报告》《西藏自治区文物地图集》《皮央·东嘎考古发掘报告》《吐蕃时代考古新发现》等考古学专著。

4. 文物保护维修工程建设

保护维修是西藏文物保护的日常工作之一。自西藏文物机构开展工作以来，陆续对重大寺庙的文物古建筑进行维修。最早的是20世纪60年代初进行的拉萨三大寺之一甘丹寺的维修。这是该寺建寺554年来规模最大的一次维修工程，于1963年10月29日全部竣工[①]。1964年5月8日，布达拉宫首次修缮工程完工[②]。1972年对大昭寺进行维修。1989~1994年，中央政府拨专款5500万元和大量黄金、白银对布达拉宫进行大规模维修。1994年5月，联合国教科文组织世界遗产委员会委托专家对维修竣工的布达拉宫进行了实地考察，认为维修的设计和施工都达到了国际先进水平，是古建筑保护史上的奇迹，对藏文化乃至世界文化遗产保护做出了巨大贡献。随后，1994年12月，布达拉宫被世界遗产委员会列入《世界遗产名录》。同时，各国代表还支持将拉萨大昭寺也列入同一世界遗产项目。

20世纪80年代到世纪末，国家先后投入资金3亿多元，对布达拉宫、大昭寺、甘丹寺、扎什伦布寺、萨迦寺、昌珠寺、桑耶寺、江孜宗山抗英遗址、夏鲁寺、古格王国、托林寺等重要文物古迹实施了抢救性维修保护工程，修复并开放了1400多座寺庙，及时修缮和保护了大批文物。

5. 政策与法规健全

1959年6月，西藏自治区筹备委员会颁布了《关于加强文物古迹、文件档案管理工作的若干规定》，开始整理、抢救、收集、保管西藏地方政

---

① 国家文物局编《中华人民共和国文物博物馆事业纪事 1949—1999》上册，第204页。
② 国家文物局编《中华人民共和国文物博物馆事业纪事 1949—1999》上册，第210~211页。

府及下属各个部门的文件档案材料,以及各寺院和贵族收藏的文件档案,并组织文物调查小组对西藏的遗址、古建筑、古墓葬、古石碑、摩崖石刻等进行调查①。

在"文化大革命"这样一个特殊时期,西藏自治区的文化遗产也受到一定程度的破坏,如小昭寺。周恩来总理曾亲自指示对布达拉宫等重点文物保护单位采取特殊措施加以保护,并从大昭寺、甘丹寺等著名寺庙抢救出了大批文物②,使之免遭破坏。

进入20世纪80年代以后,西藏自治区先后颁布了《西藏自治区人民政府关于加强文物保护的布告》《西藏自治区流散文物管理暂行规定》等一系列文物保护法规。自治区有关部门起草了《西藏自治区寺庙文物保护管理条例》《西藏自治区文物保护单位保护范围及建设控制地带管理规定》《关于在基本建设中加强文物保护管理工作的意见》《关于进一步做好文物利用及涉外工作的意见》《关于加强西藏自治区革命文物工作的意见》等。

1990年5月,西藏自治区第五届人民代表大会第三次会议颁布《西藏自治区文物保护管理条例》。1996年7月,西藏自治区人大常委会对其进行了补充修改和完善,并对文物主管部门赋予执法权力③。1997年11月,西藏自治区人民政府颁布《布达拉宫保护管理办法》。

三　21世纪以来西藏的文化遗产事业快速发展

21世纪以来,西藏文物工作在党中央、国务院和国家有关部委的领导和支持下,得到快速、全面的发展。党和国家领导人到西藏视察,专门视察布达拉宫、罗布林卡、西藏博物馆、扎什伦布寺等文物单位,对做好西藏文物工作做出重要指示。文化部和国家文物局领导多次到西藏视察、指导工作,出席重点文物保护维修工程开工典礼、竣工庆典及培训班开班仪式等重大活动,并亲自为学员授课,对做好西藏文化遗产保护和利用做出指示。

1. 国家投巨资实施文物保护工程建设成效显著

西藏布达拉宫、罗布林卡、萨迦寺三大重点文物保护维修工程于2002

---

① 《西藏百科全书》编撰委员会:《西藏百科全书·文物保护》,第460页。
② 国家文物局编《中华人民共和国文物博物馆事业纪事 1949—1999》上册,第231页。
③ 《西藏百科全书》编撰委员会:《西藏百科全书·保护成果》,第462页。

年6月正式开工,历时7年,2009年8月竣工。这是中央第四次西藏工作座谈会确定的国家重点文化建设项目,总投资达3.8亿元,成为西藏文物保护事业发展的里程碑。

西藏"十一五"重点文物保护工程全面开工。"十一五"期间,国家安排资金5.7亿元实施扎什伦布寺等15处重点文物单位和《大唐天竺使出铭》等7处文物点进行全面维修。从2009年8月23日江孜宗山抗英遗址保护工程开工建设到2010年12月12日古格王国遗址文物保护维修工程正式开工,计22处西藏"十一五"重点文物保护工程全部开工建设。2013年1月,大昭寺等16处文物维修保护工程已竣工并完成初验,扎什伦布寺等6处文物保护维修工程在建项目进展顺利。

西藏自治区"十二五"时期文物事业发展规划重点项目包括:近现代重要史迹及代表性建筑保护、重点文物保护设施建设、部分地市博物馆建设工程。国家安排资金10亿元对46处重要史迹和博物馆进行建设,在此基础上,国家还另行追加8亿元,主要用于藏南古碉楼群和拉萨古建大院的保护修缮。2011年10月举行了西藏"十二五"重点文物保护工程暨敏竹林寺保护工程开工仪式,标志着"十二五"重点文物保护工程正式启动。

"十二五"期间,西藏自治区文物部门还加强了对历代中央政府治理西藏的重要历史文物的保护,特别是对从西藏和平解放、人民解放军进藏到西藏自治区成立这一历史时期的文物进行了全面摸底调查,共调查、登录重要历史和革命文物点204处,其中有31处革命文物和45处重要历史文物已经列为文物保护单位。西藏自治区安排资金近4000万元,对山南乃东克松村第一党支部旧址等13处以"红色遗迹"为代表的重要历史和革命文物实施保护维修工程等。

2. 文物普查核实文物资源,文物建档工作稳步进行

2012年6月29日,西藏自治区第三次全国文物普查工作总结表彰大会在拉萨召开,基本摸清了西藏不可移动文物基本概况。全区参与普查的一线人员近300人,投入经费1500余万元,共调查、登录不可移动文物点4277处(新发现文物点3013处、复查文物点1264处),检查验收普查资料6000余份,整理文字资料达500万字以上、照片资料1万余张、图纸资料1万余张。

西藏重点文物保护单位的现状、潜在资源分析与保护对策

2006年，国务院公布了第六批全国重点文物保护单位，西藏全国重点文物保护单位的数量达到35处；2006年和2009年自治区人民政府先后公布了两批自治区级文物保护单位，使自治区级文物保护单位的数量达到224处；各市县也相继公布了一批市县级文物保护单位，全区县（市）级文物保护单位总数已达686处。2008年以来，自治区公布划定了35处全国重点文物保护单位的保护范围和建设控制地带；建立了35处全国重点文物保护单位和224处自治区级文物保护单位的记录档案和备案工作；完成了全区部分馆藏文物腐蚀调查工作；建立了全区文博单位1813件/套文物藏品的纸质档案。全区共完成约6万件馆（寺）藏文物的登记建档工作；累计鉴定"三级"文物达1.3万件。

3. 文物法规逐步加强，安防工作有保障

西藏文物保护法规逐步完善、保护制度渐成体系。2003年6月，西藏自治区人民政府颁布《西藏自治区文物单位消防安全管理办法》①。2003年自治区人大又将《西藏自治区文物保护法管理条例》的修订工作列入计划。2007年西藏自治区第八届人大常委会颁布新修订的《西藏自治区文物保护条例》。2006年自治区人民政府办公厅转发《关于在基本建设中加强文物保护管理工作的意见》。2009年自治区人民政府颁布了修订后的《西藏自治区布达拉宫保护办法》。2011年有专家学者提出《西藏自治区非物质文化遗产保护条例建议案》。经过长期努力，全区初步建立起以国家文物法规为主体、地方性法规和规范性文件相配套的法规体系，依法保护和规范了全区文物及其相关工作，加快了西藏文物工作迈向法制化的进程。

在法律体制健全的基础上，西藏文物安全工作得到进一步加强。自治区文物局和地市文物主管部门及重点文物保护单位始终把安全工作作为文物工作的生命线，坚持"人防为主、技防为辅"的安防原则，落实各项制度，基本形成平时常检查、节假日及重大活动专项检查、重大问题立即检查和发现问题立即整改的安全防范机制和工作格局。各级文物部门签订并落实年度文物安全责任书，不定期邀请人大代表、政协委员以及公安、消防等部门组成文物安全专项检查组对自治区级以上文物保护单位的安全情

---

① 马振华：《西藏文物保护走向法制化》，《光明日报》2003年7月29日。

况进行全面的大检查。据初步统计，2008～2012年全区各级文物主管部门累计组成300多批、1000多人次文物安全专项检查组深入全区各级文物单位实地开展文物安防、消防和施工现场安全大检查；累计筹措资金700余万元，用于加强基层文物单位的安防、消防工程建设，大幅提高了基层文物单位的安全保卫能力，进一步提升了文物安全系数，确保了古建筑和文物及重点维修工程施工现场的安全。

4. 援藏工作力度大，人才队伍得到加强

全国援藏领域不断拓宽，文物援藏力度不断加大，有力地推动了西藏文物事业的发展。为进一步促进西藏自治区文物事业的发展，继1997年、2001年和2007年三次全国文物援藏工作会议后，2012年8月，文化部和国家文物局又在拉萨组织召开了第四次全国文化文物援藏工作会议。西藏自治区与国家文物局4个直属单位和15个省、市文物局签订多个援藏项目和人才培养协议书。

西藏文物管理机构的建制和人员编制得到进一步增强。在自治区党委、政府的高度重视下，区、地、县三级文物管理机构建制和人员编制得到进一步增强。自治区文物局由原来的3个副处级内设机构增加到正处级4个，机关行政编制由原来的17名增加到24名；设正科级机关后勤服务中心，事业编制4名。布达拉宫管理处增加1个内设机构，罗布林卡管理处升为正县级，原西藏文物鉴定组（正科级）改为西藏文物鉴定中心（副处级）。拉萨市、山南和林芝市设立一套人马三块牌子的正处级文物局，日喀则市、昌都市、那曲和阿里地区设立副处级文物局。拉萨市和日喀则、山南、昌都、林芝、阿里地区的63个县（市、区）相继成立了文物局，极大地提升了自治区文物保护管理的整体实力。截至2012年9月底，自治区有各级文物管理机构73个、博物馆3个、文物科研机构1个、文物总店1个和文物鉴定机构1个。

西藏文博干部培训的范围和力度得到加强，全区文博干部队伍的整体业务素质显著提高。在国家文物局的大力支持下，自治区文物局先后举办了"西藏文博干部培训班""西藏自治区文物保护工程培训班""西藏文博干部业务知识培训班"等各类文博业务培训班12期，全区近600名文博工作人员参加了培训，其中有近500名受训人员获得了国家和省、区级各类培训班颁发的岗位资格证书。自治区文物局邀请专家

300多人次进藏,对古建维修、保护设计、展览陈列设计、科技保护、考古调查、勘察设计等专业人员进行培训,提高了在职人员的业务素质和专业水平。2009年,国家文物局在西北大学文博学院挂牌成立了"西藏文博培训基地",这一举措必将更加有力地助推西藏全区文博人才的培养。

总之,进入21世纪以来,中央对西藏自治区文物事业投资巨大,文物保护工程项目、应急抢险维修项目、重要历史和革命文物保护项目开工建设数量大,全区文博队伍建设和人才培训取得较快发展。目前,全区已初步建立以国家保护为主、全社会共同参与的文物保护新体制,初步建立以规范文物保护、管理及合理利用的地方性法规体系,初步建立文物保护维修、考古发掘、安全防范、藏品管理、科学研究、陈列展览等各领域的管理体制和工作机制,初步建立了一支具有强烈的政治意识、责任意识,业务精湛、作风过硬的专业人才队伍[1]。

综上所述,西藏的文物保护事业经历了长期的历史发展进程,目前进入一个新的发展阶段,面临国际国内文化遗产保护事业飞速发展的新格局。在这样的历史背景之下,认真地参照国际文化遗产保护发展的成功经验,总结对照我国的实际状况,对西藏重点文物保护单位的现状、历史以及潜在的可持续发展资源进行深入的研究,既是新时代所提出的要求,也是中国走向世界,世界认识中国、认识西藏的重要一步。本课题将立足于西藏文物考古事业的厚重历史,面向未来,对此展开深入研究。

---

[1] 《西藏自治区文物局关于呈报近五年暨2012年工作总结和2013年工作要点的情况报告》,由西藏自治区文物局谢旭伟提供。

第二章　西藏历史文化资源的形成及其发展演变

西藏的重点文物保护单位是西藏历史文化资源中的精华,代表和体现了西藏自史前时代以来直到人类文明时代各个历史发展阶段这一地区在文明进程中的伟大成就。因此,要认识西藏重点文物保护单位的文化内涵、学术价值、社会功能,必须将其放置到西藏文明发展的宏观视野当中加以考察,必须对西藏历史文化资源的形成及其发展演变的进程、特质有所把握。

第一节　自然地理环境与文化资源空间

西藏高原地域辽阔,自然条件独特,是地球上海拔最高、最年轻的高原。它特殊的自然环境、丰富多彩的自然资源对人类文化产生的影响也是十分明显的。今天的西藏自治区是以藏民族为主体的地区,其独特的民族传统、风俗习惯和悠久的文化历史,都与其自然地理环境有着密切的联系,在文化资源的空间分布上也呈现出独特的态势。

从迄今为止不完全统计的西藏自治区全区文物点发现情况来看,共有近5000处文物点,其中大部分是在20世纪80年代后期至90年代中后期的全区文物普查中发现的。这个数字与全国其他各省、区、市相比较,显示出西藏文物点的分布密集程度显然是较低的。其主要原因在于,虽然西藏地域辽阔,全区的面积达122万平方公里,约占全国陆地总面积的1/8,仅次于新疆居全国第二位,但是,由于地广人稀,高寒缺氧,自然气候恶劣,因而是典型的人口低密度地区。据2012年的人口统计数据表明,西藏现有人口总数约为307万,约占全国总人口的0.2%,平均人口密度每平方公里约为2.4人，是全国各省、自治区、直辖市中人口数量最少，人口密度最低的地区。这一客观现实，决定了西藏文物点在绝对数量上也同样为全国平均分布密度最低的地区。

但是，另一方面，西藏的文物点在分布规律、类别与文化内涵等方面，却又具有自身极其鲜明的特点。众所周知，古代人类的活动及其各个时期的文化遗存与西藏高原自然环境之间有着密切的联系，西藏高原的古代人类也明显具有对环境的选择与适应性特点，这些特点都同时反映在西藏各类文物点的分布状况上。

从地理环境上来看，可以大致将西藏高原划分为下述三个主要的地理单元。

一是以藏北"羌塘"高原为主体的高原湖盆区，这个区域包括南、北羌塘山原湖盆和昆仑山区，约占西藏自治区总面积的2/3，由一系列浑圆而平缓的山丘组成，从丘顶到平地相对高差只有100～400米，其间夹杂着许多盆地，低处常常潴水成湖，成为古代游牧民族"逐水草迁徙"的理想区域。

二是位于冈底斯山脉和喜马拉雅山脉之间的藏南原湖盆谷地区，这里是著名的雅鲁藏布江及其支流流经之所，由许多宽窄不一的河谷平地和湖盆谷地组成。河谷的宽度一般在5～8千米，长度为70～100千米，拉萨河、年楚河、尼洋曲等河谷都汇集在这个区域。主要的湖盆谷地有藏西的札达盆地、马泉河谷盆地、喜马拉雅山中段北麓湖盆谷地和羊卓雍湖高原湖泊区等。这个区域地形相对平坦，土质肥沃，宜于人居，历来是西藏最富庶的区域。

三是藏东高山峡谷区，亦即著名的横断山脉区，这个区域由一系列从东西走向转折为南北走向的高山深谷组成，地势北高南低，地貌复杂，河谷纵横，怒江、澜沧江、金沙江由北向南流经。这个区域内的海拔高度、气候与自然植被等均呈垂直分布，北部海拔可达5200米左右，山顶平缓，南部海拔为4000米以下，顶谷高差可达2500米。在这里可以观察到山顶部为终年不化的冰雪，而在山腰和谷底则分布着茂密的森林与常青的田园这样一种多样性的景观。

在上述三个区域内，藏北及阿里北部的羌塘高原自古以来便是游牧民族纵横驰骋之地。通过高原宽谷间平坦的草原和戈壁，游牧民族可以不受阻隔地迁徙往来，活动范围相当广阔。由于这一地区的经济形态多为游牧经济类型，所以多以史前细石器、大石遗迹、石丘墓、岩画等具有北方草原文化特点的文物点居多，而很少发现以定居农业为主要经济形态的新石器时代遗址。通过这个区域，还可与广袤的欧亚草原相沟通，许多迹象表明，西藏北部和中部的这些古代文化遗存，都与欧亚草原文化有着密切的关系。

藏南原湖盆谷地区和藏东高山峡谷区则是孕育西藏古代文明的温床。这里温润的气候和良好的河谷自然环境十分适合人类居住生存，茂密的森林可供人们采集，平坦宽广的河谷滩地便于渔猎和栽培，湖泊、河流和泉水可提供给人们饮用，附近还往往环绕有较高的山地可遮风挡雨，形成一个温暖湿润的小气候环境。所以迄今为止西藏所发现的新石器时代遗址大多分布于这一区域。例如，位于澜沧江畔的藏东昌都卡若遗址、江钦遗址、小恩达遗址，尼洋河与雅鲁藏布江中下游交界处的林芝市所发现的若干新石器地点，拉萨河谷的曲贡与昌果沟遗址等。

进入到历史时期，上述藏南和藏东这两个区域仍然是西藏高原人类活动最为密集频繁的地区。吐蕃部落的发祥地即在藏南雅隆河谷，其后在其首领松赞干布的统领之下，统一高原诸部，建立起强盛的吐蕃王国，并将其都城定在逻些（今拉萨市），由此开启了以拉萨河谷为中心的政治统治格局。吐蕃王朝灭亡之后，陆续建立的各地方政权，如元代的萨迦政权、明代的帕木竹巴政权等，其主要的统治重心仍然在卫、藏地区。明、清以来黄教格鲁派势力在占据统治地位之后，更是基本上奠定了近现代西藏以卫、藏地区为其核心的格局。以明宣德九年（1434）成书的《汉藏史集》的记载为例，元代十三万户中除"拉堆绛"可能位于今拉孜县以西、雅鲁藏布江以北之外，其余大多分布于拉萨、山南、日喀则等地区[①]。

以近年来的人口普查资料为据，西藏不同地区中，人口密度最高的地区是拉萨市、昌都市和山南地区，西藏人口比较集中地分布在自然条件较好的雅鲁藏布江流域，尤其是所谓"一江两河地带"——即位于北纬28°～31°、东经87°～93°之间，东起桑日，西至拉孜，北达冈底斯、念青唐古

---

① 达仓宗巴·班觉桑布：《汉藏史集》，陈庆英汉译，西藏人民出版社，1986，第185～189页。另参见《藏族简史》，西藏人民出版社，1985，第148页。

拉山南麓，南至藏南高原湖盆地带的西藏中南部地区，其中以拉萨市人口密度最高，达 12.72 人/平方公里。而地处高寒（平均海拔在 4500 米以上）的藏北那曲和藏西阿里地区，人口密度则很低，阿里地区仅 0.2 人/平方公里[①]。

从西藏历史时期各类文物点的分布密度状况分析，它和现今西藏的人口分布密度状况大体上呈重叠趋势，这表明自古以来藏族先民对高原环境的适应与选择具有延续性，文物点分布状况与人类活动的历史具有一致性。

在经过漫长的史前时期之后，西藏与其周边地区各古代文明的进程一样，也进入到有文字记载的历史时期，一般认为这个阶段开始于吐蕃王朝的建立。西藏现存的吐蕃时代及其以后的各类文物点大多具有鲜明的宗教色彩，并且分布广泛，几乎遍及西藏全区，这与西藏文明的发展进程和时代特点也有着密切的联系。

从马克思主义的历史唯物主义论来看，宗教是一种社会意识形态，是建立在一定的社会经济基础之上的上层建筑，其产生的原因一是自然原因，二是社会原因。在西藏高原严酷的自然条件下，人们一方面努力地适应自然、选择适合于自身生存发展的途径；另一方面，也会求助于宗教的力量。早在佛教传入吐蕃以前，西藏已经有"本教"流传。本教也被译为"本波"教，是一种信奉"万物有灵"的原始宗教，它的崇拜对象包括天、地、日月、星辰、雷电、冰雹、山川、土石、草木、禽兽等万物，其巫术具有明显的"萨满"教特点。本教用动物作祭祀时的牺牲，这种方式在吐蕃王朝时代的典礼活动中占有很重要的地位。《旧唐书·吐蕃传》等史籍中都曾记载，吐蕃在举行盟誓、丧葬等仪式典礼时，往往要屠杀大量的动物甚至活人作为牺牲。吐蕃时代的墓葬中，常可发现被肢解后或整体葬入墓地的动物骨骼，阿里日姆栋岩画中曾发现大量羊头与陶罐的画面，可能就与这种习俗有关。藏北高原还发现葬入动物头骨和陶罐的祭坛，可能也是本教各种复杂的崇拜祭祀仪式的反映。

吐蕃王朝时期，佛教开始从印度和中原唐朝两个方向传入到西藏。佛

[①] 参见席津生等《西藏人口的变化和现状分析》，国务院人口普查办公室等编《当代中国西藏人口》，中国藏学出版社，1992。

第二章 西藏历史文化资源的形成及其发展演变

教传入西藏之后，逐渐排斥和同化本教，并最终占据统治地位，成为西藏全民信仰的宗教，后来更发展为西藏"政教合一"的政治体制。正因为如此，在现存的各文物点当中，佛教文物占有很大的比例和重要的地位。不仅西藏的佛教寺院、石窟寺、摩崖造像、壁画、雕塑、木刻、唐卡等多为佛教遗存，而且由于佛教文化的影响，在其他诸如宫殿、庄园、城堡、民居等世俗生活遗存当中，也随处可见佛教艺术的流光掠影，成为西藏不同于全国其他地区文物单位的主要风格特色。就其分布特点而言，大体上按各宗教文化的中心、次中心及边缘区呈密度分级递减趋势。

正如有学者曾指出过的那样，由于西藏在地理位置上处于亚洲腹地各主要文明的交接地带，在其漫长的历史发展过程中，"祖国黄河、长江流域的悠久文明，中亚草原的游牧文化，西亚河谷的农业传统，南亚热带沃土上孕育出来的思想意识，均曾汇集于这一号称世界屋脊的高原之上，使这一地区的历史，在本身固有的传统的基础上，呈现出一种复合的性质；并且在不同时代由于感受的外来影响有所不同，风格亦迥然相异。从文化上来说，西藏可以说是亚洲古文明的荟萃之所"①。从不同时代的文物点中，可以清楚地看到这样一些特点。从史前时代石器中的手斧形器与南亚旧石器的联系、卡若遗址与南亚布鲁扎霍姆（Burzahom）新石器时代文化的联系、拉萨曲贡墓地中出土的带柄铜镜与中亚文化的联系，到早期金属时代的大石遗迹、石丘墓、岩画与动物纹饰等与祖国北方和中亚草原文化的联系等，无不显示出西藏远古文化所具有的开放性、复合性及其与各古代文化间的互动影响等特征。至于佛教传入西藏高原之后所遗留下来的各类佛教艺术遗存，更是显示了西藏与南亚、中亚和祖国西域与内地有着密切的联系与交流。这些文物点在其分布特征上，往往或处于古代政治、经济、文化中心，或处于历史上的交通要道、枢纽，与文献典籍所记载的古代交通与文化交流可以互为补充。

综上所述，可以清晰地看到，西藏的历史文化遗产有着十分悠久的发展与形成历史，虽然这个地区自然条件较之其他地区要严酷恶劣得多，但自从人类进入这片号称为"世界屋脊"、"人类生命禁区"的高原之后，便依托自然环境，最大限度地利用各种自然资源，在不同的生态环境之下与

---

① 童恩正：《西藏考古综述》，《文物》1985年第9期。

大自然和谐共存，创造出丰硕的文明成果，并以其鲜明的地域特色、民族特色、文化特色成为中华文明重要的组成部分和宝贵的历史财富。

不可否认，西藏高原独特的地理位置和地理环境，对高原的历史文化形成与发展是有着巨大的影响和制约作用的。由于高原总体上恶劣的环境和严酷的气候，交通阻塞、生产生活难度较大，使得人类的生存活动与文明创造都受到极大的限制和挑战。但是，也恰恰由于高原封闭而独特的地理环境，又使得这一地区较之其他地区而言，原本较为薄弱的本土文化特征和外来文化因素都能够长时期的在高原上积淀、延续、传承，并且相互混同融合而变得水乳交融，使其文化面貌显得古老而厚重。著名考古学家童恩正先生早年曾经如此评价过西藏文化的特殊价值与意义："由于西藏与外界相对隔绝以及其历史发展的特殊性，当其他地区的文化已经发生变迁以后，这里仍然保存着原来的因素。如中亚早期佛教的梵文经典在印度已经佚失，然而在西藏佛教的经典中却有很多遗留，更有众多梵文贝叶经卷；又如在印度或中亚早已失存的古代艺术作风和内容，在西藏直至近代仍具有生命力。"[①] 今天我们认识西藏文化遗产的价值，也应当站在这样的历史高度用这样宽广的学术视野来加以思考，才能突破旧的传统观念和思维模式，获得新的认知。

第二节　西藏史前时期形成的历史文化资源

迄今为止，在已经公布的35处西藏全国重点文物保护单位和224处西藏自治区级文物保护单位的目录中，属于史前时期的文物点仅有4处，而且其中3处均为西藏自治区级文物保护单位，仅有1处被获准列为全国重点文物保护单位，这个情形与西藏丰富的史前文化[②]资源是极不相称的。这种局面的形成，既与长期以来人们在思想观念上存在的认识误区有关，也与西藏自治区文物考古工作的历史进程有关，不能不引起我们的高度重视。

---

① 童恩正：《西藏考古综述》，《文物》1985年第9期。
② 学术界一般将吐蕃王朝建立和创立藏文之前的西藏远古历史称为"西藏史前史"或"西藏史前时期"，但在绝对年代的划分上则有不同意见。

第二章 西藏历史文化资源的形成及其发展演变

藏族是一个有着悠久历史与深厚文化底蕴的民族，在雪域高原创造出了辉煌灿烂的文化，保留下来极其丰富的历史文化遗产。但是，在西藏和平解放以前，政教合一的西藏地方政府除了从宗教的角度维护寺院和封建奴隶主阶级的若干特权之外，根本谈不上科学意义上的文物保护，旧西藏各地既无专门机构，也无专业人才，更无专项用于文物保护的经费。直到1951年西藏和平解放以前，西藏和祖国内地相比较，文物考古工作存在着巨大的差距，几乎处在空白状态，尤其是对于藏族早期历史和文明起源的研究，过去长期以来几乎都依赖于一些汉、藏文字的文献记载，缺乏地下考古材料的科学依据，西藏史前文化的发展状况一片空白。

西藏高原的考古学史，可以上溯到西方探险家及学者对这一地区的探险与考察活动。17世纪20年代至18世纪40年代，欧洲的天主教教士从喜马拉雅山外或我国内地进入到西藏，在阿里和卫藏地区进行传教活动，他们在国外所公布的根据亲身经历和调查所获的有关藏族历史、宗教、民俗等情况的资料，成为西方学者研究西藏的开端[①]。19世纪后期，由于西方学者研究汉学以及佛教、东方历史与语言形成一种国际风气，先后有英、法、德、俄、意、匈、日等国学者开始从事关于"西藏学"的研究，从而带动了西藏考古工作的陆续开展。由于西藏在政治、宗教、文化等方面的独特性，虽然有极少数外国人曾经进入西藏进行有目的的考古工作，但大多仅限于零星的地面调查和对一些寺院宗教文物的考察，真正意义上的科学考古发掘并不多见。他们当中的一些人在西藏也做过一些零星的考古调查和发掘，从他们写出的游记或者综合报告中，也有偶尔涉及西藏地下或地面文物。其中比较重要的如1925～1928年"中亚考察队"俄国人罗里赫（N. Roerich）在藏北及西藏中部地区发现多处石丘墓和"大石遗迹"；1948年意大利人G.杜齐调查了山南地区琼结县藏王墓；1950年G.杜齐出版了专著《藏王陵考》，同年英国人黎吉生（H. E. Richaqson）再次考察藏王墓。但总的来看，西方学者的工作在当时还并不系统，涉及材料也相当零散[②]。直到20世纪后半叶，意大利藏学家G.杜齐教授仍然评价认为："如果我们把适当的、有指导的发掘称为考古学的话，那么，西藏的考古是处于零

[①] 冯蒸：《国外藏学研究概况》，中国社会科学出版社，1979，第1页。
[②] 霍巍：《西藏考古工作的回顾与展望》，《民族研究动态》1994年第2期。

的状态。"①

西藏的文物考古工作自 1951 年西藏和平解放之后,才真正发生了一个根本性的转变,中国学者开始承担起西藏文物考古工作的责任,地面文物的维修保护工作和地下考古工作都开始有步骤地进行,通过半个多世纪的努力,已经取得了令世人瞩目的成绩。西藏史前时代的文化面貌,也是在这个时期才开始逐渐被揭露出来,其科学价值、文化价值都极高。根据不同时代以及出土实物的不同特点,我们可以从下述几个方面来认识西藏史前时期文化遗产的丰富性及其重要价值。

一 石器时代

西藏高原虽然处于高海拔地区,自古以来被视为人类生存的"禁区",但事实上通过考古调查与发掘证明,西藏自旧石器时代晚期以来(大约距今 5 万年前后)便已经有了人类活动的遗迹,开始有了人类对高海拔地区的拓殖和生存活动。

旧石器是人类早期文化中重要的工具,旧石器时代则是人类起源和发展的初期阶段中一个十分重要的时代。迄今为止发现的西藏旧石器的地点有藏南定日县的苏热②、藏北申扎县的珠洛勒③、班戈县的各听④、阿里地区日土县的扎布和多格则⑤、吉隆县的哈东淌和却得淌⑥等处。西藏旧石器的加工方法多为单面加工,其中以劈裂面向背面加工为主,错向加工占一定比例。错向加工有相邻两边的错向加工和相对两边的错向加工,以及同一条边上两边的错向加工。石器的器形以石片石器为主,刮削器占绝对优势,尖状器是常见器形。西藏旧石器的石片石器到了晚期,已蕴藏着细石器工艺的某些因素⑦。这些旧石器虽然均为地表采集,缺乏考古学的地层

---

① 〔意〕G. 杜齐:《西藏考古》,向红茄译,西藏人民出版社,1987,第 2 页。
② 张森水:《西藏定日新发现的旧石器》,《珠穆朗玛峰地区科学考察报告(1966—1968)——第四纪地质》,科学出版社,1976,第 105~109 页。
③ 安志敏等:《藏北申扎、双湖的旧石器和细石器》,《考古》1979 年第 6 期。
④ 钱方等:《藏北高原各听石器初步观察》,《人类学学报》1988 年第 1 期。
⑤ 刘泽纯等:《西藏高原多格则与扎布地点的旧石器——兼论西藏高原古环境对石器文化分布的影响》,《考古》1986 年第 4 期。
⑥ 霍巍、李永宪、更堆:《吉隆县文物志》,西藏人民出版社,1993,第 15~21 页。
⑦ 李永宪:《西藏仲巴县城北石器遗存及相关问题的初步分析》,《考古》1979 年第 6 期。

学依据，但从石具的制作工艺、技术传统等方面观察，与我国华北地区的旧石器具有诸多相同的文化面貌，由此可以基本认定其为旧石器时代的产物。旧石器的发现对于我们科学地认识西藏早期人类活动的情况提供了重要的依据。

西藏新石器时代的遗存主要发现在西藏高原的河谷地带。其中，首次经过考古发掘出土的是位于藏东昌都澜沧江畔的卡若遗址。1977~1979年以及2002年度的前后两次发掘，发掘遗址总面积达2000平方米左右，出土有房屋、道路、窖穴、石祭台等各类遗迹，并出土了大批打制石器、细石器、骨器、陶器等遗物以及动物骨骼、粟类作物等类遗物[1]。大型打制石器、细石器与陶器、磨制石器并存并以打制石器为多；陶器的陶质均为夹砂陶，手制，均为小平底，器形以罐、钵、盆为组合，纹饰主要为刻划纹；建筑物主要为大量石块砌筑的石构建筑；粮食作物以粟为主；等等，既体现出自身的特点，同时也反映出与黄河上游史前文化之间的密切联系，学术界将这一考古学文化称之为"卡若文化"。近年来调查发现的昌都小恩达遗址、江钦遗址等[2]，与卡若文化面貌相似，可能都属于具有卡若文化特征的遗存。

拉萨河谷的新石器时代遗址有曲贡村遗址的发现与发掘。曲贡遗址位于拉萨市北郊约5公里，面向拉萨河谷盆地，1984年调查发现，1990年进行考古发掘，发掘面积为500多平方米[3]。遗址分为早、晚两期文化堆积，其中早期堆积的年代从已测定的6个碳14年代数据来看，距今约4000年，略晚于卡若文化。曲贡遗址发掘的主要收获可以概括为三个方面：第一，出土了相当丰富的遗物，种类包括石器、陶器、骨器等几个大类。其中石器近万件，分为打制与磨制两类。陶器器形主要有单耳罐、双耳罐、圜底钵、高柄豆、高领鼓腹罐等，陶质多为泥质陶，陶色以灰色、黑色为主，多见磨光黑陶，器表打磨光滑，并压划有变化丰富的几何纹饰。装饰品有骨笄、耳坠、陶环、石环、陶质猴面饰物等。第二，灰坑

---

[1] 1997~1999年发掘情况见《昌都卡若》报告，2002年发掘资料还在整理中。
[2] 西藏自治区文物局文物普查资料。
[3] 中国社会科学院考古研究所西藏工作队、西藏自治区文物管理委员会：《西藏拉萨市曲贡村新石器时代遗址第一次发掘简报》，《考古》1991年第10期；中国社会科学院考古研究所、西藏自治区文物局：《拉萨曲贡》，中国大百科全书出版社，1999。

中发现葬有人头或人骨架,这些非正常的埋葬可能与某种杀祭仪式有关,属于猎头或人祭一类遗存。第三,出土了大量收割器具和加工谷物的磨盘,还发现了大量兽骨、鱼骨和渔猎具,表明当时已有了大面积的谷物种植,反映出新石器时代曲贡人的经济生活是以农耕为主,兼营畜养和渔猎。曲贡遗址与卡若文化具有一定的相似性,但二者的区别更为明显,如曲贡遗址中极少见到磨制石器和细石器;两个文化具有不同的陶器群;曲贡遗址中已经出现铜器,而卡若文化不见铜器;等等。目前学术界倾向认为两者之间没有直接的关系,"曲贡文化是一支地域特征很强的远古文化遗存,它是雅鲁藏布江中游地区的有代表性的晚期史前文化遗存"①。

在雅鲁藏布江中游河谷地带还发现有贡嘎县昌果沟②和琼结县的邦嘎村③两处类似于曲贡遗址的文化遗存。其中昌果沟遗址(图2-1)位于贡嘎县东北雅鲁藏布江北岸,三面环山,南北长约600米,东西宽约300米。遗址中采集和出土的文化遗物有打制石器、磨制石器、细石器和陶片等。昌果沟遗址与拉萨曲贡遗址相距最近,文化特征上它们之间也具有更多的相似性,如两处遗址的生产工具皆以打制石器为主,第二步加工的石器同以单向打击为多,兼有少量的交互加工;生活用具中陶器方面,陶质两地均有夹砂陶和泥质陶,器形皆以罐为多,并流行带耳,陶纹皆以刻划纹为主等。但是,两处遗址的陶器也存在着一些差异,如曲贡遗址陶器以黑、褐色为多,而昌果沟遗址则以红褐色为多,不见黑陶。曲贡遗址以圜底器为大宗,而昌果沟遗址则以圈足器为主。造成这种差异的原因,可能是两处遗址时代上的差别所致。

细石器在西藏高原史前史研究中也具有重大的研究价值。西藏高原的细石器在时代和文化属性上均有别于我国其他地区,从发现情况来看,西藏的细石器发现面广,数量多,延续时间长,近年来有一大批新材料被发

---

① 中国社会科学院考古研究所、西藏自治区文物局:《拉萨曲贡》,中国大百科全书出版社,1999,第222页。
② 关于此处遗址的调查与发掘情况参见:A. 何强:《西藏贡嘎县昌果沟新石器时代遗存调查报告》,《西藏考古》第一辑;B. 中国社会科学院考古研究所西藏工作队、西藏自治区文物管理委员会:《西藏贡嘎县昌果沟新石器时代遗址》,《考古》1999年第4期。
③ 此处遗址的资料尚未公布。

图 2-1 山南昌果沟遗址外景（霍巍摄）

现。据不完全统计，西藏高原仅从 20 世纪 90 年代以来，新发现的细石器地点约 100 处，主要分布于雅鲁藏布江上游、中游地区，即自阿里狮泉河以迄仲巴、萨嘎、昂仁、吉隆等区县境内以及藏北高原至拉萨一线[1]。近年来在青藏铁路西藏段沿线的考古调查中，也发现了 27 处含有细石器在内的石器地点[2]。随着新材料的不断增加，对西藏细石器的科学研究也在不断深入。通过对已知材料的分析，可以发现西藏细石器的存在有几种形式，一是典型而较单纯的细石器遗存，如藏北发现的部分细石器地点、藏南聂拉木地点、雅鲁藏布江上游及中游部分地点等；二是与小石片石器共存的细石器地点，这类遗存主要发现于雅鲁藏布江上游、中游地区；三是与磨制石器、大型打制石器、陶器共存的细石器地点，如藏东昌都卡若遗址；四是与彩陶、青铜器等共存的细石器地点，如新近在阿里噶尔县发现的丁仲胡珠孜地点[3]等。西藏细石器的这几种存在形式表明，它不仅延续的时间可能较长，而且既可能与游牧—狩猎经济类型有关，也可能与农耕经济类型有关，并不代表着某一单纯的经济文化类型，这就使西藏史前文化的面貌既有别于中国南方其他各省区，也与中国北方流行细石器的各省区有所区别，有着明显的地域特点。

---

[1] 据索朗旺堆《西藏考古新发现综述》中的统计数字，见《南方民族考古》第四辑，四川科学技术出版社，1992。

[2] 有关资料正在整理中。

[3] 李永宪、霍巍、更堆：《阿里地区文物志》，西藏人民出版社，1993，第 36~43 页。

二 早期金属器时代

继新石器时代之后,西藏在考古文化序列上还存在着许多缺环,目前的资料还无法准确地界定西藏的石器时代终止于何时、铜器时代始于何时、铁器又是在什么时候传入西藏的。学术界有观点认为,西藏高原紧接着新石器时代之后,可能有过一个石器、青铜器和铁器并用的阶段,有的学者将这个阶段命名为"早期金属器时代",并推测这一时代可能开始于公元前一千年,结束于公元6世纪,即吐蕃王朝兴起之前[①]。目前发现的相当于这个历史时期的考古学遗存,主要是一批墓葬材料。由于文化发展的不平衡性,这个阶段一般仍被划入西藏史前时期,以区别于后来创造有文字和历史文献记载的吐蕃王朝。属于这一时期的墓葬形制主要包括石室墓、石丘墓、石棺墓和少量的土坑墓与洞室墓。除此之外,一些与这几类墓葬有着共存关系的大石遗迹、岩画等考古遗存也通常被认为可以大致上划入到这个时代。按照上述定义,西藏的早期金属器时代也呈现出丰富的文化面貌和缤纷的文化色彩,显现出随着时代的发展、生产工具的进步,西藏的史前文化也迈入到一个新的发展阶段。

1. 石室墓与石丘墓

石室墓与石丘墓都是西藏早期金属器时代重要的考古学文化遗存,它们具有诸多相同的特点,前者着重强调其内部构造,后者则主要强调其外部特征,实际上两者很可能是相互统一、不可分割的整体。之所以本文沿用前人将其划分为"石室墓"与"石丘墓"这两个概念,主要是照顾到习惯上的约定俗成和其在地域上的不同特点而言,而并非强调这两者之间有着根本性的差异。

石室墓中具有代表性的是拉萨市曲贡村发掘的一批土坑石室墓。这批墓葬与新石器时代的曲贡遗址相邻近,共发现和清理了20余座墓和6处祭祀石台[②]。墓葬初步可分为四种形制,前三种均系竖穴土坑石室墓,仅有平面形状的不同,后一种变异较大,由竖井式墓道、甬道、墓室三部分构

[①] 童恩正:《西藏考古综述》,《文物》1995年第9期。
[②] 中国社会科学院考古研究所西藏工作队、西藏自治区文物管理委员会:《西藏拉萨市曲贡村石室墓发掘简报》,《考古》1991年第10期。

成。墓葬中出土有陶器和一枚带柄铜镜。墓地中的祭祀石台平面形状呈不规则的椭圆形,由大小不一的砾石块堆成基本水平的台面,多系单层堆放,并依从于一座主墓。根据墓葬的碳14年代测定,曲贡石室墓的绝对年代当在公元前8世纪前后,最晚不会晚于公元初年。

石丘墓目前较多发现于西藏西部及藏北高原一带。其中较为典型的可以阿里地区日土县阿垄沟石丘墓地为代表,这处墓地也是阿里高原首次调查发现的一处早期墓地[①]。墓葬分布在日土县境内阿不兰热山的一条山沟冲积扇上,墓地面积约15000平方米,墓葬总数近百座。石丘墓的形制是在地表上用大石块垒砌成墓丘,在地表向下挖掘浅穴或不挖墓穴,葬入尸骨后用大石垒成墓框。葬式有屈肢葬、乱骨葬及火葬等,流行男女合葬、母子合葬的习俗。出土器物仅见陶器、铁钩、饰珠等物,部分尸体上附着有织物残片。出土器物未作碳14测定,仅从墓葬形制与随葬品的特征上初步推测其年代应当早于古格王国时期,下限不晚于公元5~6世纪。

近年来,在札达县古格王国境内调查发现有卡尔普墓群[②],在札达县境内皮央·东嘎一带发现了东嘎格林塘墓群、萨松塘墓群、格布塞鲁墓群以及皮央遗址第Ⅴ区墓群[③]等。皮央·东嘎境内的这几处墓群规模较大,墓地大多在地表残存有明显的石丘或石圆圈作为墓葬封土标志,有一定的分布规律。有的墓地还发现可能与祭祀有关的列石遗迹。从发掘情况看,墓葬形制有竖穴土坑石室墓、石丘墓、土洞墓等几种形制,但均未发现棺木的痕迹。其中石丘墓在地表用石块垒砌石丘作为标志,有大、中、小三种规格,大型石丘墓的形状以方形、长方形、梯形石丘较为常见;中、小型的墓葬则多为不规则的圆形石丘。竖穴土坑墓及土洞墓仅在地表观察到略为凸起的沙丘,无明显的标志。葬式有单人屈肢葬、二次葬、火化骨灰葬等,骨架保存情况不完整。墓地中有单独的动物殉葬坑,殉葬马、牛等动物,个别墓葬中大量随葬羊头,有的一墓可多达18个羊头,放置在墓室

---

① 李永宪、霍巍、更堆:《阿里地区文物志》,西藏人民出版社,1993,第132~133页。
② 1998年由西藏自治区文物局阿里文物抢救办公室考古队调查发现,并清理了几座残墓,资料尚在整理中。
③ 四川大学中国藏学研究所等:《皮央·东嘎遗址考古报告》,四川人民出版社,第189~231页。

的四壁。墓葬中还发现有在死者身下和随葬动物身下铺放一层红色朱砂的现象，联系古文献记载分析，这些葬俗当与某些特定的原始巫术有关，很可能反映出西藏土著宗教——本教的某些埋葬习俗。出土器物有陶器、骨器、石器、青铜器、铁器、木器与竹器的残片等遗物。陶器多见夹砂红、褐陶，也有少量的泥质红陶；器形多见圜底器，次为小平底器，偶见三足器，耳、流比较发达；器表多施以粗、细绳纹、戳印纹、弦纹等，有的施以红色陶衣。在墓地地表还采集到绘有红彩的陶片。出土的青铜器中有一柄青铜剑形制特殊，剑格部饰有联珠纹组成的图案，剑柄尾部两端为上卷的圆涡状，与我国北方草原青铜文化中常见的"触角式短剑"形制相似，反映出二者之间可能存在着某种文化传播与交流。根据墓葬出土木炭标本所做的碳14年代测定，此墓地的年代约相当于公元前后，要远远早于古格王国时期。

2. 石棺墓

石棺墓也被称为"石棺葬"，特指以石板砌建仅可容纳尸身的棺室这样一种具有鲜明特点的墓葬形制，这类遗存以往曾多发现于与西藏相邻近和川西北、滇西北高原以及黄河上游甘青地区。目前西藏发现的史前石棺葬主要分布在藏东及雅鲁藏布江中游一带，如昌都贡觉石棺葬[①]、小恩达石棺葬[②]、林芝都普石棺葬[③]、山南隆子石棺葬[④]等。这些石棺采用略经修整的大石板砌建，墓葬结构简单，一般多为沿墓坑四壁立石板砌建棺室，有盖板而无底板，出土的随葬器物主要有陶罐、石器、饰珠及小件的金属器如铜刀、铜镞等，总的来说随葬品种类不多，数量亦不丰，各地所反映出的差异性也很显著。这批石棺墓葬的年代上限约相当于中原地区战国至秦汉，下限可能不晚于吐蕃王朝兴起之前。目前对西藏石棺葬的起源及其与周边考古文化之间的关系还有待进一步的探讨，但总的来看西藏东部发现的石棺墓与川、滇西部的石棺葬文化之间有较多相似之处，而西藏雅鲁

---

① 西藏自治区文管会文物普查队：《西藏贡觉香贝石棺墓葬》，《考古与文物》1989年第6期。
② 西藏自治区文管会文物普查队：《西藏小恩达新石器时代遗址试掘简报》，《考古与文物》1990年第1期。
③ 丹扎：《林芝都普遗址首次发掘石棺葬》，《西藏研究》1990年第4期。
④ 西藏自治区文管会文物普查队：《西藏山南隆子县石棺墓的调查与清理》，《考古》1994年第7期。

藏布江中游发现的石棺葬则具有强烈的地方色彩，很可能属于不同的文化体系。

3. 大石遗迹

与石丘墓、石棺葬等年代大体上相近、有可能互有联系的考古遗存，还有大石遗迹。西藏的大石遗迹大体上有独石、石圈和列石等几种形式，意大利学者 G. 杜齐曾对此有过比较简略的记述[①]。西藏自治区全区文物普查调查发现并确认了一批大石遗迹，丰富了我们对这一类遗迹的认识。其中，发现于山南地区措美县哲古草原上的大石遗迹（图 2-2）为一用砾石砌成的同心圆双重圆圈，内圈中央立有一独石，北侧有石砌的平台，其周围围绕着石丘墓葬，发掘结果表明其当属与墓葬祭祀有关的石祭坛一类遗迹[②]。另外，前述阿里日土县阿垄沟石丘墓群也发现有一些与墓葬相对应的独立大石，上面刻划有武士形象，应当也属于与墓葬有关的大石遗迹[③]。阿里高原北部的措勤县、改则县和南部的普兰县一带也发现了一批独石、石圆圈之类的大石遗迹[④]，其中有的与石丘墓共存，当与墓葬有关；有的则独立存在于湖泊、雪山之畔。在青藏铁路沿线的藏北高原调查时曾发现石圆圈、石祭坛一类大石遗迹，或朝向神山，或朝向神湖，石祭坛内埋藏

图 2-2 浪卡子措美大石遗迹平面示意图

采自何强《"拉萨朵仁"吐蕃祭坛与墓葬的调查与分析》，《文物》1995 年第 1 期。

---

① 〔意〕G. 杜齐：《西藏考古》，向红笳译，西藏人民出版社，1987，第 13~14 页。
② 何强：《"拉萨朵仁"吐蕃祭坛与墓葬的调查与分析》，《文物》1995 年第 1 期。
③ 位于皮央·东嘎境内的这几处墓群系由西藏自治区文物局与四川大学考古专业组成的联合考古队调查发现，并在 1999 年 8 月进行了发掘清理，资料正在整理之中。
④ 1998~1999 年在阿里地区考古调查中发现，资料尚在整理之中。

有动物头骨、陶罐、饰珠和小件青铜牌饰等①，可能与佛教传入之前西藏土著宗教——本教祭祀湖神、山神的原始信仰有关。

4. 岩画

西藏高原发现过不同时期的古代岩画，由于其与亚洲中部高原各地区的岩画艺术之间有着密切的关联，因而十分引人注目。西藏岩画从绘制技法上可分为两大类：一类是在岩石上刻凿而成的岩画，另一类是采用颜料绘制而成的岩画。西藏最早发现的岩画是阿里日土县境内调查发现的日姆栋等3处岩画地点②。近十年来，新发现岩画遗迹已有40余处，包括60多个地点和300多组画面③。这些岩画绝大部分分布于藏北和藏西高原，画面以狩猎、畜牧、争战与演武、自然崇拜等为主（图2-3），其中画面场景宏大、内容丰富的如日土县塔康巴岩画地点④，该岩画在高约5米，长达20多米的岩面上，刻划了数以百计的人物与动物形象，人物有狩猎、牧人、武士、负重行走者、巫师等各种形象，动物有岩羊、羚羊、马、驴、狗、牦牛、鹿等。岩画采用了敲琢法、磨刻法两种技法勾勒轮廓，造型生动而富于变化，是迄今为止西藏高原调查发现的规模最大的一处岩画点。而藏北高原纳木错湖扎西岛洞穴内发现的岩画⑤，其作画方法绝大多数系用赭红色矿物颜料绘制图像，少数图像用黑色矿物颜料绘制，技法有线描和平涂两种，不见刻凿法。岩画内容有动物、人物、自然物、符号等，其中动物种类包括牦牛、鹿、马、羊、狗、狼、狐狸、豹、象、骆驼、鹰、鸟、猴等；人物形象有骑者、巫师等；自然物有树木、太阳、云朵等，此外还有塔、经幡、弓箭、各类符号等。岩画表现题材丰富多彩，有射猎、围猎、放牧、捕鸟、斗兽、顶鹿、舞蹈、祭祀、战争及佛教的吉祥物等。西藏高原岩画的发现与相关研究，极大地推动了西藏原始艺术、原始宗教等多方面研究工作的深入。

综上所述，西藏史前时期的各类文化遗存保存了大量具有极高科学研

---

① 2003年青藏铁路西藏段考古勘探调查资料。
② 西藏文管会文物普查队：《西藏日土县古代岩画调查简报》，《文物》1987年第2期。
③ 李永宪、霍巍：《西藏岩画艺术》，收入西藏自治区文物管理委员会编《西藏岩画艺术》，四川人民出版社，1994。
④ 参见李永宪、霍巍、更堆《阿里地区文物志》，西藏人民出版社，1993，第57~61页。
⑤ 西藏自治区文物普查队：《西藏纳木错扎西岛洞穴岩壁画调查简报》，《考古》1994年第7期。

图 2-3　皮央扎布拉山岩画地点

采自四川大学中国藏学研究所、四川大学考古学系、西藏自治区文物事业管理局《皮央·东嘎遗址考古报告》，四川人民出版社，2009，彩图 57。

究价值、文物艺术价值的文化资源，它们对于阐明西藏高原史前时期人类生产、生活、社会经济、艺术、宗教等各个方面的情况都是弥足珍贵的。但在过去由于考古工作的不足和资料的匮乏，这些丰富的文化遗产往往被人们所忽略，仅有极少数能够被列入各级文物保护单位加以有效保护和合理利用，以发挥其应有的作用，而大部分史前时期的古遗址和古墓葬都缺乏必要的保护，遭受自然和人为破坏的情况相对较为严重（这在后文中还将详论），这种情况应当引起我们高度的重视。解决这个问题的关键，仍在于提高人们的认识。

第三节　吐蕃时期形成的历史文化遗产

7 世纪，在青藏高原上兴起了一个强大的民族——唐代汉文史书中称其为吐蕃，而吐蕃则自称其为"Bod（蕃）"。吐蕃兴起和强盛的年代与其东面的唐王朝和西面的阿拉伯大食基本上相当，这三股势力一度形成三足鼎立之势，他们与这个地区的其他民族之间开始发生多边关系，彼此争雄，使得当时东亚和中亚的各种政治力量形成错综复杂的格局，也使得这一地区不同文明在相互影响和冲击碰撞当中呈现出一种前所未有的新面貌。

　　吐蕃的发展历史大体上可以分成前后两段：前段是其初始期，后段是吐蕃王朝建立统治直到其走向灭亡的时期。关于吐蕃的起源，汉文史料和藏文史料有不同的记载，对此学术界的认识也很不一致，但较为一致的观点认为：吐蕃的核心部族原为兴起于西藏中部雅隆河谷一带的"雅隆悉补野"部，经历几代吐蕃赞普的经营发展，至7世纪初，吐蕃著名的赞普（意即首领或王）松赞干布在不断兼并扩张的过程中逐渐统一其邻近的苏毗、羊同等部族之后，定都逻些（今西藏拉萨），建立起吐蕃王国。吐蕃王国建立之后，一方面学习唐朝礼仪制度，创建官制、厘定法律；另一方面则从印度、中亚等汲取宗教文化养分，创造吐蕃文字、引进佛教和其他宗教，不断走向强盛。

　　吐蕃王国的建立，在藏民族的形成与发展史上具有划时代的意义。这一时期，随着吐蕃与周边国家和地区文化交流的不断加强，其社会发展水平得到了空前的提高。虽然西藏高原总体上处在高纬度的自然环境中，但由于它地域辽阔，各个地区之间的生态环境实际上也有着很大的差别，其经济生活形成了谷物种植和动物饲养的双重结构，这一点，从现在考古发掘的距今5000年前的西藏昌都卡若新石器时代遗址的文化面貌中便已初显端倪①。吐蕃时期自然环境没有发生根本性的变化，这种双重性的生业结构更显普遍。相对中原地区而言，吐蕃的草原畜牧业比其农业更为发达，北部和西部的羌塘高原都是水草丰茂的天然牧场，吐蕃人很早便已经学会饲养牦牛、犏牛、山羊、绵羊、马以及少量的猪和狗，其中牦牛和马在吐蕃社会生活中起到了重要的作用，成为西藏高原文明中不可缺少的畜力来源；而农业在西藏中部和南部一些自然环境良好的地区也得到了很好的发展，作为吐蕃王朝族群核心的雅隆悉补野部，便是最早兴起于西藏山南地区的雅隆河谷，那里河流多、气候相对温润，农业生产传统悠久，至今仍然是西藏人口密集的农区。在青藏高原更大的地域范围上，吐蕃人实际上是根据高原自然环境将农业和畜牧业这两种生活模式加以了灵活的变换，在高海拔地区创造出人类独特的生存与

---

① 西藏自治区文物管理委员会、四川大学历史系：《昌都卡若》，文物出版社，1985。

生业方式①。

　　进入吐蕃王朝时期，随着与外部世界交流程度的不断提高，在吐蕃社会原有的部落时期因素之外，吐蕃文化中也开始大量注入新的文化因素。首先，来自中原唐王朝的文化对吐蕃王朝产生了深远的影响，吐蕃王朝各项政治制度的建立，都可以或多或少地从中看到唐朝体制的影子，这与吐蕃自立国之始便努力实行加入"中原文化圈"的基本国策关系密切②。来自中原先进的唐文化不断渗透到吐蕃社会生活的不同层面，7世纪中叶，松赞干布迎娶唐朝宗室之女文成公主入蕃，汉族工匠随之将酿造米酒、造纸、制作磨盘、墨和玻璃的技术带到了吐蕃，藏文史书《汉藏史集》中记载的茶叶和制造木碗的技术也是由汉族工匠传到吐蕃③。从考古发现的情况来看，吐蕃的冶金技术很早便开始出现，拉萨曲贡遗址中曾经出土一枚青铜镞，从其形态上看时代约相当于中原夏商之际，考古学家们观察认为它应当是本地铸造，而不是远方的舶来品。这枚铜镞合金配比合理，成型方法是铸造法，说明当时已有了相当发达的冶金理论与实践技术④。吐蕃的冶金工艺在吐蕃时期更加成熟，不仅可以保证为吐蕃军队提供充足的盔甲和锋利的刀剑，还可以铸造举行宗教仪式活动的大铜钟，而常常作为贡品的金银器制作更是达到了一个很高的水准⑤。其次，吐蕃作为"丝绸之路贸易"的一个重要组成部分，显然也加入了与周边其他地区的经济文化交流之中，例如从印度引入了天文历算和医学；根据梵文和古代印度的其他几种语言创制了一套书写文字的字母。对吐蕃社会产生最为重要和深远影响的，是佛教在吐蕃王朝时期开始传入西藏，并且逐渐改造和取代吐蕃在佛教传入之前流行的土著宗教——本教。在佛教传入吐蕃的过程中，唐朝和印度都曾经成为吐蕃佛教的重要来源地，而西藏本土的原始宗教本教的内容在这一过程中也大量地被吸收到吐蕃佛教当中，从而使

---

① 〔俄〕B. A. 李特文斯基主编《中亚文明史》第三卷，马小鹤译，中国对外翻译出版公司，2003，第306页。
② 林冠群：《唐代吐蕃史论集·自序》，中国藏学出版社，2006，第1页。
③ 达仓宗巴·班觉桑布：《汉藏史集》，陈庆英译，西藏人民出版社，1986，第104~106页。
④ 中国社会科学院考古研究所、西藏自治区文物局：《拉萨曲贡》，中国大百科全书出版社，1999，第228页。
⑤ 〔俄〕B. A. 李特文斯基主编《中亚文明史》第三卷，马小鹤译，中国对外翻译出版公司，2003，第306页。

吐蕃佛教成为融合印度佛教、中原佛教和西藏土著宗教——本教因素在内的、独特的哲学体系与宗教组织体系，为后来藏传佛教的最终形成奠定了基础。

吐蕃王国的政治制度一方面保留着脱胎于吐蕃早期社会的军事部落联盟政体，赞普与各部落首领之间通过盟誓来规定彼此之间的共同利害、义务与权利；另一方面，在吐蕃王国建立之后，也形成了职官制度，其体制多模拟唐朝的行政官吏制度和规范而建立。吐蕃的最高统治者为"赞普"，他的权力自称是来自"上天"，即所谓"君权神授"，如《唐蕃会盟碑》碑文所载："神圣赞普鹘提悉补野自天地浑成，入主人间，为大蕃之首领。于雪山高耸之中央，大河奔流之源头，高国洁地，以天神而为人主，伟烈丰功，建万世不拔之基业焉。"① 赞普之下，有大相、副相各一人，也称为大论、小论；都护一人，称为悉编掣逋；之后有"内大相"（曩论 [nang-blon]）和"外相"（纰论 [phyi-blon]），内大相处理宫廷的内部事务，而外相负责与臣属氏族的关系、对外情报和惩罚性的远征。另设有司法大臣一名，督导司法事务；岸本（mngan-pon）一名，负责度支；审计官（资悉波折甫 [ytsis-pa-chen-po]）一名，负责簿记，各级官员均有相应的品阶和章饰制度，称之为"告身"制度②。王尧先生认为，吐蕃王国在其朝廷之内的职官可以分为三个系统，大致上模仿了唐朝的官制，其一即贡论系统，相当于唐朝之尚书省，专司中央及地方，执行行政大权，如大相、副相、外相、岸本、兵马都元帅、都护等；其二为曩论系统：相当于唐朝的门下省及中书省，司内廷机枢要务，如内相、悉南纰波（给事中）、承旨官等；其三为喻寒波系统：相当于御史台，司监察之职，如三级喻寒波等职。而吐蕃官职中的"尚论"，则仅仅是一种称号，表明其为与吐蕃王室通婚的家族成员，而不是实职。吐蕃的地方官制在汉文文献《资治通鉴》《新唐书·吐蕃传》《旧唐书·吐蕃传》中均有零星的记载，如节度使、讨击使、节度、大兵马使等，在吐蕃占领和统治的青海、敦煌等地，也另设有节度、节度使等官职③。

---

① 王尧：《吐蕃金石录》，文物出版社，1982，第43页。
② 〔俄〕B. A. 李特文斯基主编《中亚文明史》第三卷，马小鹤译，中国对外翻译出版公司，2003，第304页。
③ 王尧：《吐蕃文化》，吉林教育出版社，1989，第25~34页。

第二章 西藏历史文化资源的形成及其发展演变

吐蕃拥有一支强大的军事力量，成为其称雄于亚洲腹地的武力基础。从吐蕃时期的文献来看，吐蕃军队实行的是一种将军事、行政和生产三位一体化的体制，即将其分为五"茹"（yu），与吐蕃领土的划分形成一体，军队平时分散，战时集中，驻扎在各地，每茹设有军事长官"茹本"，通常是由当地最大的氏族贵族担任此职。茹下设"东岱"，意为千户或"千人之队"，每一茹下可分为十个东岱，其长官称为"东本"，意即"千夫之长"。吐蕃军队的精锐之师是骑兵，考古发现的吐蕃马具与唐朝和波斯萨珊王朝的马具颇为相似，表明其具有与东西方骑兵装备不相上下的先进水平。吐蕃统治时期的敦煌石窟壁画和塑像中有身穿吐蕃式样铠甲的武士和天王形象，反映出当时吐蕃战士身穿坚固的铁甲，手执锋利的兵器，在吐蕃开疆拓土的征战中发挥着重要作用。

早在吐蕃王国建立之前，西藏高原的各部族先民便已经在艰苦的自然环境下顽强生活，同时开始了自己的艺术创造。距今5000年前的藏东昌都卡若遗址中，已经出现了在陶器上刻划纹饰，制作并使用各种人体装饰品的做法[1]。拉萨曲贡遗址出土的陶器在装饰艺术上更进一步，不仅出现了表现力十分丰富的磨花工艺，还出土了两件陶塑作品，一为陶器上的猴面贴饰，一为器盖上的鸟首，形象都十分生动，表明当时的人们开始将艺术审美与原始崇拜融为一体[2]。在西藏西部的阿里和藏北高原，发现了一批刻画在岩石上的岩画，画面上既有写实性的游牧人的生活情景，也有表现原始宗教与歌舞的场面，其时代可能都在吐蕃王国之前，同样被认为是西藏史前艺术的杰作[3]。吐蕃人在艺术创造上继承并发展了其先民的这些技艺，他们将其与朴素的宗教热情相互结合在一起，在建筑、雕塑、绘画等各个方面都形成了粗犷、热烈、奔放的风格，尤其是在佛教美术领域达到了一个新的高峰。吐蕃人善于博采众家之长而加以融会贯通，如同有学者评价的那样，"唐人的艺术手法、西域的艺术花朵汇集到吐蕃艺术家的手中就构成崭新的艺术时尚"[4]。

---

[1] 西藏自治区文物管理委员会、四川大学历史系：《昌都卡若》，文物出版社，1985。
[2] 中国社会科学院考古研究所、西藏自治区文物局：《拉萨曲贡》，中国大百科全书出版社，1999，第227页。
[3] 李永宪：《西藏原始艺术》，四川人民出版社，1998。
[4] 王尧：《吐蕃文化》，吉林教育出版社，1989，第204页。

从不可移动的有形文化遗产的角度和视野观察，吐蕃时代遗留至今的文化资源的丰富程度也已经大大超过了此前的史前时期，我们仅仅列举出其中的几个主要门类，便可略见一斑。

一　古墓葬

随着吐蕃王朝的建立，在西藏全境出现了一批具有相同考古文化特征的墓葬。这类吐蕃墓葬的特点是规模宏大，往往成群分布，在一个墓地当中一般以大墓居于墓地的高处，居高临下，中、小型墓则分布在大墓的两侧或周边。墓葬在地表筑有高大的封土墓丘，封土的形制从平面上看以梯形为主，亦有方形、亚字形、圆形等。在大、中型墓前，往往还附设有祭祀场所和动物殉葬坑等，有的大型墓地遗留有墓碑、石狮、建筑遗迹等。

位于山南琼结县境内的吐蕃王陵（俗称藏王墓），是考古研究的重点之一，也是西藏保存至今的一处重要的文物古迹。过去对山南吐蕃王陵做过系统科学考察的意大利学者G. 杜齐曾发表过专著《吐蕃赞普陵考》[①]，利用大量文献材料对陵墓的内部构造、陵墓石刻、墓地布局等作过考证。其后德国学者霍夫曼（H. Hoffmann）、英国人黎吉生（H. E. Richardson）等人也作过一些考证[②]。西藏和平解放以后，我国学者也曾对穷结吐蕃王陵作过实地考察[③]。但长期以来，关于墓葬的确切数目及各墓墓主的考订始终比较混乱。近年来，通过科学的实地调查，核实了陵区内现存陵墓的数量，并首次确认了琼结藏王墓东、西两个陵墓区并列的布局特点（图2-4），与《智者喜宴》《西藏王臣记》《西藏王统记》等藏文古籍的记载基本吻合[④]。藏王墓位于拉萨东南，靠近雅隆河上游，这里曾是松赞干布的祖父达布聂赛统一诸部的根据地，松赞干布定都逻些（今拉萨）以后，仍在此建有夏牙，历代吐蕃的陵墓也都修建于此。藏王墓的范围包括木惹山

[①]　〔意〕G. 杜齐：《吐蕃赞普陵考》，中译本刊于中央民族学院藏族研究所编《藏族研究译文集》，译为《藏王墓考》，1983。

[②]　未见原文，参见童恩正《西藏考古综述》所引述，《文物》1985年第9期。

[③]　参见：A. 王毅：《藏王墓——西藏文物见闻记（六）》，《文物》1961年第4~5期；B. 欧熙文：《古藏王墓——兼谈西藏的丧葬制度》，《西藏历史研究》1978年第4期。

[④]　参见：A. 索朗旺堆、康乐主编《琼结县文物志》，第37页；B. 霍巍：《试论吐蕃王陵——琼结藏王墓地研究中的几个问题》，《西藏考古》1994年第1辑；C. 王仁湘等：《西藏琼结吐蕃王陵的勘测与研究》，《考古学报》2002年第4期。

麓和东嘎沟口两个墓区，东西长约2076米，南北宽约1407米，总面积约305万平方米。据藏文史料记载，此处原有陵墓21座，但经考古调查核实现存16座。16座陵墓分布在东、西二区，两区相距约800米。一区位于木惹山麓和河谷台地，共有墓冢10座；二区位于东嘎沟口，有墓冢6座。16座陵墓的封土形制可分为两种：方形平顶和梯形平顶，以方形平顶居多。封土半数以上高达10米，结构大多是以土、石、木夯筑而成，夯土内穿插有纵横的圆木为骨架以起到坚固墓丘封土的作用。所有墓葬封顶均被早期盗掘。

图2-4 琼结藏王陵全景图（秦臻摄）

根据史料并结合实际勘察，在藏王墓中初步能确定墓主的有9座（图2-5）。其中藏王陵墓中的松赞干布陵封土结构复杂，封土为夯筑，夯层中有圆木朽后留下的孔洞，孔洞壁全用小扁石圈砌，以保护圆木。夯层平面上摆放整齐的白玛草，墙体连接处采用圆木榫合。在松赞干布陵墓的封土顶上原建有"钟木赞拉康"，供奉松赞干布、文成公主、赤尊公主、禄东赞等像，当系陵墓的祭祀建筑。藏王墓中最大的一座陵墓高踞于木惹山麓的最南部，据考可能系赤德松赞墓，墓分三层，丘顶平坦，层间隔以薄石板，各层均筑有小龛，龛作六角形。墓前有石狮一对。藏王墓地现存有两通石碑，即赤松德赞纪功碑和赤德松赞墓碑。除藏王本身的陵墓之外，文献记载还有不少王室、贵族也葬在琼结。据敦煌古藏文文书所载，其中有确切姓名和下葬年代者便有文成公主（683年）、金城公主（741年）、芒庞（707年）、可敦（708年）等，现均有待于作进一步的调查核实。

图 2-5　藏王陵陵位分布图（杨峰制图）

此外，文献记载还表明，吐蕃王室的墓地也并不仅限于琼结一处。这个情况与考古发现的资料有暗合之处。例如，位于朗县的列山墓地是吐蕃王朝时代另一处大型墓地（图 2-6），这个墓地规模也很宏大，可分为东、西两区，墓地面积达 81 万多平方米，共有封土墓 184 座，所有的封土墓都呈扇形分布，以中心大墓向两翼展开，封土的平面形制可分为梯形（图 2-7）、方形、圆形、亚字形等。在列山墓地中也发现可能与祭祀场所有关的房屋遗迹、石碑座等。根据这些因素分析，列山墓地的规格也相当高，或有可能即为吐蕃王室贵族或地方高级统治者的另一处墓地。

图 2-6　列山墓地东区墓葬分布示意图

采自霍巍《吐蕃时代考古新发现及研究》，科学出版社，2012，图 1-26，1。

图 2-7　列山墓地的梯形墓

采自霍巍《吐蕃时代考古新发现及研究》，科学出版社，2012，图 1-32。

　　属于这个时期的重要墓地在吐蕃王朝统治的中心区域——雅鲁藏布江流域中、下游地带的藏南谷地分布最显密集。重要墓地还包括朗县列山墓地[①]、仁布县让君村墓地[②]、萨迦县夏布曲河流域古墓地[③]、拉孜县查木钦、查邬岗墓地、定日县门追和唐嘎墓地[④]、墨竹工卡县同给村墓地[⑤]、亚东县帕里镇墓地、白朗县强堆乡墓地等[⑥]。在这些墓地中，墓葬的布局特点均模仿吐蕃王陵的做法，大墓一般位于墓地的最高处，居高临下；中、小型墓葬则多分布于大墓的前方及两侧，显系按一定的规格加以排列布置。大墓的封土以梯形为多，中、小型墓则多见方形、圆形和不规则形。一些墓地中还发现有塔形、亚字形等异形墓，可能受到佛教建筑的影响，年代应较晚。拉孜县查木钦墓地中出土了石狮（图 2-8）、石碑，墓前共发现 28 条殉葬坑，表明墓葬的等级较高。藏文典籍中记载吐蕃王室的墓地

---

① 索朗旺堆、侯石柱：《西藏朗县列山墓地的调查和试掘》，《文物》1985 年第 9 期。
② 西藏文管会文物普查队：《西藏仁布县让君村古墓葬试掘简报》，《南方民族考古》第四辑。
③ 西藏文管会文物普查队：《萨迦县夏布曲河流域古墓葬调查试掘简报》，《南方民族考古》第四辑。
④ 西藏自治区文管会文物普查队：《西藏拉孜、定日两县古墓群调查清理简报》，《南方民族考古》第四辑。
⑤ 西藏自治区文管会文物普查队：《西藏墨竹工卡县同给村古墓群的调查与试掘》，《南方民族考古》第四辑。
⑥ 索朗旺堆：《西藏考古新发现综述》，《南方民族考古》第四辑。

图 2-8 拉孜县查木钦吐蕃墓葬之墓前石狮（霍巍摄）

并不限于琼结一处①，由此可得到佐证。

由于吐蕃王朝政治上的统一和文化上的高度影响，具有上述基本特征的吐蕃墓葬在西藏高原分布广泛，大致上西至昂仁、拉孜，北至那曲、当雄，东迄朗县、林芝，南抵错那、隆子的辽阔区域内都有这类墓葬发现，体现出吐蕃社会明确的等级关系和丧葬礼仪制度的确立。这些墓葬对于研究吐蕃王朝时期上层统治者的营葬制度、社会组织结构、吐蕃社会的代表性礼仪建筑都颇具价值。

二 佛教建筑

吐蕃王朝时期，佛教分别从中原唐王朝及吐蕃周边的于阗、尼泊尔传入到藏地，并逐渐开始兴盛发展。从这个时期遗留下来的佛教遗存虽然数量不多，但却具有很高的文物和艺术价值。

位于拉萨市内的大昭寺是西藏目前现存年代最早、面积最大的一处寺院建筑。大昭寺始建于 7 世纪中叶，后经历代多次修葺扩建，形成今天占地面积 25100 平方米的大型建筑群。寺院建筑坐东朝西，建筑群大体沿中轴线分布，由门廊、庭院、神殿及分布在四周的僧舍、库房等四部分组

---

① 参见王尧、陈践《敦煌本吐蕃历史文书》，民族出版社，1992，第 145~156 页；P. T. 1288 "大事记年"。

成,其中神殿是大昭寺的主体建筑,始建于吐蕃松赞干布时代,为一密闭式的院落(图2-9)。神殿前是绕以回廊的庭院,庭院外为门廊,高四层,中间建有天井,围绕天井为一周佛殿,以神殿下面两层建筑年代最为古老,门楣及柱子的雕刻都具有明显的吐蕃时期艺术风格。神殿后部正中为释迦牟尼佛殿,向后凸出约2.5米,主供释迦牟尼佛像,其左、右两侧为无量光佛殿和强巴佛殿以及观音殿、释迦牟尼不动金刚身佛殿四个殿堂,基本上沿纵、横二轴线左右对称分布。神殿的建筑结构采用梁架、斗拱和藻井等法式,具有浓厚的内地建筑风格的因素,神殿的中心为高敞的天井,共有12根大立柱,分属不同历史时期改建或扩建而成,五世达赖时期,更对神殿进行了大规模的扩建修葺,增建了四个角楼佛殿,在顶部增建了部分金顶(图2-10)。

与大昭寺共享盛名的还有小昭寺。小昭寺位于拉萨市八角街北约500米处,也始建于吐蕃松赞干布时期,据史书记载,公元641年,唐文成公主与藏王松赞干布结婚之后,从长安携来铜镀金释迦牟尼12岁等身佛像一尊,并将其安置在此处,从内地带来的工匠历时一年,在此建成小昭寺,

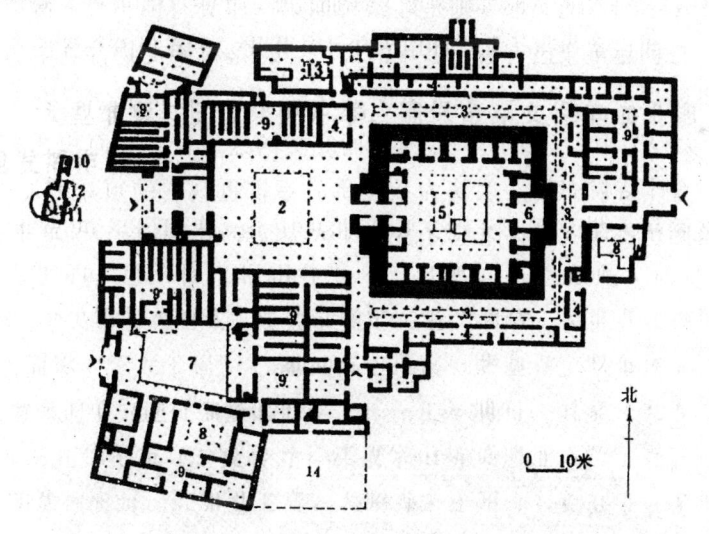

图2-9 大昭寺一层平面图

1. 外大门 2. 千佛廊院 3. 礼拜廊道 4. 外围佛堂 5. 中心佛殿 6. 主殿-释迦牟尼佛堂 7. 南院 8. 灶房 9. 各种库房 10. 唐蕃会盟碑 11. 劝人种痘碑 12. 传唐公主所植柳 13. 供品制作场 14. 辩经院

采自宿白《西藏拉萨地区佛寺调查记》,《藏传佛教寺院考古》,文物出版社,1996。

图2-10　大昭寺金顶（谌海霞摄）

与大昭寺同时完工。寺院坐西朝东，占地面积约4000平方米，由庭院、神殿及门楼、转经回廊等附属建筑组成。

大昭寺和小昭寺今天已经成为西藏旅游和藏族信众朝拜的两大热点景点，其历史文化价值也一直受到海内外学术界的广泛关注。

位于山南河谷的桑耶寺则是吐蕃时期第一座具有佛、法、僧三宝的佛教寺院，自创建至今已有一千多年的历史，也是藏族文物古迹中历史悠久的著名寺院之一（图2-11）。桑耶寺规模宏大，殿塔林立，以中心大殿"乌孜"大殿为中心，组成一组庞大而完整的建筑群，总面积达25000余平方米。整个寺院布局一般认为系按佛教宇宙世观中的须弥山加以布置，殿堂建筑则仿古印度摩揭陀地方的欧丹达菩提寺（飞行寺）为蓝本建成。

图2-11　桑耶寺乌孜大殿外景（霍巍摄）

第二章
西藏历史文化资源的形成及其发展演变

随着佛教传入西藏，筑塔建寺的同时，西藏也开始兴起石窟寺的开凿。迄今为止发现的西藏佛教石窟主要有两类，一类是在石窟内的各个石壁壁面开龛凿像，类似内地的龙门、云岗等处石窟的做法。另一类则是在石窟内彩塑绘画，类似新疆、敦煌石窟的做法。这两类石窟，从分布情况来看前者主要发现在卫藏地区，后者主要发现在藏西阿里地区。拉萨市查拉路甫石窟素有"吐蕃第一窟"之称，是西藏高原最早开凿的石窟之一（图2-12）。这处石窟依山开凿，窟形为带有中心柱的支提式窟，平面呈不规则长方形，窟内现存造像71尊，除两尊泥塑外，余皆为石像，分布于中心柱四面和转经廊的南、西、北壁上。造像题材包括两类：第一类系释迦、三世佛、阿弥陀佛、菩萨、金刚力士等；第二类系西藏历史上的著名人物，如文成公主、松赞干布、赤尊公主、禄东赞、吞米桑布扎、莲花生等。造像具有浓厚的印度-尼泊尔风格，服装简单窄小，衣纹系单线阴刻。尽管目前可以确认的属于吐蕃时期的佛教石窟寺建筑遗存仅此一处，但它的发现的确证明了西藏石窟寺艺术与新疆、"丝绸之路"沿线以及中原各地的石窟一样，都在吸收外来文化的基础上，融合本地文化因素加以改造，形成具有当地特点的石窟寺艺术风格。此外，西藏的摩崖造像数量丰富，主要分布在拉萨、山南、日喀则、林芝、昌都等地区，初步统计约有70多处、2万余尊造像[①]。造像种类可分为佛、佛母、菩萨、护法神、弟子及供养人、历史人物及各教派传承祖师等，造像时代从吐蕃时代一直到近代。其中，如著名的药王山摩崖造像绵亘于药王山的东、南、北三面崖壁上，长达1.5万米，内容丰富，题材广泛，雕刻技法纯熟，造像上下或左右一般都刻有"六字真言"，代表着西藏摩崖造像的主要风格特色（图2-13）。拉萨市南约20公里的尼塘哲朴山麓下的尼塘哲朴摩崖造像共有造像七尊，分布于南、北崖面上，其中北麓的尼塘大佛是西藏迄今为止发现的最大的单体摩崖造像。

三 吐蕃碑刻

藏文是藏语的书面形式，传统的观点认为藏文是吐蕃赞普松赞干布的文臣吞米·桑布扎参照梵文创造的。吐蕃时期的藏文文献除佛教典籍之

---

① 陈建彬：《关于西藏摩崖造像的几个问题》，《南方民族考古》第四辑，四川科学技术出版社，1992。

图 2-12　查拉路甫石窟外的寺院（霍巍摄）

图 2-13　拉萨药王山摩崖石刻（霍巍摄）

外，主要包括藏文手卷写本、简牍以及碑刻三大类。其中，保存至今的吐蕃时代碑刻占有相当比重。吐蕃王朝凡结盟、缔约、颁赏、封赠、祭祀等带有重大典礼性的事件，都往往要铭刻在碑石上，以求其永久。今天残存在卫藏的吐蕃时代碑铭主要有《唐蕃会盟碑》（图 2-14）、《恩兰·达札路恭纪功碑》（图 2-16）、《第穆萨摩崖刻石》、《谐拉康碑》、《赤德松赞墓碑》、《噶迥寺建寺碑》、《桑耶寺兴佛证盟碑》、《楚布江浦建寺碑》等，内容广泛涉及吐蕃时期的会盟、记功、颁赏、述德、祭祀、封授、证盟等各个方面,具有重要的史料及文物价值。其中著名的《唐蕃会盟碑》系唐王朝与吐蕃政权以舅甥情谊,在会盟立誓、信守和好、合社稷为一家的前提下竖立的,也称之为《长庆舅甥会盟碑》,是汉、藏民族之间一段友好历史的重要物证。

除卫藏腹心地区之外,其他地区也保存有一些吐蕃时期的碑铭石刻。如林芝县雍珠则摩崖石刻即为吐蕃赞普赤德松赞(795~815)应工布噶布王及家臣们的要求颁诏勒石,诏赐工布噶布小王之盟书誓文。刻文有古藏文21行,外有两石柱撑两块盖石板保护石刻,故保存较完整。现存于山南洛扎县境内的两处吐蕃石刻,则是近年来新发现的吐蕃摩崖石刻,是吐蕃赞普与得乌穷家族的盟誓誓词,而其中最重要的内容之一便是得乌穷家族墓地的营葬和其后的维修等项事宜。洛扎石刻盟誓的双方,一方是吐蕃赞普,而另一方是得乌穷家族,这样的石刻内容对于研究吐蕃王朝时期以"盟誓"为纽带形成的权力结构与组织形态都是极为重要的资料①。

近年来,反映吐蕃王朝时期对外文化交流的碑刻也有新的发现。其中发现于吉隆县境内的《大唐天竺使出铭》汉文摩崖碑铭(图2-15),记载了唐显庆年间我国著名旅行家王玄策通过吉隆山口取道尼婆罗去往北印度的事迹②。这通唐代碑铭首次以考古实物补证了吐蕃-尼婆罗道南段走向、出山口位置、王玄策使团的组成等若干史实,是研究吐蕃王朝时期唐蕃交通以及中印文化交流史的重要石刻文字材料。

四 祭祀遗迹

虽然佛教在吐蕃时代已经传入到西藏,但一个重要的事实是,贯穿整个吐蕃时代,西藏的本土宗教——本教始终是吐蕃具有"国教"性质的宗教信仰,尤其是在吐蕃赞普和王室贵族的丧葬仪式和祭祀典礼上,都有专业的本教祭司主持其事。这方面的实物材料过去曾在吐蕃墓葬的调查发掘中发现若干线索,如一些墓地中发现有数条动物祭祀坑,在其中杀殉马、牛

---

① 霍巍、新巴·扎西达娃:《西藏洛扎吐蕃摩崖石刻与吐蕃墓地的调查与初步研究》,《文物》2010年第7期。
② 西藏自治区文管会文物普查队:《西藏吉隆发现唐显庆三年大唐天竺使出铭》,《考古》1994年第7期。

图 2-14 唐蕃会盟碑（霍巍摄）　　图 2-15 《大唐天竺使出铭》摩崖石刻局部（霍巍摄）

图 2-16 恩兰·达札路恭纪功碑（霍巍摄）

等动物作为牺牲。此外，近年来在西藏的考古工作中还发现一些重要的祭祀遗迹也具有十分重要的研究价值。如藏北发现的察秀塘吐蕃祭祀遗址，采用片石垒砌而成，其中埋藏有大量动物骨骼和人牲（图2-17），与以往在西藏各类遗址中出土的动物骨骼不同之处在于，察秀塘遗址中出土的动物头骨额骨或顶盖上许多都遗有书写的墨书或朱书藏文文字（图2-18）、图画的痕迹，可以基本上确定其宗教功能应是一处用以镇压恶鬼、禳除灾难、祈求平安的场所。这个场所不仅延续的时间较长，而且因"色"鬼的不同举行的禳除镇压仪式也各有不同。如果这一推测无误的话，这应是西藏考古史上首次发现的、可与文献记载相对应的"厌胜法术"施行场所的考古遗迹，在西藏宗教发展史上具有特殊的价值和意义。①

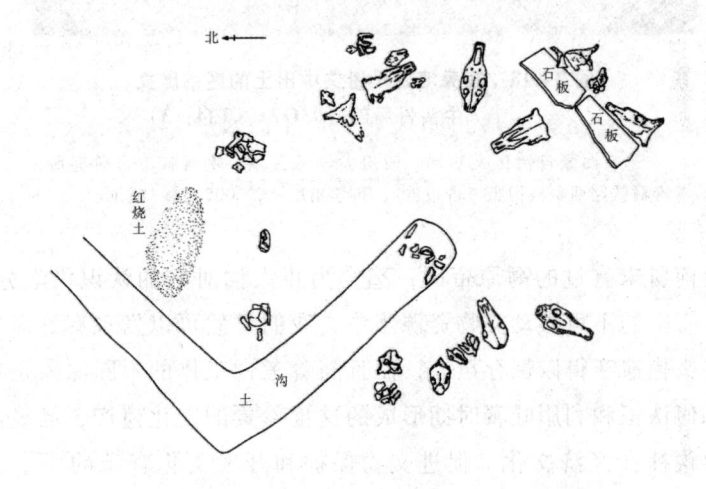

图2-17 察秀塘遗址二号遗迹平面分布图

采自西藏自治区文物局、四川大学考古系、陕西省考古研究所《青藏铁路西藏段田野考古报告》，科学出版社，2005，第131页。

综上所述，吐蕃社会和吐蕃文化在其发展与形成过程中形成了鲜明的特色：它既有来源于本民族历史传统的因素，也有来源于各民族之间文化交流的因素；它既顽强地保留着北方草原游牧文明的传统特点，又吸收了中原农业文明的若干成分；它既包含着氏族部落体制下细密的内部机理与脉络，也有着模仿中古唐朝封建体制的宏观构建与外部象征。对于这样一

---

① 霍巍：《试论吐蕃时期原始巫术中的"天灵盖厌胜习俗"——青藏高原新出土考古材料的再解读》，《中国藏学》2007年第1期。

图 2–18　察秀塘四号遗迹中出土的墨书藏文
牛头骨局部（03QZCXTJ4：3）

采自西藏自治区文物局、四川大学考古系、陕西省考古研究所
《青藏铁路西藏段田野考古报告》，科学出版社，2005，第 148 页。

个历史上前所未有过的高原帝国，迄今为止人们对它的认识仍十分有限。即使是在有限的不可移动文物资源当中，我们仍然可以发现有许多这个时期的重要文化遗产得以保存至今，而且随着考古工作的不断深入正在浮出水面。如何认识和利用吐蕃时期形成的这批珍贵的文化遗产，已经成为当下发展西藏社会经济文化、促进文物保护和开发文化资源的一个重要方面，不能不引起我们足够的重视。

第四节　宋、元、明、清时期西藏文物资源的扩增与定型化

到了 9 世纪，吐蕃王朝逐渐走向崩溃，吐蕃王室后裔由王族、外族分别支持，拥兵自立，连年混战，吐蕃本土及其属部从此走向分裂，无复统一，进入长时期的封建割据时代，经历了相当于内地的晚唐、五代、北宋（以及辽、西夏）、南宋（包括金、西辽）时期，史学界将这一历史时期称之为"吐蕃分治时期"。13 世纪，元朝中央在西藏建立了行政机构，西藏则建立起萨迦派的地方政权。明代仍然维系了从中央到藏族

地区的一套封建体制，西藏地方建立有噶举派的帕木竹巴地方政权。清代由宗喀巴创立的格鲁派逐渐统一卫藏地区，最终形成西藏政教合一的封建统治。

随着西藏本土社会文化的发展进步和与中原先进文化之间交流的大幅增长，西藏属于这一时期的历史遗存和文物资源在数量上也在不断扩增，主要包括古建筑、石窟寺、摩崖造像、碑刻等。这些遗存不仅数量丰富，分布遍及全区，而且由于受到藏传佛教各教派的影响也开始逐渐定型化，形成具有浓厚西藏民族特点和宗教特色的历史文化遗存。

一 城堡建筑

西藏古代建筑是具有浓厚民族特色和宗教特色的遗存，除各个藏传佛教的寺院建筑之外，其余还主要包括吐蕃分治时期由各地方势力所建立的城堡和宫殿。其中，最具有典型代表意义的城堡类建筑当属阿里札达县古格王国都城札不让、山南曲松县拉加里王宫、吉隆贡塘王城等。

古格王国系吐蕃分治时期吐蕃末代赞普朗达玛第三代孙吉德尼玛衮逃往西部阿里，在今札达县境内建立的一个小王国。古格王国建立之后，大力复兴佛教，成为西藏西部地区一个重要的佛教文明中心。1630年，古格王国为拉达克人所攻灭，都城札不让及境内的许多佛寺也被毁灭，仅存遗址。都城札不让遗址规模宏大，由宫殿、佛寺、暗道、塔墙等不同遗迹构成，古格王国都城内的宫殿主要建筑在札不让土山之上，有白殿（拉康嘎波）、红殿（拉康玛波）、王宫等，殿堂内保存有精美的壁画和雕塑。

拉加里王是吐蕃王室后裔在山南曲松一带逐渐形成发展起来的一支地方势力，历经萨迦王朝（约1255～1353）和帕竹王朝（1354～1617）统治时期，直到近代仍然具有重要的政治地位。拉加里王宫现存建筑遗存大体上可分为三期：早期约为13～14世纪；中期约为15～18世纪；晚期约为18世纪末至近现代。各期建筑主要包括旧宫"扎西群宗"、新宫"甘丹拉孜"以及夏宫等[①]。

---

① 西藏自治区文管会文物普查队：《西藏山南拉加里宫殿勘察报告》，《文物》1993年第2期。

吉隆县贡塘王城遗址位于吉隆县城东南角①，现存面积约15.5万平方米，城垣系夯土与石块混砌，现存共4段，构成一个不甚规则的四边形，城墙上建有中央碉楼、角楼，开有瞭望孔，具有很浓厚的军事防御性质。城内的卓玛拉康遗址，保存有大量雕刻精美的木雕作品，具有相当高的艺术水平。据藏文文献所记，贡塘王城也称为"阿里麦贡塘""芒域贡塘"等②，系吐蕃分裂时期由吐蕃后裔在宗喀（今吉隆）一带建立的一个统治中心，与古格王国也有着密切的联系③。

二 佛教寺院建筑

佛教寺院建筑是西藏古代建筑的大宗，在现有的全国重点文物保护单位和西藏自治区级文物保护单位中占有的比例最大，这在全国也是独具特色的。这个特点的形成，和西藏宗教、社会和发展特点以及西藏"政教合一"的制度都有着密切的关系。目前西藏全区现存不同历史时期、不同教派的寺院当中有一些海内外著名的宗教和艺术中心，这些大寺除了建筑雄伟、气势宏大之外，寺内还往往都保存有大量珍贵的壁画、雕塑等文物古迹，形成不同的时代与艺术风格。

如扎囊县县城内现存的那塘寺，始建于1081年，原名"阿丹扎塘寺"，意为"五有"扎塘寺，指扎塘寺中有五种吸收自桑耶寺的因素。寺庙建筑布局按照密宗坛城平面布置，现仅存主殿和围墙。主殿坐西朝东，平面呈不规则的十字折角形，主要以门廊、经堂、密室、佛殿、回廊五部分组成。经堂、佛殿及回廊内保存有精美的壁画，其中尤其以佛殿内的壁画最为珍贵，内容可分为10组，每组的题材、风格、组合均具有独特的时代特色。

萨迦寺（图2-19）是元代萨迦派的祖寺，同时也是元代西藏地方政权的统治中心所在。此寺于1073年由昆·官却杰布创建，后经萨迦五祖续

---

① 霍巍、李永宪、尼玛：《吉隆县文物志》，西藏人民出版社，1993，第30~40页"贡塘王城遗址"条。
② 噶托·仁增次旺：《吐蕃王室后裔在阿里麦贡塘之世系源流明镜》，收入《藏文五种史料》，西藏人民出版社，1989。
③ 霍巍：《吉隆贡塘王城及卓玛拉康遗址的调查与阿里贡塘王国若干问题的初步探讨》，《藏学研究论丛》第5辑，西藏人民出版社，1993。

建，形成由南、北寺组成的规模庞大的建筑群。萨迦寺最早的建筑为北寺的古绒森吉嘎尔布颇章，后依此扩建了细脱措钦大殿、细脱拉章、都却拉章、仁钦拉章、仁钦岗拉章等50余座殿堂。1268年后又兴建了南寺拉康钦莫大殿，拉康拉章等建筑，其布局鸟瞰似曼陀罗（坛城）形。萨迦北寺在"文革"中被毁为废墟，南寺保存尚好，现保留有完整如新的大量壁画，尤以二楼的金廊拉康（坛城殿）壁画为最，寺内文物藏品丰富，门类齐全，具有很高的艺术价值。

图 2-19　萨迦南寺大殿（霍巍摄）

位于日喀则东南的夏鲁寺创建于1087年，是一座汉藏合式建筑，在藏式平顶建筑上建起琉璃歇山式的主、配殿和前殿，别具风格（图2-20）。夏鲁寺的壁画在现存的西藏寺庙中也是具有特色和艺术水平的（图2-21），内容除佛经故事之外，还有不少表现当时社会生活和民间传说，对于研究古代服饰、用具、建筑等有着重要的参考价值。

以吉祥多门大塔为寺塔而闻名于世的江孜县白居寺创建于15世纪中叶前半期，由于其悠久的历史、精美完整的建筑以及寺塔内保存相当好的壁画和造像，它在藏传佛教寺院建筑中也占有特殊的地位。白居寺侧中外闻名的白居寺大塔塔高9层，共有108门、77间佛殿、神龛和经堂，殿堂内藏有大量佛像，相传多达10万个，故此塔又有"十万佛塔"之称（图2-22）。

图 2-20　夏鲁寺大殿（霍巍摄）

图 2-21　夏鲁寺壁画（霍巍摄）

图 2-22　江孜白居寺大塔（霍巍摄）

相对卫藏地区而言，在建筑风格和艺术上具有西藏西部特点的代表性寺院有位于西藏阿里地区札达县的托林寺。托林寺是 11 世纪初期由古格王国僧王意希沃为振兴西藏佛教而兴建的，现存建筑中的迦萨大殿（朗巴朗则）的建筑式样为十字折角形，仿照吐蕃时代的桑耶寺。在对迦萨大殿的考古发掘中，出土了大量木雕、泥塑、铜像等佛教美术品和不同时期的经卷，各个殿堂内发现了大量残存的壁画和木构建筑，极大丰富了人们对于这座早期古格佛寺的认识。托林寺现存的白殿和集会殿分别建于 15 世纪和 16 世纪，壁堂内的壁画保存完好，具有典型的"古格画派"风格，十分引人注目。

阿里地区另一座早期佛寺是位于普兰县的科加寺，这座寺院的始建年代也大约在古格王国早期，建筑式样也是十字折角形，门楣上的木雕图案具有早期风格，殿堂内的部分壁画可能绘制于 14~15 世纪前后，画风也属于"古格画派"。

作为后藏地区的政教中心，位于日喀则市西面的扎什伦布寺虽然创建年代晚至明代（1447），但规模宏大，巍峨壮观，成为历代班禅的驻锡祖寺，现拥有大小经堂 56 个，面积达 20 余万平方米，殿堂内建有历代班禅的灵塔，殿内供奉的铜铸弥勒佛像高达 26.7 米，为国内所罕见。

同样兴建于明代的拉萨色拉寺（图 2-23）、哲蚌寺（图 2-24）、甘丹寺"三大寺"也都是著名的藏传佛教格鲁派寺院。寺院主要由措钦大殿、四大扎仓以及下属的各康村、僧舍等组成，形成结构严密的建筑单位，占地面积达数十万平方米，群楼层叠，金顶辉映，雄奇壮丽。

图 2-23　色拉寺内的康村（霍巍摄）

图 2-24 哲蚌寺远景（霍巍摄）

三 宫殿建筑

西藏的宫殿建筑是与寺院建筑同样保存丰富的一个门类。其中，山南雅隆河谷是吐蕃王朝的发祥地，现存于此的雍布拉康相传是吐蕃第一位赞普所创建，为一座塔式城堡，塔身的顶部为一宝塔形顶，建筑物整体采用石料砌建，保存着相当原始的建筑结构。

举世闻名的布达拉宫和罗布林卡，是西藏宫殿建筑的精华。7世纪，随着吐蕃王朝统一西藏高原，将其都城定于逻些（今拉萨市）之后，开始兴建布达拉宫。布达拉宫（图2-25）是西藏现存最大最完整的古代宫殿建筑群。7世纪初，传说松赞干布便开始在红山上修建最初的建筑物，后来佛教徒将红山比之为佛教第二殊圣——普陀山，梵语音译为布达拉。相传现今布达拉宫内的曲结哲布（法王洞）和帕巴拉康（帕巴殿）为当年的遗存。而现存的布达拉宫主要是17世纪以来重新修建而成，宫殿基于红山南边山腰，依山势修建至山顶，其主体建筑由一系列大小经堂、灵塔殿、佛殿、卧室、经学院、僧房等组成，东西宽360余米，南北长约140米，建筑面积达9万平方米，加上山前城郭以内和山后的龙王潭范围，占地面积达41公顷。从17世纪中叶至1959年以前，布达拉宫一直作为历代达赖生活起居和从事政治活动的场所，也是西藏政教合一的统治权力的中心。

位于拉萨市中心的罗布林卡藏语意为"室贝林园"，初建于七世达赖洛桑嘉措，后经历代达赖维修扩建，逐渐形成了占地360万平方米的大园林。自七世达赖以后，每世达赖每年夏天均驻足于此，故也被称为达赖的"夏宫"。罗布林卡内的建筑可分为五大群落，即：一、以格桑颇章为主体的群落；二、以措吉颇章为主体的群落；三、以金色颇章为主体的群落；四、以厦布典拉康为主体的群落；五、以达旦明久颇章为主体的群落（图2－26）。

图2－25 药王山远望布达拉宫（谌海霞摄）

图2－26 罗布林卡之达旦明久颇章（谌海霞摄）

四 石窟与碑刻

进入西藏佛教"后弘期"之后，石窟的开凿、崖壁上的摩崖造像和各种文字的碑刻在吐蕃时代奠定的基础上不断发展，遗留下了丰富的文化遗产。

11世纪之后的卫藏和阿里地区都发现有特色鲜明的石窟遗存。卫藏地区的代表性石窟有曲松县色物乡洛村石窟和拉日石窟、岗巴县乃甲切木石窟以及近年来考古发现的恰姆石窟等①。其中，洛村石窟开凿在总长度为750米的山崖上，共分为A、B、C三区，开凿时代约为西藏佛教"后弘期"的早期，约11~13世纪，原属宁玛派与噶举派。石窟按其用途可分为两类：一类为供置神佛泥塑并绘有壁画的洞窟；另一类为僧侣静修苦行的修行洞窟，多遗有生活居住痕迹。拉日石窟大小有别，高低错落有致。从洞窟的形制结构、窟中遗迹看多为僧侣修行窟，亦有少量洞窟绘有壁画、佛像，当属供奉神佛之所。洞窟形状基本完整，其内泥塑、彩绘多已不存。岗巴县乃甲切木石窟共有5座洞窟，洞口皆南向，距地面高十余米。其中一座石窟窟顶平整，其四壁距地面1.5米以上保存有浮雕造像的痕迹，系在窟壁上凿出轮廓，然后抹泥成型。造像题材可能为密宗的金刚界五佛及其随从。第三次全国文物普查工作中发现的恰姆石窟位于日喀则市定结县琼孜乡恰姆村，石窟群南北长860余米，东西宽60余米，在编号为Ⅰ区的第1、第2、第3号石窟中发现壁画与塑像，其中以1号窟保存最为完好，内容最为丰富，被评选为2011年度中国六大考古发现之一。

西藏西部石窟主要有皮央·东嘎石窟以及象泉河南岸的吉日、岗察、芒扎等石窟地点②。皮央·东嘎石窟群现存石窟总数近千座，包括礼佛窟、禅窟与僧房窟、仓库窟与厨房窟等不同类型的石窟。礼佛窟内绘制有精美的壁画，内容题材有佛、菩萨、比丘、飞天、供养人像、佛传故事、说法图、礼佛图、各种密教曼荼罗以及动物、植物和不同种类的装饰图案，与其他地区相比较，具有十分浓厚的地域色彩。石窟年代有早有晚，从11世纪延续

---

① 有关情况可参见霍巍《西藏石窟解码：崖壁上的千年佛光》，《西藏人文地理》2012年第3期。

② 西藏自治区文物局、四川联合大学考古专业：《西藏阿里皮央·东嘎石窟考古调查报告》，《文物》1997年第9期。

到 17 世纪。这处石窟群是西藏高原迄今为止发现的规模最大的一处佛教石窟遗址，也是国内年代最晚的一处大规模石窟遗存（图 2-27）。

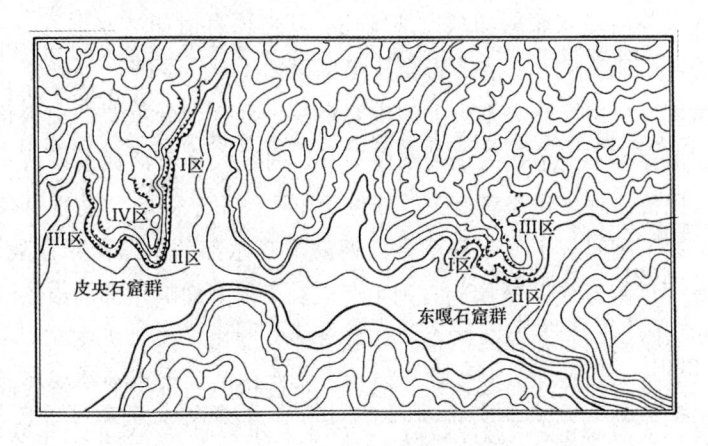

图 2-27 皮央·东嘎遗址石窟分布示意图

采自四川大学中国藏学研究所、四川大学考古学系、西藏自治区文物事业管理局《皮央·东嘎遗址考古报告》，四川人民出版社，2009，第 21 页。

西藏佛教"后弘期"时代的摩崖造像数量丰富，主要分布在拉萨、山南、日喀则、林芝、昌都等地，初步统计约有 70 多处、2 万余尊造像①。造像种类可分为佛、佛母、菩萨、护法神、弟子及供养人、历史人物及各教派传承祖师等，造像时代从吐蕃时代一直到近代。其中，著名的药王山摩崖造像绵亘于药王山的东、南、北三面崖壁上，长达 1.5 万米，内容丰富，题材广泛，雕刻技法纯熟，造像上下或左右一般都刻有"六字真言"，代表着西藏摩崖造像的主要风格特色。拉萨市南约 20 公里的尼塘哲朴山麓下的尼塘哲朴摩崖造像共有造像 7 尊，分布于南、北崖面上，其中北麓的尼塘大佛是西藏迄今为止发现的最大的单体摩崖造像。

明、清两代，中央王朝与西藏地方政府之间的关系更为密切，保留下来不少有关的汉文碑刻。如坐落在大昭寺神殿内的《杨瑛碑》为明永乐年间太监杨瑛奉旨赴藏封赐西藏宗教领袖人物时所立。现立于拉萨市龙王潭公园内的《御制平定西藏碑》（图 2-28）为康熙皇帝亲撰，记述了清王朝用兵西

---

① 陈建彬：《关于西藏摩崖造像的几个问题》，《南方民族考古》第四辑。

藏、协助西藏人民驱逐准噶尔入侵的功德。《御制十全碑》（图2-29）为乾隆皇帝亲撰，记述了他在位五十七年的十大武功，其中对平定大小金川、抗击廓尔喀人等治藏安康的功绩尤加细述。其他还有诸如《永远遵行碑》《大昭纪功碑》《御制普陀宗乘之庙瞻礼纪事碑》《刘公亭碑》等碑铭，也都从不同的角度反映出汉藏关系史上的重要事件，具有十分重要的史料价值。西藏各地还散存有不少清代的汉文摩崖刻石，内容大多与清代前期清军入藏协同西藏人民抗击外来侵略者有关。如位于布达拉山东侧的"功垂百代"摩崖刻石，记载了康熙五十九年征剿侵入西藏准噶尔部的中路清军征战的情况。另有一通"用昭万代"摩崖刻石则主要记载了征剿准噶尔部的南路清军的功绩。与两通摩崖刻石并存的还有"异域流芳"摩崖，内容为康熙五十九年进藏清军南路将士和驻守西藏官兵的记名。布达拉山一带类似的清代汉文摩崖石刻还有"安藏碑记""恩泽藏峤""雍正六年摩崖""雍正七年摩崖"等。吉隆县的"招提壁垒"石刻题铭铭刻在吉隆镇至宗嘎宗公路右侧沟内，石刻位于沟内西壁，海拔3140米，字体为汉字行书，减地凿刻而成，从右至左书刻"招提壁垒"四字，从石刻位置并参照《西藏志》《卫藏通志》等文献记载可以推断其也当为清军抗击廓尔喀入侵者留下的记功性质的摩崖石刻。

图2-28 御制平定西藏碑（霍巍摄）

图2-29 御制十全碑（霍巍摄）

五 其他类别文物

除上述具有浓厚地域与宗教特色的历史文化遗产之外，这个时期还有其他一些类别的文物古迹数量也十分可观，如寺院中的大活佛和西藏上层贵族居住的庄园、各地星罗棋布的碉楼、河流上架设的富有藏式特点的桥梁、各种类型的佛塔、不同地区风格各异的民居建筑等，都具有极高的历史、民族、民俗等方面的价值。

1. 庄园

在藏传佛教盛行的西藏社会，活佛是其中一个非常特殊的阶层，拥有很大的特权和很高的社会地位，往往都各自拥有自己的高级住宅——庄园，其建筑式样和风格也很具特色。拉萨的"四大林"即丹结林、贡德林、惜德林、策默林就是以拉萨三大寺高级活佛的住宅"拉不让"宏伟壮丽的建筑而闻名。以位于大昭寺西南侧的丹结林为例，它是拉萨四大林中最早建立的一处庄园式的建筑群落，系第穆活佛系统第六辈阿旺降白迭热嘉措主持修建。其特点是将宗教殿堂与生活起居用的高级住宅等不同功能的用房有机地结合起来，主体建筑当中既有经堂、护法神殿、佛堂等殿堂，也有活佛及其随从的住宅和印经室、仓库等其他用房，主体建筑的周围原还配置有园林等建筑，后被噶厦政府没收。

2. 碉楼

在交通要冲、军事要地或重要的关隘等处建立碉楼，也是西藏古代建筑中的一个重要特色（图2-30）。碉楼的性质多具有军事防御功能，有烽火台、宗政府治所等不同类型。其中，昂仁县日吾其乡的宗热烽火台据传系18世纪初藏族人民抗击蒙古准噶尔部入侵时所建，烽火台建筑坐北朝南，与江面高度差约200米，海拔4460米，内部结构为一东西向的长方形建筑，门道在南，门外有护墙一周，墙体的东、南、西、北开有上、下两排望孔，具有浓厚的军事防御性质。扎囊县白玛宗政府遗址位于扎塘江北岸，建在一座较高的山峰上，建筑物坐西朝东，依山势起伏而建，呈台级状，东高西低，南高北低。最东端山峰上建有长方形的碉堡建筑，南面5米高处建有二层台，底层建有20余平方米的房间，也具有明显的军事防御性质。

图 2-30　洛扎县色乡曲西的古碉楼群（霍巍摄）

3. 古桥梁

西藏的古桥以各地所建的铁索桥最为著名，藏族民间相传其与西藏古代香巴噶举派名僧、藏族建桥大师唐东杰布（1385~1464）有关。例如，昂仁县日吾其铁索桥便相传系唐东杰布在雅鲁藏布江上游地区最早建造的一座铁索桥。此桥与现代铁桥平行，呈东西向横跨雅鲁藏布江。有东、中、西三座桥墩，全长90米，宽约1米，仅能容一人通行。中心桥墩呈船形，迎水面砌成分水尖，能起到良好的分流作用。西岸桥墩也分为墩基与墩身两部分，略呈圆形，迎水面砌成舌形，全桥用4根主铁索相连接，设计简洁实用，构造坚固。拉萨市西郊的琉璃桥为一座石砌五孔梁桥，所有的构件均以琉璃为饰，桥上建有汉式风格的歇山顶式桥廊，也是一道亮丽的景观。

4. 佛塔

西藏各地还散布有许多佛塔，有的用石块垒砌，有的用整块大石雕成，工艺精致。其中如吉隆县吉隆镇的冲堆石塔即以一白色石灰岩质整石雕刻而成，基座为须弥座式，分3级向上叠涩收分，基座之上为塔座，雕成一梯形台座，塔座之上为塔身，为一上小下大的半圆形覆钵，下部雕出覆莲一周，塔身高约6米，其上承以塔刹，覆钵之上有一方形"平头"，上承相轮"十三天"，具有典型的尼泊尔佛塔风格。西藏西部札达县境内的佛塔分为独立大塔（图2-31）、塔林、排塔等不同形制，独立大塔中又有所谓"天降塔""吉祥多门塔"等不同式样，建筑方式系用土石垒砌之后再在塔体表面塑彩装修而成。

图 2-31 皮央村 I 区独立土塔

采自四川大学中国藏学研究中心、四川大学考古学系、西藏自治区文物事业管理局《皮央·东嘎遗址考古报告》，四川人民出版社，2009，彩图 45。

5. 民居

民居也是西藏建筑中一个重要的门类。藏族民居具有独特的建筑风格，大多为二层或三层的土、石、木结构建筑，方形平顶，平面略为错开造成体块搭接，条翼以厚实的矩形块体形成厚重沉稳的界面，正面略呈梯形。从考古发掘出土的藏东昌都卡若新石器时代村落遗址的情况来看，早在距今约四五千年以前，这种以土、石、木构建平顶、多层居室的建筑风格已经开始萌芽，对后来的藏族民居产生了重大影响。而在西藏西部地区，依山开凿洞窟作为居室的做法也曾经十分流行，这类石窟往往成组分布在寺院、城堡的周围，窟内开有可供生活起居的烟道、小龛、火灶、炕台等设施,典型的例子就是古格故城内的洞窟民居①。而在藏东南地区,由于气候温湿多雨,房顶处理不再采用卫藏地区的平顶式样,而是一般做成两面坡式的屋顶,依山而建,特色也十分鲜明。藏式建筑的外观和内部还有一个重要的特点,就是在木构建筑如梁、枋、斗拱等之上遍施以彩绘,各地民居装饰在图案的选择、题材的设计上都有所不同,成为西藏历史文化景观当中一道极为亮丽的风景线。

第五节 近现代西藏历史文化遗产发展的新趋势

1840年鸦片战争前后,随着中国逐渐沦为半殖民地半封建社会,西藏也开始跨入近代历史的新时期。这个时期的文化遗产特点体现在两个方面:一是西方列强加紧了对西藏地区的侵略,我国西南沿喜马拉雅山脉的边境,从西藏东部的察隅到西北部的班公湖西端,都被英国势力侵占或受到不同程度的控制。一度被视为我国后院的西藏,变为西南国防的前沿,藏族人民的反侵略斗争也不断高涨,谱写了西藏近现代史上重要的篇章,所以西藏各地保留下来大量反映藏族人民反对外来势力侵略英勇斗争的文物史迹。二是随着西藏社会的近代化,一些新事物开始出现在西藏社会生活当中,留下许多珍贵的历史遗迹。例如:亚东是我国西藏与印度交界的重要门户,这里遗留着近代英国殖民主义者在政治、经济和文化上侵蚀我国西藏的历史遗迹。位于下亚东乡仁青岗村的英国"噶孜"商务代理处遗址始建于1894年,是一处石砌建筑。一直到1906年,英驻亚东商务代理处迁至下司马镇之后,"噶孜"商务代理处才被废弃。在下亚东乡的仁青岗村,还保存着清代亚东海关遗址,是1894年根据《中英会议藏印续约九款》第五款规定设立的。遗址东西长80米,南北宽50米,包括衙门、办公室、海关宿舍等6栋石砌建筑,占地面积达4000平方米,是亚东开埠之后的重要史迹。

1903年,英国悍然发动了对西藏的第二次武装入侵,藏军用大刀、土枪在亚东古如村曲米雄古山英勇抗击英军的入侵,壮烈牺牲1500人。至今在山顶处还遗留有6道石墙工事遗迹,石墙高约1米,分别长6米、10

---

① 参见西藏自治区文物管理委员会编《古格故城》上册,文物出版社,1991,第78~133页。

米、15米、20米不等，每隔1米均有边长0.3米的方形枪眼，是西藏人民抗英斗争的历史见证。

1904年5月，英军在江孜遭受到西藏人民十分顽强的抗击，当年6月，英国开始对固守江孜宗山城堡的藏军进行攻城准备，他们切断城堡水源，又攻占了城堡周围平原，使藏军深陷重围。7月初，坚守宗山堡垒的藏军开始了著名的江孜保卫战。在这次战争中，英国侵略军动员了他们全部的主力和武器，夷平了江孜宗山城堡，向藏军发动了猛烈进攻。藏军在坚持斗争直到弹尽粮绝，堡垒中的火药库又被敌军炮火击中爆炸而焚烧殆尽的情况下，才最终失败。今天，江孜宗山抗英遗址已成为爱国主义、革命英雄主义教育的重要基地，1961年被国务院公布为首批全国重点文物保护单位（图2-32）。

图2-32 江孜宗山抗英遗址（杨峰摄）

外国势力进入西藏以后，从政治、经济和文化上都给西藏带来了不同程度的影响。西藏东部昌都一带，近代曾是法国传教士在我国西南边疆进行传教活动的地区之一。在昌都芒康县上盐井乡，至今还保留有一处天主教堂和一处天主教信徒的墓地。其中，天主教堂系清嘉庆年间（1819）由法国传教神父丁玉（音译）创建，历时13年落成，占地面积约3200平方米，现存建筑虽是在旧址上重建，但仍可观察到当时教堂的基本布局及规模。天主教墓地位于嘎迪村，墓地占地约2000平方米，有墓葬千余座，一部分有叠压或打破关系，封土均以石块砌顶，平面呈梯形，横截面呈拱形，前高后低，前宽后窄，封土前皆竖有长方形石质墓碑，墓主均为天主教教民。

自18世纪以来，西藏与内地西南、西北地区的经济文化交流不断发展，有不少回族人到拉萨经商，并先后在拉萨建立了两座清真寺，一座称为大清真寺，位于大昭寺东侧，始建于清康熙五十五年（1716），最初规模不大，仅有200多平方米，现存建筑多系近现代扩建而成，建筑面积已达1300平方米，整个院落由大门、前院、宿舍、宣礼塔、礼拜堂等组成。其中的宣礼塔建在寺内东北角，为四层的六角塔，建筑风格别具一格，精巧富丽。另一座被称为小清真寺，位于大昭寺东南约1里处，是20世纪专为在拉萨市经商的克什米尔、拉达克、不丹、尼泊尔等国家和地区信奉伊斯兰教的人做礼拜而建，建筑式样实为藏式风格，但在其中设有礼拜堂等，也是回、藏两族人民友好相处的历史见证。此外，在拉萨北郊和西郊还分别保存有回族墓地，克什米尔穆斯林林卡、礼拜堂、墓地等。这些历史文化遗存都充分反映出近代各族人民和谐相处，共同建设发展西藏的历史。

现存于拉萨市磨盘山的关帝庙（又称为格萨尔拉康），建于清乾隆四十七年（1782），是一座汉式建筑，建筑面积约800平方米，坐北朝南，依山而建，整个建筑处于两个不同的地坪上，南面设有长石阶步道可进入大门，门内有一小庭院，庭院东西两边建有二层楼房，楼房底层是僧舍，上层是接待、办公用房。庭院中左边一侧立有一方形石碑，即关帝庙落成碑，庭院北面为关帝庙主殿和文殊殿，主殿宽12.5米，进深9.7米，有6柱。西藏地区保存如此完好的关帝庙，其政治意义十分重大，是清代汉族官兵驻藏时遗留下来的重要史迹。

近代以来西藏地方政府所建立的政府管理机构当中，相当于县一级的建制称之为"宗"，一般也相应地建立有宗政府办公机构，多选择在当地的制高点上。通过位于扎囊县阿扎乡阿扎村境内的白玛宗政府遗址，可以从中窥见当年此类建筑之一斑。此处宗政府遗址建在一座较高的山头上，建筑坐西朝东，依山势起伏而建，呈台级状，东高西低，南高北低。最东端山峰上建有长方形的碉堡建筑，南面5米高有二层台，底层建有20余平方米的房间，具有明显的军事防御性质。各地宗政府遗址由于往往居山建筑，所以也被称之为"宗山"，成为各地具有标志性的建筑遗存。现存于拉萨市八廓街北段的"朗孜夏"，是西藏和平解放前拉萨市内所设的最大监狱，结构完整，总面积为720平方米，门前为宣判台，台上是执行死刑仪式的广场，广场后即为三层建筑的牢房，曾是旧西藏三大领主专政工具的遗存。

近代西藏封建农奴制度下的封建领主庄园，一方面是这种罪恶制度的物证，另一个方面却集中了藏族工匠在建筑、绘画、雕刻艺术等各个方面的技艺，体现出藏族传统建筑文化的精粹和特色。扎囊县朗赛林庄园是西藏至今保存完整的一处著名的近现代庄园（图2-33），它是在扎西若丹庄园的基础之上发展起来的一座封建贵族庄园，与著名的桑耶寺隔河相望。庄园外有双重围墙，外墙呈长方形，以石块为基，上部用土夯成墙，墙窄而矮。主楼在围墙内中部偏北，坐北朝南，整座建筑墙壁皆用土、石砌成，楼内建筑形式古老，楼的底层多为牧畜圈，各楼层建有库房、经堂、住房、仓库、拉康、神殿等用房，拉康内保存有壁画。保存如此完整的庄园布局与建筑结构，现在已经极为罕见。位于扎囊县札塘乡桑达村的桑达庄园遗址，则是西藏著名贵族桑颇家族的封地之一。桑达庄园藏语称为"桑达奚卡"（"奚卡"藏语即"庄园"之意），最初曾名为桑达颇章（"颇章"即藏语"宫殿"之意），现存遗迹总面积为3000平方米，呈南北一线分布，为一座两层藏式建筑，现保存有庄园的残存墙体。

图2-33 朗赛林庄园（霍巍摄）

藏医在西藏具有悠久的历史，现存于拉萨市内的"门孜康"建于1916年，即为旧藏医院的遗存。这里既是医院，同时也是培养传统藏医药人才的中心，曾先后培养出一千多名藏医，为藏医学的发展做出过重大贡献。拉萨市内还保存有东、西两座印经院，这里曾印刷出版过大量佛经，院内保存的《甘珠尔》等各种木刻印经版具有珍贵的历史价值。近代西藏还建立过第一座邮政局、第一座学校、第一座水泥制造厂、第一座火柴厂等具有近代工业标志性意义的产物，可惜这些遗址均未能完整保存下来。

1950年中国人民解放军进军西藏，1951年西藏获得和平解放，西藏人民从此结束了苦难的历程。至今，部分进军西藏的人民解放军和人民政府机关的旧址、会址和著名领导人的旧址，都还保存在西藏各地，形成西藏著名的"红色遗迹"。其中如人民解放军第18军543师师部旧址、仲巴县原扎东特委驻地、日喀则市人民医院八角亭遗址、中共亚东县县委旧址、中共江孜县委常委会议室旧址、西藏人民政府山南行署中心会议室旧址、林芝八一小学旧址、张国华同志指挥部旧址、中央代表张经武进藏住所遗址等一批革命文物都遗存至今。在保卫新西藏和建设新西藏的光辉岁月里，无数汉、藏人民的优秀儿女贡献出自己的青春甚至生命。1951年西藏和平解放后，1959年西藏平叛、1962年中印边境自卫反击战中牺牲的烈士们的陵墓，也在西藏的青山绿水之间，闪烁着英烈们永生不灭的光辉。

改革开放以来，西藏文物考古事业得到了更大的发展，西藏的历史文化遗产得到了进一步的保护与开发。近年来一个新的发展趋势，是随着文化遗产保护新理念、新概念的提出，原有的各个文物点之间的内在联系与规律性得到提升与强化，出现了一批前所未有的文化遗产类型。

（1）历史文化名城

1982年，国务院公布全国第一批历史文化名城，拉萨市名列其中。1986年，国务院公布全国第二批历史文化名城，日喀则市和江孜镇名列其中。从1998年开始，国家和西藏自治区政府开始投入大量资金加强对历史文化名城的保护与维修工程。这项工程体现了两大特征：一是将保护的对象从文物本体拓展到了文物赖以存在的历史环境；二是将保护的内容从单个的文物古迹扩大到了成片的历史地段和更大范围的古城，包括古城的整体格局和传统风貌①。

（2）历史文化街区

历史文化街区是历史文化名城的重要组成部分，也是一座城市中保留大量珍贵历史信息和历史传统的精华所在。21世纪以来，随着这个概念的提出，作为全国首批历史文化名城拉萨市老城中的八廓街，成为西藏首选的历史文化街区。1998年以来，国家和西藏自治区先后投入1100余万元，对拉萨市老城区的古建筑、民房进行了维修和改造工程。2002年开始，各级政府投资数亿元，对拉萨市老城区八廓街的危房及基础设施进行全面维修、改造，以提升城市的整体功能，改善文物古迹的保护环境。

（3）历史文化线路

历史文化线路也是21世纪提出的文化遗产新概念。涉及西藏自治区的文化线路主要有历史上的"茶马古道"，这一线路可分为川藏线、青藏线和滇藏线三条主干道，始于唐宋之际，一直沿袭到清代、民国时期，是汉藏两个民族之间通过"茶马互市"从事友好的经贸交流、促进藏区社会经济发展重要的途径，文化线路沿线的文物古迹也连成一线，形成有机的整体。另外，历史上对汉藏文化交流起到重要作用的"唐蕃古道"也应列入西藏的历史文化线路当中加以整体保护。根据近年来考古发现的情况来看，还可以提出"高原丝绸之路""食盐之路""麝香之路"等不同区域、不同历史阶段、不同功能的历史文化线路，从而提升西藏高原在对外文化交流方面的历史地位与作用。

（4）传统工业遗产

西藏具有丰富多样的传统工业与手工业遗存，这方面的遗产特色鲜明，独具一格。如藏东芒康古盐井遗址，采用从河水中提取盐水晾干成盐的自然方法，至今仍在使用。这里成为藏东传统盐业制造的重要中心，所产之盐远销至云南、四川及西藏各地。这处古盐井遗址规模巨大，结构保存完整，具有极高的历史文化价值。类似这样的传统工业、手工业遗产还有藏药、藏香、"氆氇"织造等行业遗产。

（5）20世纪文化景观

20世纪文化景观是指20世纪所遗存下来的大量具有历史文化价值的

---

① 曹昌智：《中国历史文化遗产的保护历程》，《中国名城》2009年第6期。

景观。西藏自20世纪50年代初和平解放以来，曾经先后由中央人民政府投资兴建了大量具有时代风格和时代特色的标志性建筑物，如西藏自治区党委及政府办公大楼、自治区人民礼堂、拉萨市邮政大楼、拉萨市人民医院等，它们都记载了社会主义新西藏的时代风貌，成为20世纪文化景观的亮丽风景线。

（6）20世纪工业遗产

旧西藏过去根本没有现代工业，只有落后的传统手工业。20世纪50年代以后，随着西藏社会主义建设事业的发展，出现了大量新兴的工业，如水泥制造厂、火力发电厂、地热发电厂、啤酒厂等，形成西藏新的工业生产体系。这些工业遗产随着文化遗产保护范围的扩大，也应当进入到保护的范围之内，成为新的文化遗产类型。

第六节 小结

通过本章各节的研究，我们可以总结出以下各点：第一，西藏历史文化遗产所蕴含的独特的民族传统、风俗习惯和悠久的文化历史，都与其自然地理环境有着密切的联系，在文化资源的空间分布上呈现出独特的态势。第二，就其文化特质而言，由于这一地区的相对封闭性，还保存着大量其他地区已经消失的古老文化因素，更显其弥足珍贵。第三，西藏历史文化遗产经过长期的发展，在不同的历史阶段有着不同的内在精神内容与外在表现形态，呈现出多元而丰富的面貌，绝非单一性的宗教（尤其是单一性的藏传佛教）特质所能包容。第四，随着西藏社会的发展进步，其文化遗产的类型、性质、标准等因素都在发生不同的变化，文化内涵当中蕴藏着极为丰富的时代信息，必须将其置于西藏文明发展的宏观视野中加以考察，认真梳理西藏历史文化资源形成及其发展演变的内在逻辑与外部特质，才能深刻把握目前西藏重点文物保护单位在中国经济步入快车道、城乡建设出现快速增长新局面之下的历史机遇，面对新的历史时期西藏文化遗产保护事业的重大挑战。

第三章 西藏重点文物保护单位的设立

所谓"文物保护单位",是指各级政府依据《中华人民共和国文物保护法》所规定的程序,审核公布的历史文化遗存,一般包括具有历史、艺术、科学价值的革命遗址和纪念地、古墓葬、古建筑、石窟寺和石刻等不能进行整体移动的文物。本课题所涉及的"西藏重点文物保护单位",是指由中华人民共和国国务院及西藏自治区人民政府所审定公布的国家级和自治区级以上重点文物保护单位。在西藏全区范围内设立各级文物保护单位,是西藏和平解放以来党和国家对西藏传统文化实施战略性保护规划所采取的重大举措之一。本章将通过西藏重点文物保护单位的设立,剖析从中所反映出的申报、立项等各个环节当中存在的问题,为制定有效的战略性规划提供基础性数据。

第一节 全国重点文物保护单位

全国重点文物保护单位是在国家最高层面所设定的文物保护机构,由国务院根据各地申报并组织专家评审之后颁发名录,并由各省、自治区、直辖市级地方政府组织实施保护。这是对全国各地文化资源与文化遗产中的精华给予的最高级别认定,具有十分重要的地位。

以国家行政力量对本国重要历史文化遗产、民族文化遗产、重要纪念地和遗产地实施指令性整体保护规划,在欧美发达国家有着悠久的历史和丰富的实践经验,如美国的"国家纪念性遗址"、德国的"民族重要文化遗产地"的设定,早在二战以后便开始广泛实施。我国的近邻日本也以"国家指定文化财"的方式对其文化遗产采取了有效的保护措施。

联合国教科文组织则以"文化遗产"或"文化财产"的方式指导全球性的文化遗产保护措施。近年来，随着世界经济文化的不断发展，各国在对其重要文化遗产实施保护规划战略方面进入到一个新的发展阶段，在这一研究领域出现了许多重要的发展趋势和特点：第一，以国家力量投入文化遗产保护的力度空前增大，据不完全统计，自20世纪70年代以来联合国教科文组织和世界各先进国家公布的相关法令、法规达120余项；第二，在宏观理论上导入了"文化遗产保护"的全新理念，将过去单一的文物保护扩展到内涵更为丰富、广泛的遗产保护领域；第三，将新的科技手段如全球卫星定位系统（GPS）、全球地理信息系统（GIS）等引入遗产保护领域，形成更高层面、更加整体化的文物保护系统工程。目前，国外在同类课题的研究方面已进入到多层面、多角度、宏观研究与微观研究有机结合的新阶段。仅以西藏自治区为例，近年来由国外学者开展的实地调研与研究就有美国、瑞士等国联合开展的《拉萨以八廓街为中心的旧城区保护规划》、瑞士学者在阿里开展的《古格王国遗址殿堂的保护》等多项工作，并有多部研究专著和多篇研究论文发表，其中，除对相关现状作了深入翔实的分析之外，在以国家力量进行文化遗产保护指导的理论层面的研究尤具特色。

在第二章中，我们通过具体例证已充分证明，勤劳勇敢的藏族人民很早就繁衍生息在雪域高原，用他们的双手开拓了这片土地，创造了灿烂的古代文明，给我们留下了丰富的文化遗产资源。但由于社会制度的制约，文物保护事业在西藏和平解放以前可以说是一片空白。和平解放以后，西藏的文物管理机构从无到有逐渐完善，文物考古队伍不断壮大，重要的古建筑得到抢救性的维修保护，文物普查和考古发掘取得了丰硕成果，制定了地方文物法规，建立了自治区博物馆。总体来说，50多年来，西藏的文物保护事业有了长足的进步和发展。

新中国成立后，党和国家对文物保护事业高度重视，从1950年开始酝酿，到1961年第一批全国重点文物保护单位名单公布，逐步确立了我国文物保护单位制度[①]。西藏的文物保护事业由于和平解放的时间相较其他地区晚，以及1959年叛乱造成的政局动荡等因素影响起步稍晚。在

---

① 王运良：《中国文物保护单位制度研究》，复旦大学博士学位论文，2009，第41~61页。

1959年，西藏工委下发了《关于加强文物档案工作的决定》，而后成立了"中共西藏工委文物古迹文件档案管理委员会"，下设"文物管理小组"，这是西藏最早的文物管理机构。1965年，在西藏自治区成立的同时，成立了自治区文物管理委员会，主管全自治区文物保护工作。文管会下设业务、博物、编译、林园、保卫等科室。1985年，在文管会下成立西藏自治区文物总店。1989年，在文管会下成立西藏布达拉宫管理处。1994年，为加强对全区文物工作的领导，自治区决定调整充实文物管理委员会，由自治区党政领导担任主任委员和副主任委员，有关厅局负责人任委员，负责协调全区文物保护工作中的重大问题。文管会下设办公室，具体处理文物保护管理事宜。从1994年开始，筹建自治区文物事业管理局，作为自治区文物管理委员会的具体办事机构，下辖布达拉宫管理处、自治区博物馆、罗布林卡管理处、自治区文物商店等单位。1995年，罗布林卡管理处成立。1996年成立的西藏自治区文物管理局，负责全区的文物保护和管理工作。1999年10月1日，西藏博物馆正式对外开放。2001年，自治区批准成立西藏文物鉴定组。2005年，成立西藏自治区文物保护研究所。目前全区先后成立了拉萨市文物管理局、山南地区文物管理局和山南雅隆历史博物馆、日喀则市文物管理局、札达县文物管理局、江孜县文物管理局和拉萨朗孜夏陈列馆，昌都、林芝、那曲、阿里地区在文化广播影视局内设有文物科。截至目前，全区有各级文物管理机构12个、博物馆2个、文物科研机构1个、文物总店1个和文物鉴定机构1个。

伴随着新型文物管理机构的建立与科学考察活动的开展，西藏的文物保护事业有了长足的进步。尤其是20世纪80年代以来，西藏的文物考古工作迎来了一个很好的发展契机。在国家文物局的统一布置之下，由西藏自治区文物管理委员会（后改为西藏自治区文物局）组织领导了全国第二次、第三次文物普查西藏境内文物普查工作。西藏的第二次全国文物普查，是西藏有史以来规模最大的一次文物普查，前后历时八年（1984~1992），首次在全区范围内进行了科学意义上的全面调查。2007~2011年进行的西藏第三次全国文物普查，规模大，涵盖内容丰富，信息网络、数码相机、GPS卫星定位仪等现代科技手段运用其中，使得普查成果更加丰富、真实。另外，伴随着重大工程建设的进行，青藏铁路沿线考古调查等

西藏重点文物保护单位的现状、潜在资源分析与保护对策

基建考古项目也取得了巨大成绩。

通过对西藏全境地上、地下文物进行的全面调查,基本上掌握了西藏高原各类文物、古迹以及重要考古遗址的分布状况,对现已查明核实的具有重要科学价值的遗址与墓葬,都做过不同程度的试掘清理,从而获得了一批重要的考古资料。这些新的考古资料上起旧石器时代,下迄西藏历史时期,时代跨度几乎包括了西藏史前时期直到以后各个历史阶段,内容广泛涉及旧石器时代遗存(包括打制石器地点)、细石器地点、新石器时代遗址、大石文化遗迹、古代岩画、古墓葬、佛教寺院及石窟寺遗址、摩崖造像、古代城址等,无论是在地域分布范围上,还是从材料的丰富程度上,都全面超越了以往西方学者在西藏考古领域所做的工作,这也为西藏各级文物保护单位的申报、确定提供了坚实的工作基础。

西藏的国家级文物保护单位的申报与立项工作与全国各省、自治区、直辖市完全同步进行。中华人民共和国国务院分别于1961年3月4日、1982年2月23日、1988年1月13日、1996年11月20日、2001年6月25日(后增补三次)、2006年5月25日先后公布了六批全国重点文物保护单位[①]。目前,西藏自治区共有35处(38个)文物古迹地点被公布为全国文物保护单位。这35处(38个)国保单位的设立,充分体现了党和国家对西藏文化遗产的高度重视,其中尤其是在第一批国家重点文物保护单位的设置过程中,西藏正处在刚刚平息达赖集团制造的全区性叛乱,百万翻身农奴当家做主走上社会主义康庄大道的历史关头。为了更好地反映西藏文物古迹点的真实情况,中央派出以王毅、宿白等老一辈学者组成的中央文化部工作组,对拉萨市、山南地区和日喀则市重要的文物古迹进行了重点考察,并在此基础上形成了首批西藏全国重点文物保护单位的申请立项资料,为后来国务院确定公布西藏首批全国重点文物保护单位名单提供了科学的依据。

综上所述,西藏全国重点文物保护单位的设立与全国其他地区是完全同步的,体现了中央政府对西藏文物保护事业的深切关怀和有效举措。但是,我们也应当看到,西藏全国重点文物保护单位的立项获准数并不稳定,继第一批立项之后,此后的各批次波动很大。通过图3-1可以反映

---

① 参见国家文物局网站,http://www.sach.gov.cn/tabid/96/InfoID/16/frtid/96/Default.aspx。

出：第一批全国重点文物保护单位（后文在不引起歧义的情况下有时也简称"国保单位"）西藏共获准立项 9 处，这在全国首批共 180 处国保单位中占 5%，在西藏各批次国保单位中是占全国比例最高的一个批次。第二批国保单位中西藏共获准 2 处，而全国第二批国保单位数量为 62 处，西藏约占 3%。第三批国保单位西藏仍共获准 2 处，但此批次中全国国保单位的数量已经成倍增长，西藏仅占全国 258 处国保单位总数的约 0.7%，下降到了全国最低值。第四批国保单位西藏共获准 5 处，占全国国保单位总数 250 处的 2%，占比略有提高。第五批国保单位西藏共获准 9 处（11个），虽然已有大幅度的提升，但由于此批国保单位获准总数也升到 518处，西藏在全国国保单位总数中仍然约占 2%。第六批国保单位全国总数已达到 1080 处，西藏仅获准 8 处，仅占全国总数的约 0.7%，再次回落到全国最低值。

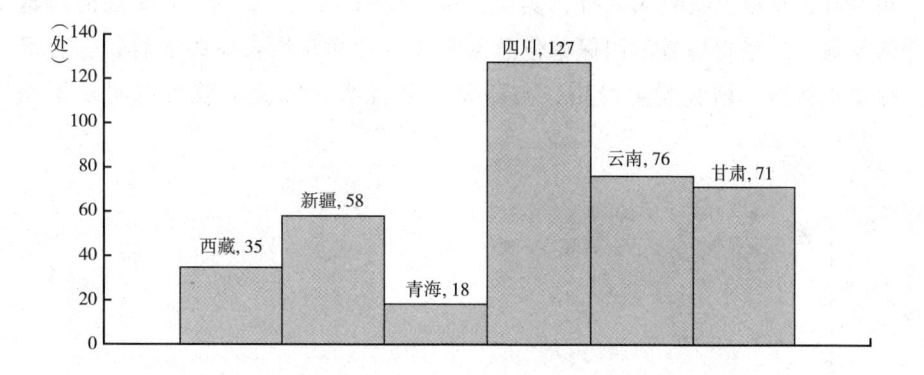

图 3-1　西藏全国重点文物保护单位数与周边省区比较

反观全国各地国保单位的立项获准数据，则很受启发。从第二批国保开始，全国重点文物保护单位的数量已经表现出显著的稳步增长态势，尤其是从第五批到第六批，增长幅度极为明显。第六批全国重点文物保护单位数量从总数上看，已从第五批的 518 处倍量增长到第六批的1080 处，增长率达到 108.49%，而西藏的全国重点文物保护单位数量则从第五批的获批 9 处下滑到第六批的 8 处，不仅只占全国国保单位总数的约 0.7%，而且还出现了负增长，与全国各地发展趋势相比存在较大差距。

与周边一些省份相比,西藏的国保单位数量的占有量也处在较低水平线上。从图3-1可以看出,西藏现有35处国保单位,仅比青海省的18处多,但与云南、四川、甘肃、新疆等省区存在较大差距。其中,国保单位数量最多的四川,是西藏国保单位数量的3.63倍;云南、甘肃的国保单位数也达到了西藏的1倍以上。从第一至第六批国保单位的增长趋势来看,西藏与周边省区也存在着发展趋势的不同。与周边省区相比较,西藏的全国重点文物保护单位批次之间有较大波动,从第五批的9处(11个地点)到第六批的8处,出现了下滑,与新疆的情况类似。但新疆的国保单位数在总量上较多,且在第一批至第四批的国保单位名单中,新疆在总量上共有14处,较西藏的18处为少,但在第五批、第六批的国保单位名单中,新疆出现了爆发式增长,一举反超西藏,总数达到了58处。甘肃、四川、云南等省的各批次增长趋势与全国增长趋势也较为吻合,尤其是云南、四川两省,从第五批到第六批,实现了从9处到44处、24处到78处的跨越式发展。虽然青海省的国保单位总数较少,然而从增长曲线上看,一直保持增长势头,增长趋势稳定,与西藏的各批次之间波动较大也明显不同(见图3-2)。

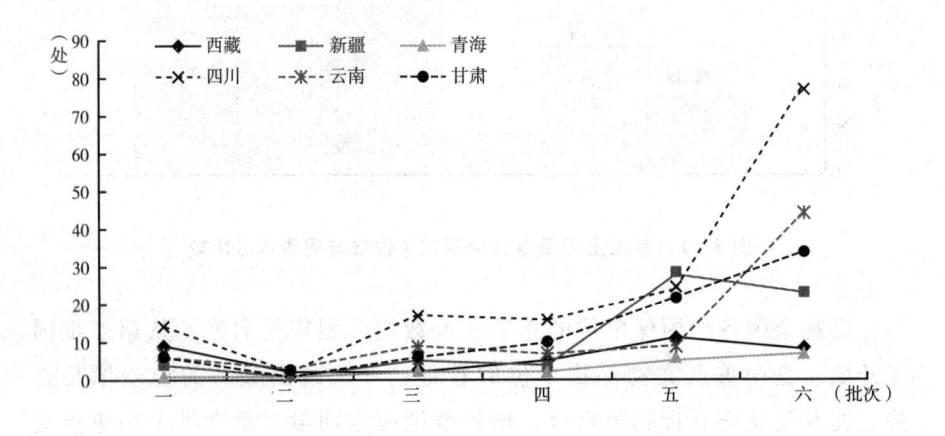

图3-2 西藏与周边省区全国重点文物保护单位批次分布趋势对比

按照《中华人民共和国文物保护法》的规定:凡古文化遗址、古墓葬、古建筑、石窟寺、石刻、壁画、近代现代重要史迹和代表性建筑等不可移动文物,根据它们的历史、艺术、科学价值,可以分别确定为全国重点文物保护单位,省级文物保护单位,市、县级文物保护单位①。从西藏目前已经公布的国保单位的类别来看,另一个重要的特点是分布的不均衡性十分突出(见表3-1)②。

表3-1 西藏全国重点文物保护单位分类一览

序号	文物保护单位名称	年代	类别	所在地	公布批次	公布时间
1	江孜宗山抗英遗址	1904年	近现代重要史迹及代表性建筑	江孜县	一	1961年
2	大昭寺	唐	古建筑	拉萨市	一	1961年
3	昌珠寺	唐	古建筑	乃东县	一	1961年
4	萨迦寺	宋—元	古建筑	萨迦县	一	1961年
5	布达拉宫	唐—清	古建筑	拉萨市	一	1961年
6	噶丹寺	明	古建筑	达孜县	一	1961年
7	扎什伦布寺	明	古建筑	日喀则市	一	1961年
8	古格王国遗址	11~17世纪	古遗址	札达县	一	1961年
9	藏王墓	唐	古墓葬	琼结县	一	1961年
10	哲蚌寺	明	古建筑	拉萨市	二	1982年
11	色拉寺	明	古建筑	拉萨市	二	1982年
12	罗布林卡	清	古建筑	拉萨市	三	1988年
13	夏鲁寺	宋—元	古建筑	日喀则市	三	1988年
14	卡若遗址	新石器时代	古遗址	昌都县	四	1996年
15	桑耶寺	唐	古建筑	扎囊县	四	1996年
16	托林寺	11世纪	古建筑	札达县	四	1996年
17	扎塘寺	1081~1093年	古建筑	扎囊县	四	1996年
18	白居寺	明	古建筑	江孜县	四	1996年
19	拉加里王宫遗址	13~14世纪	古遗址	曲松县	五	2001年
20	列山墓地	唐	古墓葬	朗县	五	2001年
21	吉堆吐蕃墓群	唐	古墓葬	洛扎县	五	2001年
	门塘·得乌琼石刻	唐	石刻	洛扎县	六	2006年并入
22	朗色林庄园	14世纪中叶	古建筑	扎囊县	五	2001年

① 关于文物保护单位的类别划分,国务院在公布第1~3批和第4~6批时,采用不同的划分标准,本文统一采用:(一)古遗址;(二)古墓葬;(三)古建筑;(四)石窟寺及石刻;(五)近现代重要史迹及代表性建筑;(六)其他的分类方法。同时图表中为排版方便,第四类统一标注成石窟寺,第五类标注成近现代,特此说明。

② 国家文物局主编《中国文物地图集·西藏自治区分册》,文物出版社,2010,第375~376页。

续表

序号	文物保护单位名称	年代	类别	所在地	公布批次	公布时间
23	曲德寺	10世纪	古建筑	吉隆县	五	2001年
	卓玛拉康	1274年	古建筑	吉隆县	五	2001年
	大唐天竺使出铭	658年	古建筑	吉隆县	五	2001年
24	色喀古托寺	1080年	古建筑	洛扎县	五	2001年
25	科迦寺	996年	古建筑	普兰县	五	2001年
26	小昭寺	唐	古建筑	拉萨市	五	2001年
27	吉如拉康	唐	古建筑	乃东县	五	2001年
28	查木钦墓群	唐	古墓葬	拉孜县	六	2006年
29	松卡石塔	唐	古建筑	扎囊县	六	2006年
30	聂塘卓玛拉康	宋	古建筑	曲水县	六	2006年
31	查杰玛大殿	元—清	古建筑	昌都市	六	2006年
32	敏竹林寺	明	古建筑	扎囊县	六	2006年
33	平措林寺	明	古建筑	拉孜县	六	2006年
34	邦纳寺	明	古建筑	索县	六	2006年
35	康松桑卡林	清	古建筑	扎囊县	六	2006年

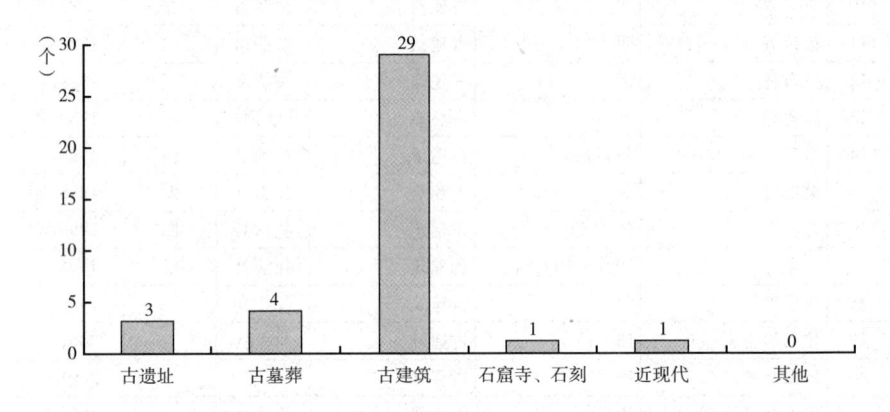

图3-3 西藏全国重点文物保护单位分类分布

（古遗址3，古墓葬4，古建筑29，石窟寺、石刻1，近现代1，其他0）

依据表3-1的有关数据，我们可以得出图3-3的类型分布图。从图中可以明显看出，西藏的全国重点文物保护单位在类型分布上严重不平衡，古遗址仅有3处，古墓葬仅有4处，古建筑则占了35处国保单位38个地点中的29处，石窟寺和近现代重要史迹及代表性建筑则分别仅有1处。在29处古建筑中，绝大多数是藏传佛教寺院，其他类别的古建筑很少。这样的状况，一方面固然与西藏独特的宗教信仰体系及其普及程度有关,但另一方面如果对照第二章所论述的西藏实际情况来看,也说明在过去的工作中对于西藏所蕴藏的大量的不同历史时期、不同类别和性质的历史文化资源认识不足,发掘不够,在国保单位的潜在资源方面还存在着很大的潜质和发展空间。

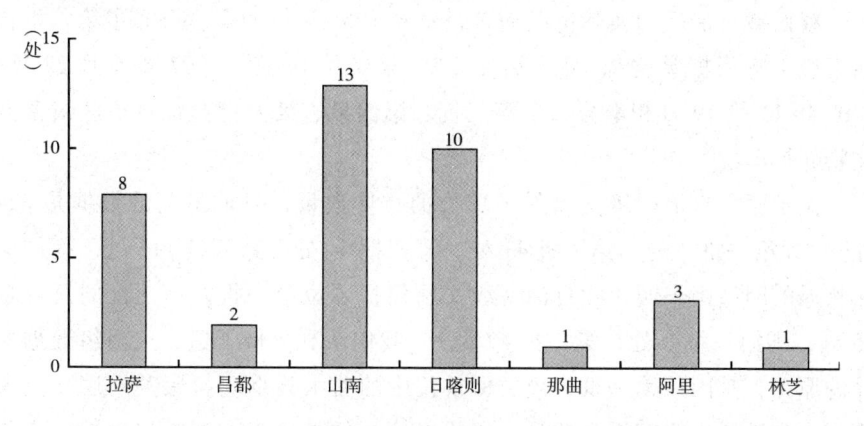

图 3-4　西藏全国重点文物保护单位区域分布

（拉萨 8；昌都 2；山南 13；日喀则 10；那曲 1；阿里 3；林芝 1）

另外,西藏的全国重点文物保护单位在区域分布上也存在着十分突出的不平衡特点,如图 3-4 所示。在西藏腹心地带的拉萨、山南和日喀则,国保单位占到西藏自治区 38 个地点中的 31 处,占有率高达 81.58%。而在那曲地区、林芝仅各有 1 处,昌都有 2 处,阿里有 3 处。这种区域分布上的不平衡一方面是受到西藏复杂多变的自然地理条件及人文经济地理因素的双重影响,另一方面同样与各地区在对所在区域历史文化资源的调查、清理与认识上存在着不足,在有关文物机构设置上存在着欠缺,以及对申报国家重点文物保护单位的重视程度不同也有着相当密切的关系。事实上,如同第二章所揭示的,从西藏全区文物点和相关资源的分布情况来看,除拉萨、山南和日喀则市之外的其他地区同样存在着极为丰厚的可供提出申报国保单位的潜在资源,我们将在后面的章节中对此再加以详述。

第二节　自治区级文物保护单位

1961 年 3 月 4 日,国务院公布了第一批"全国重点文物保护单位"名

西藏重点文物保护单位的现状、潜在资源分析与保护对策

单,计180处,进一步完善了"文物保护单位"的名录体系;同时颁布了《文物保护管理暂行条例》,首次明确了"县(市)级""省(自治区、直辖市)级""国家级"这样一个较为严密的"文物保护单位"分级管理体制,进一步健全了"文物保护单位"的管理体系。

就西藏自治区的实际情况而言,早在1962年,西藏就公布了第一批自治区级文物保护单位①,并先后在1996年4月16日、2007年5月22日、2009年11月19日相继公布了第三批、第四批、第五批西藏自治区级重点文物保护单位②。

关于西藏自治区级文物保护单位的具体数量,目前最新的数据是224处③,即第一批7处,第三批41处,第四批64处,第五批112处。而国家文物局的网站则表明西藏自治区级文物保护单位第一批、第三批的总数是55处,即第一批8处,第三批47处④。我们认真分析了造成这两组数据差异的原因,是因为第一批区级文保单位中的曲水县卓玛拉康及阿底峡灵塔遭到人为破坏,第三批中的甘丹平措林寺、敏竹林寺、查杰玛大殿、洛扎摩崖石刻、松卡石塔、查木钦墓群6处后来先后升级为国保单位,所以这些变更导致统计数据上出现不一致。正确的统计数据应当是:第一批7处,第三批41处,加上第四批的64处,第五批的112处,总计为224处。从各批次公布的情况来看,从第一批到第五批均呈正态分布,逐批递增,显示出这项工作受到的重视程度和实际的工作效果都呈现出良性发展的趋势。

与此同时,西藏自治区还启动了市、县级文物保护单位的公布工作。迄今为止,西藏自治区公布的市、县级文物保护单位共计已达到484处,也是呈正态分布的趋势,逐年向上递增,与自治区级文物保护单位的公布状态相一致。这两项工作的实施为建立和健全全区各级文物保护单位制度的设置,为申报全国重点文物保护单位提供了深厚的资源和坚实的工作基

---

① 西藏自治区1965年成立,对第一批省级文物保护单位按现在的约定统一称为自治区级文物保护单位。
② 至于是否存在第二批自治区级文物保护单位及其公布时间,目前笔者尚未调查到相应资料。故此处沿用国家文物局及西藏文物局说法:即1962年为第一批、1996年为第三批。2007年、2009年为第四和第五批。
③ 参见国家文物局主编《中国文物地图集·西藏自治区分册》,文物出版社,2010,第376~388页。西藏自治区文物局网站,http://xzwwj.sach.gov.cn/tabid/99/Default.aspx。
④ 参见国家文物局网站,http://www.sach.gov.cn/tabid/101/Default.aspx。

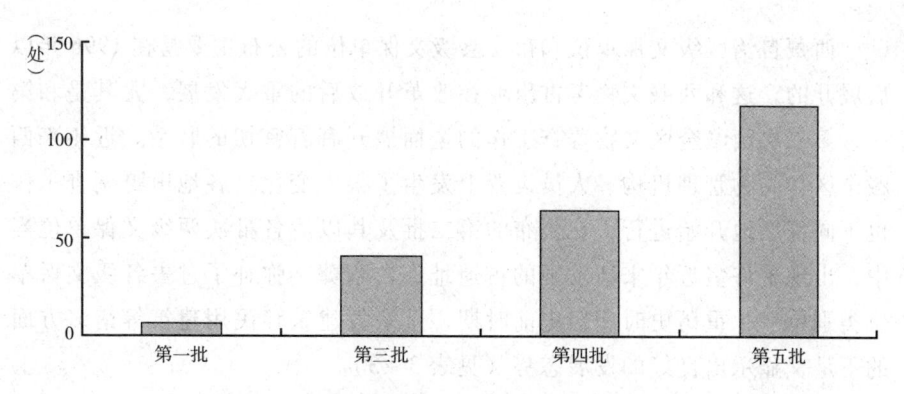

图 3-5　西藏自治区级文物保护单位批次分布

础，值得加以充分肯定。

从更为广阔的视野来观察，西藏自治区在自治区级（省级）文物保护单位的公布工作基本上与全国同步。据国家文物局 2009 年"文物保护单位管理体制调研"工作收集的资料，截至 2009 年 11 月 30 日，公布省级文物保护单位批次最多的省份是辽宁省、湖南省、青海省，均为 8 次（见表 3-2）；公布省级文物保护单位批次最少的省份是重庆市，只有 1 次（注：重庆市于 2009 年 12 月 15 日公布了第二批市级文物保护单位，但超出了本文的调研时限未计入）。全国 31 个省（自治区、直辖市）共公布省级文物保护单位 161 批次，平均 5.2 批次。而西藏自治区共公布了 5 批次，处于全国的中游水平，基本上达到了全国的平均值。

表 3-2　各省公布省级文物保护单位批次

省　份	公布批次
辽宁省、湖南省、青海省	8
北京市、福建省、四川省、云南省、甘肃省	7
吉林省、上海市、江苏省、广西壮族自治区、新疆维吾尔自治区	6
河北省、黑龙江省、浙江省、安徽省、江西省、河南省、湖北省、广东省、西藏自治区、陕西省	5
山西省、内蒙古自治区、贵州省	4
天津市、山东省、宁夏回族自治区	3
海南省	2
重庆市	1

西藏重点文物保护单位的现状、潜在资源分析与保护对策

西藏自治区级文保单位和市、县级文保单位的公布主要是在1996年以后展开的，这和西藏文物考古事业在改革开放后的重大发展，尤其是和第一、第二次西藏全区文物普查工作的全面展开有着密切的联系。近年来西藏全区在文物管理机构、人员设置上发生了很大变化，各地田野调查工作也不同程度地开始进行，在公布的第二批及其以后各批次两级文保单位当中，出现了许多近年来新发现的古遗址、古墓葬，弥补了过去各级文保单位类别单一、重历史时期轻史前时期、重宗教建筑轻民用建筑等诸多方面的不足，显示出良好的发展态势（见表3-3）。

表3-3 西藏自治区级文物保护单位名单

序号	名称	年代	类别	地点	批次	公布日期
1	热振寺	宋	古建筑	拉萨市林周县	一	1962年
2	楚布寺	元	古建筑	拉萨市堆龙德庆县	一	1962年
3	纳塘寺	宋	古建筑	日喀则市	一	1962年
4	赞塘寺	唐	古建筑	山南地区乃东县	一	1962年
5	邓萨提寺	宋	古建筑	山南地区桑日县	一	1962年
6	昌都寺	明	古建筑	昌都市昌都县	一	1962年
7	雍布拉康	西汉	古建筑	山南地区乃东县	一	1962年
8	山南烈士陵园	现代	近现代重要史迹及代表性建筑	山南地区	三	1996年
9	查拉鲁普石窟	7世纪	石窟寺及石刻	拉萨市	三	1996年
10	皮央石窟	11~14世纪	石窟寺及石刻	阿里地区札达县	三	1996年
11	艾旺寺	8~9世纪	古建筑	日喀则市康马县	三	1996年
12	日吾其寺金塔	14世纪	古建筑	日喀则市昂仁县	三	1996年
13	噶玛丹萨寺	1147年	古建筑	昌都市昌都县	三	1996年
14	切噶却得寺	1306年	古建筑	拉萨市尼木县	三	1996年
15	噶举寺	1747年	古建筑	日喀则市亚东县	三	1996年
16	定结宗山	17世纪	古建筑	日喀则市定结县	三	1996年
17	帕拉庄园	17、18世纪	古建筑	日喀则市	三	1996年
18	吉拉康	1012年	古建筑	拉萨市林周县	三	1996年
19	朗孜厦	17世纪	古建筑	拉萨市	三	1996年
20	热拉雍中林	1834年	古建筑	日喀则市南木林县	三	1996年
21	扎西岗寺	14~15世纪	古建筑	阿里噶尔县	三	1996年
22	桑珠德钦寺	1473年	古建筑	昌都市八宿县	三	1996年

续表

序号	名称	年代	类别	地点	批次	公布日期
23	贡嘎曲德寺	1464年	古建筑	山南地区贡嘎县	三	1996年
24	唐波切寺	1017年	古建筑	山南地区琼结县	三	1996年
25	觉摩隆寺	1169年	古建筑	拉萨市	三	1996年
26	东嘎寺	17世纪	古建筑	日喀则市亚东县	三	1996年
27	德钦格桑颇章	1954年	古建筑	日喀则市	三	1996年
28	湘河铁索桥	15世纪	古建筑	日喀则市南木林县	三	1996年
29	墨脱藤网桥	17世纪	古建筑	林芝市墨脱县	三	1996年
30	彭措林铁索桥	15世纪	古建筑	日喀则市拉孜县	三	1996年
31	日土岩画	吐蕃时期	石窟寺及石刻	阿里地区日土县	三	1996年
32	扎西岛洞穴岩画	不详	石窟寺及石刻	拉萨市当雄县	三	1996年
33	其多山洞穴岩画	不详	石窟寺及石刻	那曲地区	三	1996年
34	麦巴洞穴岩画	不详	石窟寺及石刻	那曲地区	三	1996年
35	工布第穆萨摩崖石刻	798~815年	石窟寺及石刻	林芝市林芝县	三	1996年
36	达札路恭纪功碑	755~797年	石窟寺及石刻	拉萨市	三	1996年
37	夏拉康碑	9世纪	石窟寺及石刻	拉萨市墨竹工卡县	三	1996年
38	御制十全记	1792年	石窟寺及石刻	拉萨市	三	1996年
39	御制平定碑	1724年	石窟寺及石刻	拉萨市	三	1996年
40	仁达摩崖造像	8世纪	石窟寺及石刻	昌都市察雅县	三	1996年
41	达玛拉恐龙化石地点	中生代	古遗址	昌都县	三	1996年
42	沃马村三趾马化石点	第四纪	古遗址	日喀则市	三	1996年
43	曲贡遗址	新石器时代	古遗址	拉萨市	三	1996年
44	昌果沟遗址	新石器时代	古遗址	山南地区贡嘎县	三	1996年
45	小恩达遗址	新石器时代	古遗址	昌都市	三	1996年
46	同盖村墓地	吐蕃时期	古墓葬	拉萨市墨竹工卡县	三	1996年
47	吉屋热墓地	8~13世纪	古墓葬	日喀则市萨迦县	三	1996年
48	乃宁曲德寺	吐蕃时期	古建筑	日喀则市康玛县	三	1996年
49	拉萨关帝庙	1792年	古建筑	拉萨市城关区北京中路	四	2007年5月

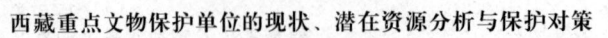

续表

序号	名称	年代	类别	地点	批次	公布日期
50	默如宁巴寺	唐	古建筑	拉萨市城关区北京中路	四	2007年5月
51	下密院	18世纪初	古建筑	拉萨市城关区北京中路	四	2007年5月
52	琉璃桥	清	古建筑	拉萨市城关区宇拓路	四	2007年5月
53	布旦康萨	17世纪	古建筑	拉萨市城关区八角街内	四	2007年5月
54	帕邦喀	唐	古建筑	拉萨市城关区娘热乡	四	2007年5月
55	达龙寺	1180年	古建筑	拉萨市林周县旁多乡	四	2007年5月
56	那兰扎寺	1424年	古建筑	拉萨市林周县卡仔乡	四	2007年5月
57	朗唐寺	1093年	古建筑	拉萨市林周县甘曲镇	四	2007年5月
58	甘曲寺	1100年	古建筑	拉萨市林周县甘曲镇	四	2007年5月
59	热擦寺	11世纪	古建筑	拉萨市堆龙德庆县亚达乡	四	2007年5月
60	吞米桑布扎故居	唐	古建筑	拉萨市尼木县吞巴乡	四	2007年5月
61	止贡梯寺	12世纪	古建筑	拉萨市墨竹工卡县门巴乡	四	2007年5月
62	康玛寺"玛尼拉康石刻"	12世纪	石窟寺及石刻	拉萨市当雄县冲嘎尔村	四	2007年5月
63	雪林多吉颇章	1956年	近现代重要史迹及代表性建筑物	拉萨市城关区金珠中路	四	2007年5月
64	甘丹热布杰寺	1051年	古建筑	日喀则市南木林县土布加乡	四	2007年5月
65	朗果荡芭寺	12世纪	古建筑	日喀则市定日县岗嘎镇	四	2007年5月
66	萨迦卓玛拉康	11世纪	古建筑	日喀则市萨迦县	四	2007年5月
67	萨迦都切拉康	1268年	古建筑	日喀则市萨迦县	四	2007年5月

续表

序号	名称	年代	类别	地点	批次	公布日期
68	拉孜曲德寺	1649年	古建筑	日喀则市拉孜县拉孜镇	四	2007年5月
69	强准祖拉康	7世纪	古建筑	日喀则市吉隆县邦兴镇	四	2007年5月
70	帕巴寺	唐	古建筑	日喀则市吉隆县吉隆镇	四	2007年5月
71	喇普寺	1231年	古建筑	日喀则市聂拉木县波绒乡	四	2007年5月
72	邦兴石刻题铭	7~9世纪	石窟寺及石刻	日喀则市吉隆县邦兴乡	四	2007年5月
73	乃甲切木石窟寺	唐	石窟寺及石刻	日喀则市岗巴县昌龙乡	四	2007年5月
74	樟木烈士陵园	1965年	近现代重要史迹及代表性建筑物	日喀则市聂拉木县樟木镇	四	2007年5月
75	日吾其铁索桥	14世纪	其他	日喀则市昂仁县日吾其乡	四	2007年5月
76	洛扎古碉楼群遗址	14世纪	古遗址	山南地区洛扎县、措美县	四	2007年5月
77	达拉岗布寺及寺院遗址	1121年	古遗址	山南地区加查县计乡	四	2007年5月
78	井嘎塘墓群	唐	古墓葬	山南地区曲松县曲松镇	四	2007年5月
79	达杰林寺	11世纪	古建筑	山南地区乃东县亚堆乡	四	2007年5月
80	葱堆措巴	12世纪	古建筑	山南地区扎囊县扎其乡	四	2007年5月
81	多比曲科寺	11世纪末	古建筑	山南地区贡嘎县姐德秀镇	四	2007年5月
82	巴廊曲康及恰嘎曲德寺	唐、16世纪	古建筑	山南地区桑日县绒乡	四	2007年5月
83	坚耶寺	11世纪	古建筑	山南地区琼结县加麻乡	四	2007年5月
84	拉隆寺	唐	古建筑	山南地区洛扎县扎日乡	四	2007年5月

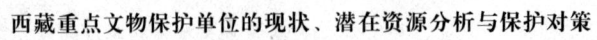

续表

序号	名称	年代	类别	地点	批次	公布日期
85	提吉寺	14 世纪	古建筑	山南地区洛扎县边巴乡	四	2007 年 5 月
86	枯定拉康及卡曲寺	唐、14 世纪	古建筑	山南地区洛扎县拉康乡	四	2007 年 5 月
87	仲嘎曲德寺	9 世纪	古建筑	山南地区隆子县日当镇	四	2007 年 5 月
88	日当寺	唐	古建筑	山南地区隆子县日当镇	四	2007 年 5 月
89	扎西通门寺	1489 年	古建筑	山南地区错那县觉热乡	四	2007 年 5 月
90	达隆寺	唐	古建筑	山南地区浪卡子县达隆镇	四	2007 年 5 月
91	洛扎烈士陵园	1959 年	近现代重要史迹及代表性建筑物	山南地区洛扎县洛扎镇	四	2007 年 5 月
92	朋仁曲德寺及寺院遗址	12 世纪	古遗址	林芝市朗县子龙乡	四	2007 年 5 月
93	冲康庄园	19 世纪	古建筑	林芝市朗县子龙乡	四	2007 年 5 月
94	扎木中心县委红楼	1953 年	近现代重要史迹及代表性建筑物	林芝市波密县扎木镇	四	2007 年 5 月
95	江钦遗址	距今 4000~5000 年	古遗址	昌都市察雅县烟多镇	四	2007 年 5 月
96	硕多清代汉墓群	清末	古墓葬	昌都市洛隆县硕多镇	四	2007 年 5 月
97	边坝寺	1253 年	古建筑	昌都市边巴县边巴镇	四	2007 年 5 月
98	贡觉唐夏寺	1096 年	古建筑	昌都市贡觉县相皮乡	四	2007 年 5 月
99	孜珠寺	唐	古建筑	昌都市丁青县觉恩乡	四	2007 年 5 月
100	向康大殿	唐	古建筑	昌都市察雅县香堆镇	四	2007 年 5 月
101	囊巴朗则石雕群	唐	石窟寺及石刻	昌都市芒康县邦达乡	四	2007 年 5 月

续表

序号	名称	年代	类别	地点	批次	公布日期
102	达蒙骷髅墙天葬院	唐一至今	古建筑	那曲地区比如县察曲乡	四	2007年5月
103	文部寺	1650年	古建筑	那曲地区尼玛县文部乡	四	2007年5月
104	益日寺	11世纪	古建筑	阿里地区札达县香孜乡	四	2007年5月
105	那曲烈士陵园	1963年	近现代重要史迹及代表性建筑物	那曲地区那曲镇	四	2007年5月
106	香柏林寺遗址	12世纪	古遗址	阿里地区普兰县	四	2007年5月
107	多香城堡遗址	11世纪	古遗址	阿里地区札达县	四	2007年5月
108	玛那寺及玛那遗址	11世纪	古遗址	阿里地区札达县托林镇	四	2007年5月
109	香孜遗址	11世纪	古遗址	阿里地区札达县香孜乡	四	2007年5月
110	东嘎·扎西曲林寺遗址	11世纪	古遗址	阿里地区札达县东嘎乡	四	2007年5月
111	达巴遗址	11世纪	古遗址	阿里地区札达县达巴乡	四	2007年5月
112	狮泉河烈士陵园	1965年	近现代重要史迹及代表性建筑物	阿里地区狮泉河镇	四	2007年5月
113	清朝亚东海关遗址	1894年	古遗址	日喀则市亚东县	五	2009年11月
114	色隆庄园遗址	18世纪	古遗址	日喀则市南木林县多角乡	五	2009年11月
115	琼果杰寺遗址	1509年	古遗址	山南地区加查县	五	2009年11月
116	穹宗遗址	唐	古遗址	那曲地区尼玛县	五	2009年11月
117	曲布多部石构遗迹	前11世纪~公元6世纪	古遗址	阿里地区改则县	五	2009年11月
118	日土宗遗址	元一清	古遗址	阿里地区日土县	五	2009年11月
119	卡尔东遗址	5~7世纪	古遗址	阿里地区噶尔县门士乡	五	2009年11月
120	伦布墓地	唐	古墓葬	拉萨市墨竹工卡县工卡镇	五	2009年11月
121	仲尼雄墓地	唐	古墓葬	拉萨市林周县唐古乡江多村	五	2009年11月

续表

序号	名称	年代	类别	地点	批次	公布日期
122	枕久沟墓群	唐	古墓葬	山南地区琼结县加麻乡	五	2009年11月
123	达玛墓地	唐	古墓葬	山南地区措美县乃西乡	五	2009年11月
124	邦达墓群	唐	古墓葬	山南地区加查县冷达乡	五	2009年11月
125	多泵墓地及祭坛	唐	古墓葬	山南地区浪卡子县张达乡	五	2009年11月
126	太昭清代古墓群	清	古墓葬	林芝市工布江达县江达乡	五	2009年11月
127	贡日山墓地	唐	古墓葬	那曲地区那曲县那玛切乡	五	2009年11月
128	主曲墓地	唐	古墓葬	那曲地区嘉黎县藏比乡	五	2009年11月
129	芒森山墓地	唐	古墓葬	那曲地区安多县措玛乡	五	2009年11月
130	美果曲尼墓地	唐	古墓葬	那曲地区班戈县普保镇	五	2009年11月
131	甲瓦曲登墓地	唐	古墓葬	那曲地区尼玛县申亚乡	五	2009年11月
132	昂吾日山墓地	唐	古墓葬	那曲地区双湖特别区多玛乡	五	2009年11月
133	幕松那日墓地	唐	古墓葬	那曲地区尼玛县甲谷乡	五	2009年11月
134	其布龙巴（沟）墓地	唐	古墓葬	那曲地区申扎县申扎镇	五	2009年11月
135	唐加寺	唐	古建筑	拉萨市墨竹工卡县唐加乡	五	2009年11月
136	切卡寺	1165年	古建筑	拉萨市墨竹工卡县扎西岗乡	五	2009年11月
137	塔巴朗卓林寺	1161年	古建筑	拉萨市墨竹工卡县工卡镇	五	2009年11月
138	艾玛日寺	1339年	古建筑	拉萨市墨竹工卡县尼玛江热乡	五	2009年11月

续表

序号	名称	年代	类别	地点	批次	公布日期
139	措麦寺	7世纪	古建筑	拉萨市堆龙德庆县马乡措麦村	五	2009年11月
140	乃朗寺	1333年	古建筑	拉萨市堆龙德庆县古荣乡	五	2009年11月
141	热玛强康拉康	1015年	古建筑	拉萨市林周县卡孜乡	五	2009年11月
142	喜德林	9世纪	古建筑	拉萨市城关区八廓街内	五	2009年11月
143	吉彩洛定	17世纪	古建筑	拉萨市城关区	五	2009年11月
144	昂仁曲德寺	1225年	古建筑	日喀则市昂仁县	五	2009年11月
145	梅日寺	1029年	古建筑	日喀则市南木林县土布加乡	五	2009年11月
146	达那寺	13世纪	古建筑	日喀则市南木林县达那乡	五	2009年11月
147	湘甘丹曲果林寺	14世纪初	古建筑	日喀则市南木林县	五	2009年11月
148	曾桑钦寺	11世纪初	古建筑	日喀则市拉孜县锡钦乡	五	2009年11月
149	恰芒波拉康	12世纪	古建筑	日喀则市吉隆县差那乡	五	2009年11月
150	增期寺	1056年	古建筑	山南地区桑日县增期乡	五	2009年11月
151	鲁定颇章	17世纪	古建筑	山南地区桑日县	五	2009年11月
152	觉拉寺	1147年	古建筑	山南地区错那县觉拉乡	五	2009年11月
153	兴玛寺	1436年	古建筑	山南地区错那县曲卓木乡	五	2009年11月
154	错那碉楼式民居	宋—明	古建筑	山南地区错那县	五	2009年11月
155	卡达扎西曲德寺	1442年	古建筑	山南地区错那县卡达乡	五	2009年11月
156	平若庄园	16世纪	古建筑	山南地区琼结县加麻乡	五	2009年11月
157	若康拉康	8~9世纪	古建筑	山南地区琼结县加麻乡	五	2009年11月

续表

序号	名称	年代	类别	地点	批次	公布日期
158	卓德寺	1139年	古建筑	山南地区措美县哲古镇	五	2009年11月
159	曲德沃寺	17世纪	古建筑	山南地区乃东县	五	2009年11月
160	结林措巴	1224年	古建筑	山南地区扎囊县扎塘镇	五	2009年11月
161	顶布钦寺	1567年	古建筑	山南地区扎囊县吉汝乡	五	2009年11月
162	那若达布扎仓	16世纪	古建筑	山南地区加查县	五	2009年11月
163	朗真寺	13~14世纪	古建筑	山南地区曲松县	五	2009年11月
164	朗顿庄园	1880年	古建筑	林芝市朗县	五	2009年11月
165	桑杰庄园	19世纪初	古建筑	林芝市朗县鲁朗镇	五	2009年11月
166	羌纳寺	1422年	古建筑	林芝市米林县羌纳乡	五	2009年11月
167	布久拉康	7世纪初	古建筑	林芝市林芝县布久乡	五	2009年11月
168	秀巴碉楼群	唐末	古建筑	林芝市工布江达县巴河镇	五	2009年11月
169	帕巴拉夏宫	1447年	古建筑	昌都市昌都县俄洛镇	五	2009年11月
170	甲热寺	1498年	古建筑	昌都市边坝县边坝镇宗古村	五	2009年11月
171	宗洛寺	1425年	古建筑	昌都市类乌齐县宾达乡热西村	五	2009年11月
172	达律王府	9世纪	古建筑	昌都市贡觉县莫洛镇	五	2009年11月
173	硕督寺	1550年	古建筑	昌都市洛隆县硕督镇	五	2009年11月
174	托德夏宫	16世纪	古建筑	昌都市昌都县城关镇通夏村	五	2009年11月
175	江措林寺	1391年	古建筑	昌都市边坝县金岭乡	五	2009年11月
176	烟多寺	1621年	古建筑	昌都市察雅县烟多镇	五	2009年11月

续表

序号	名称	年代	类别	地点	批次	公布日期
177	米杰拉章寺	元	古建筑	昌都市丁青县丁青镇	五	2009年11月
178	邓达古民宅	清末	古建筑	昌都市左贡县田妥镇	五	2009年11月
179	田妥寺	1487年	古建筑	昌都市左贡县田妥镇	五	2009年11月
181	金卡寺	1456年	古建筑	昌都市丁青县觉恩乡绒通村	五	2009年11月
181	邦荣寺	1153年	古建筑	那曲地区那曲县古露镇	五	2009年11月
182	赞旦寺	1667年	古建筑	那曲地区索县	五	2009年11月
183	古宫寺	15世纪中	古建筑	阿里地区普兰县普兰镇	五	2009年11月
184	热布加林寺	11世纪	古建筑	阿里地区札达县香孜乡	五	2009年11月
185	卡孜寺	11世纪	古建筑	阿里地区札达县	五	2009年11月
186	普日寺	11世纪	古建筑	阿里地区札达县底雅乡	五	2009年11月
187	查叶巴石窟寺	7世纪	石窟寺及石刻	拉萨市达孜县帮堆乡	五	2009年11月
188	森格那摩崖石刻	12世纪	石窟寺及石刻	拉萨市墨竹工卡县唐加乡	五	2009年11月
189	秋洛察加岩画	唐	石窟寺及石刻	拉萨市墨竹工卡县扎西岗乡	五	2009年11月
190	恰姆石窟寺	唐	石窟寺及石刻	日喀则市定结县琼孜乡	五	2009年11月
191	桑多白日摩崖造像	8世纪	石窟寺及石刻	日喀则市南木林县拉布普乡	五	2009年11月
192	绒布拉康石刻群	唐—宋	石窟寺及石刻	山南地区浪卡子县	五	2009年11月
193	太昭"万善同归"碑	清	石窟寺及石刻	林芝市工布江达县江达乡	五	2009年11月
194	多拉神山石刻群	唐—清	石窟寺及石刻	昌都市八宿县	五	2009年11月
195	甲义扎噶汉文题词	清	石窟寺及石刻	昌都市洛隆县加玉乡	五	2009年11月

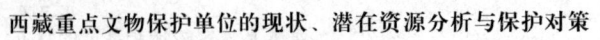

续表

序号	名称	年代	类别	地点	批次	公布日期
196	卓尼夏桑岩画	16世纪	石窟寺及石刻	那曲地区尼玛县卓尼乡	五	2009年11月
197	噶尔佐普巴日岩画	唐	石窟寺及石刻	那曲地区申扎县马跃乡	五	2009年11月
198	纳曲宗普洞窟	13世纪	石窟寺及石刻	阿里普兰县	五	2009年11月
199	普兰喜德观音碑	16世纪	石窟寺及石刻	阿里地区普兰县普兰镇	五	2009年11月
200	中央人民政府驻藏代表办公处	1964年	近现代重要史迹及代表性建筑	拉萨市自治区党校院内	五	2009年11月
201	西藏工委办公处	1956年	近现代重要史迹及代表性建筑	拉萨市自治区发改委院内	五	2009年11月
202	军区一、二号院	1955年	近现代重要史迹及代表性建筑	拉萨市军区司令部院内	五	2009年11月
203	自治区筹备委员会办公楼	1956年	近现代重要史迹及代表性建筑	拉萨市自治区政府院内	五	2009年11月
204	拉萨市烈士陵园	20世纪50年代	近现代重要史迹及代表性建筑	拉萨市西郊	五	2009年11月
205	尼木烈士陵园	1965年	近现代重要史迹及代表性建筑	拉萨市尼木县	五	2009年11月
206	日喀则市烈士陵园	20世纪50年代	近现代重要史迹及代表性建筑	日喀则市	五	2009年11月
207	亚东县委外办	1957年	近现代重要史迹及代表性建筑	日喀则市亚东县	五	2009年11月
208	亚东县驿站	1936年	近现代重要史迹及代表性建筑	日喀则市亚东县	五	2009年11月
209	日喀则行署老会议室	1978年	近现代重要史迹及代表性建筑	日喀则市行署院内	五	2009年11月
210	江孜县委老会议室	1958年	近现代重要史迹及代表性建筑	日喀则市江孜县政府院内	五	2009年11月
211	克松村党支部旧址	1959年	近现代重要史迹及代表性建筑	山南地区乃东县	五	2009年11月
212	林芝市烈士陵园	1999年	近现代重要史迹及代表性建筑	林芝市林芝县八一镇	五	2009年11月

续表

序号	名称	年代	类别	地点	批次	公布日期
213	易贡将军楼	1950年	近现代重要史迹及代表性建筑	林芝市波密县易贡茶场内	五	2009年11月
214	昌都市烈士陵园	1984年	近现代重要史迹及代表性建筑	昌都市昌都县	五	2009年11月
215	昌都解放委员会办公旧址	1955~1956年	近现代重要史迹及代表性建筑	昌都市地委行署大院内	五	2009年11月
216	18军52师部办公旧址	1956年	近现代重要史迹及代表性建筑	昌都市昌都县海南街	五	2009年11月
217	萨王府	1947年	近现代重要史迹及代表性建筑	昌都市地委行署大院内	五	2009年11月
218	南木林孜吾铁索桥	15世纪	其他	日喀则市南木林县热当乡	五	2009年11月
219	南木林波多铁索桥	15世纪	其他	日喀则市南木林县热当乡	五	2009年11月
220	甲桑卡铁索桥	14世纪	其他	昌都市类乌齐县	五	2009年11月
221	芒康盐井古盐田	唐	其他	昌都市芒康县纳西民族乡、曲孜卡乡	五	2009年11月
222	热色多让列石群	前11世纪~公元6世纪	其他	那曲地区尼玛县尼玛镇	五	2009年11月
223	次玛荣石构遗迹	前11世纪~公元6世纪	其他	那曲地区双湖特别区措折羌玛乡	五	2009年11月
224	比如古木桥	16世纪	其他	那曲地区比如县比如镇	五	2009年11月

注：2014年，日喀则市、昌都市撤销，改设为地级的日喀则市、昌都市，因未表年代下限为2009年，故仍袭旧称。

从图3-6中可以明显看出，古建筑仍是自治区级文物保护单位中的主要门类，比例达到54%。较之西藏自治区级的国保单位而言，一个可喜的现象是古遗址、古墓葬、石窟寺及石刻等考古遗存受到自治区内各地的普遍重视，所占比例要远远高于国保单位。在自治区级文保单位中，共有古遗址类22处、古墓葬类19处、石窟寺及石刻类29处。这显示出自西藏和平解放以来，尤其是20世纪80年代以来西藏文物考古事业的迅速发展，

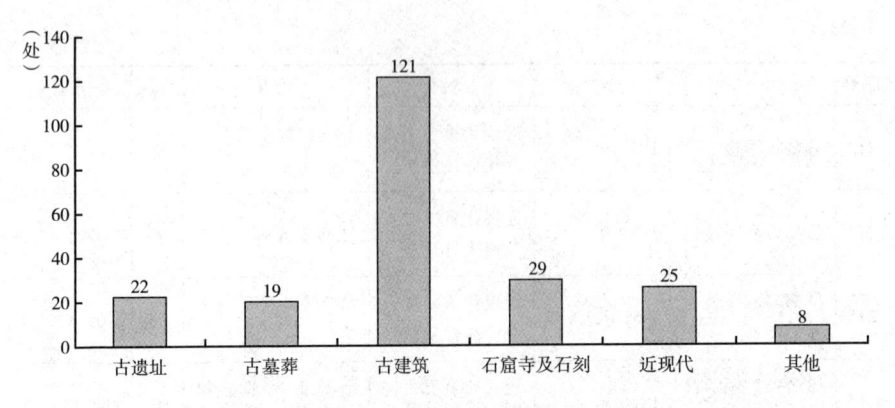

西藏重点文物保护单位的现状、潜在资源分析与保护对策

图 3-6 西藏自治区级文物保护单位分类分布

给整个西藏文物保护事业带来了新的变化。除了对地面建筑类文物的关注与重视之外，人们也开始关注地下文物的保存状态，对其历史价值和对当地文化建设的重要意义有了新的认识，预示着未来发展前景的转折性变化。就整体的数量比例而言，古遗址类、古墓葬类、石窟寺及石刻类、近现代史迹类等类别的文物保护单位仍有继续增加的空间。

再从地域分布上观察统计（图3-7），在自治区级文保单位当中，拉萨市、山南地区、日喀则市是占比最大的前三位，共占据总量的60%，这个情形与国保单位在地域上的占有比重呈正态分布状。但是，在国保单位中数量较少的昌都市则显示出优质的潜在资源，其拥有的自治区级文物保护单位数量达到33处，仅次于拉萨市、山南地区、日喀则市，远比那曲地区、阿里地区、林芝市高。究其原因，是与昌都市近年来重视地下文物的调查与保护、考古工作的大量展开有着十分密切的关系，其中古遗址、古墓葬和石刻类文物的数量占有比例较其他地区为高，这是很值得注意的一个发展趋势。相对而言，那曲地区、阿里地区、林芝市拥有的自治区级文物保护单位数量都在20处左右，低于上述地区，但这种状态与这些地区文物资源的拥有量和潜在资源并不一定完全吻合，应当说这些地区仍具有很大的资源空间可待开发。仅以阿里地区而言，近年来调查发现的各类佛教考古遗存如佛寺、石窟寺、佛塔以及一批史前时期的石器地点、古岩画、古墓葬等，均具有十分重要的艺术价值和学术价值，但迄今为止都还未能被列入自治区级文物保护单位，其潜在数量也要远远超出20处这个规模。

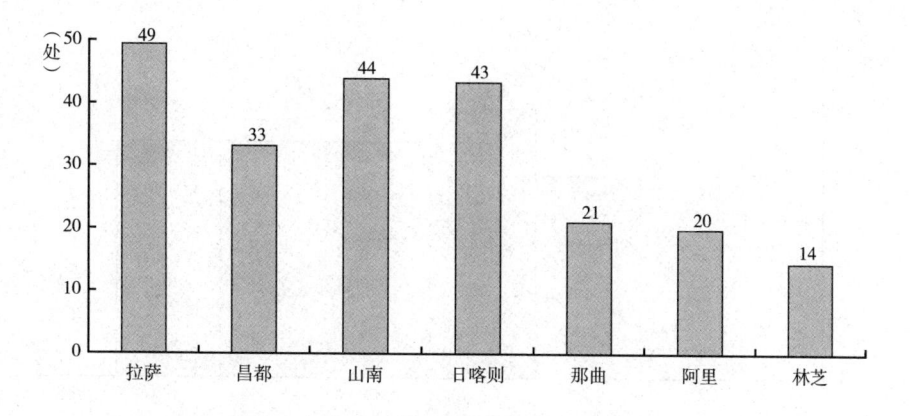

图 3-7　西藏自治区级文物保护单位地区分布

与相邻省区相比，西藏自治区级文物保护单位数量是整个周边省区中数量最少的。数量最多的甘肃为625处，是西藏的2.79倍；其次是四川，为578处；甚至数量最少的新疆也达到374处，是西藏的1.67倍（图3-8）。再从省、自治区级文物保护单位的公布批次来看，西藏也居于邻近各省区之末。其中四川、云南、甘肃省均公布了7批省级文保单位，新疆公布了6批，青海省甚至已经达到了8批（图3-9）。

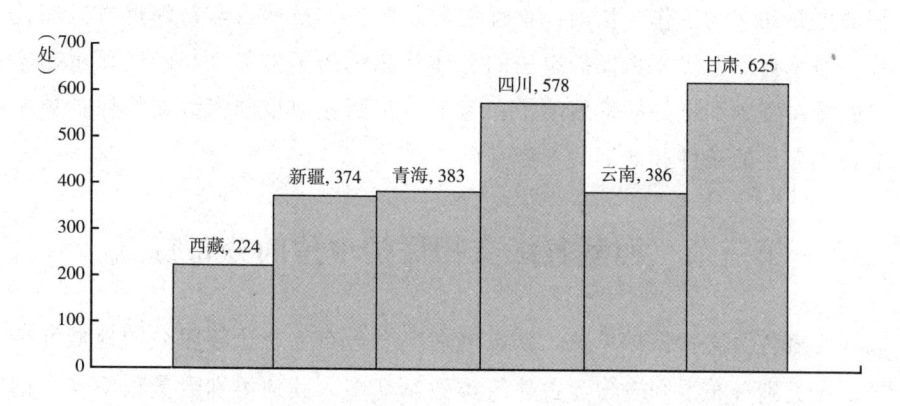

图 3-8　西藏自治区级文物保护单位数量与周边省区比较

从本节的分析对比中，可以总结出这样几个显著的特点：第一，和国家级文物保护单位相比较，西藏自治区级文物保护单位的选列与公布显示出强劲的力度，大大缩小了和全国尤其是与邻近各省区之间存在的差距，

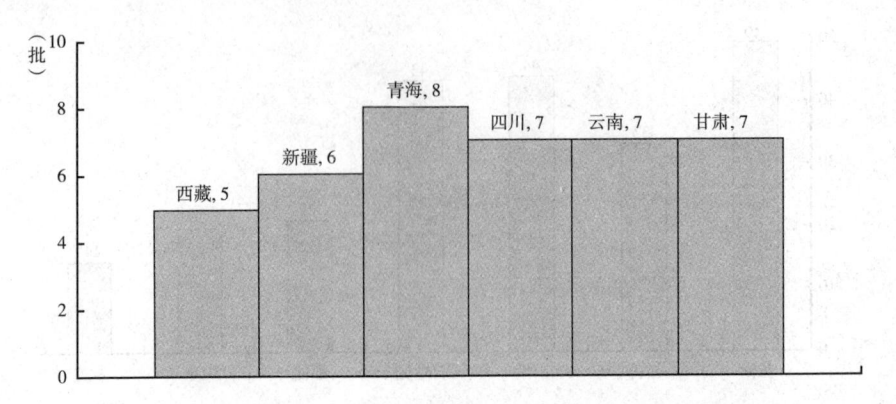

图 3-9　西藏自治区级文物保护单位公布批次与周边省区比较

这和西藏各级地方政府在中央和自治区人民政府的领导下，高度重视文物工作有着直接的联系。第二，西藏自治区级文物保护单位就其类别而言，在一定程度上长期以来存在着的"重地面建筑，轻地下文物"以及在古建筑方面"重寺庙而轻民居"的局面有所改观。尤其是近年来随着西藏科学考古工作的开展，一批调查发掘的古遗址、古墓葬、石窟寺及石刻、岩画等门类的文物点被列入自治区级文物保护单位之中，反映出决策者观念意识的更新和文物工作的均衡、良性发展。第三，虽然目前与邻近省区相比较，西藏自治区级文物保护单位的总体状态仍居于劣势，却已经显示出丰厚的潜在资源和良好的发展前景，为下一步西藏申报国家级文物保护单位准备了充足的条件和前期的工作基础。

第三节　西藏各级文物保护单位的分布特点

西藏各级文物保护单位长期以来在空间分布上有比较明显的地域性差异，在类别分布上则表现为古建筑类数量众多，其他类别数量很不均衡的特点。

具体而言，西藏的各级文物保护单位呈现出地域分布上极不均衡、总体密度相对较低的显著特点，这与西藏极为独特的自然环境状况密切相关。虽然西藏地域辽阔，全区的面积达122万平方公里，约占全国陆地总面积的1/8，仅次于新疆居全国第二位，但是，由于地广人稀，高寒缺氧，自然气候恶劣，西藏同时又是典型的人口低密度地区。人口统计数据表明，截至2012年年底，西藏自治区总人口为307万人，人口密度为每平方公里2.4人，只有全国人口密度的1/60。和全国的情形一样，西藏人口分布也很不均衡，多数人口集中在南部和东部。雅鲁藏布江中游及其主要支流拉萨河和年楚河流域是西藏人口最稠密的地区，平均每平方公里10人以上，其中拉萨平原、年楚河中下游平原、泽当平原等地平均每平方公里有50人左右，在西藏首府拉萨市的城关区附近，人口密度超过每平方公里100人。另外雅鲁藏布江中游的上段、拉萨河上游及藏东横断山区东北部，平均每平方公里有3~10人，居民较多的地区是拉孜、萨迦平原、林芝附近的尼洋河河谷、昌都附近的澜沧江河谷等。人口特别稀少的地区是藏西的阿里、藏北的那曲西部等，这些地方往往百里不见人烟，羌塘草原北部甚至被称为"无人区"。这一客观现实，决定了西藏文物点在绝对数量上也同样为全国平均分布密度最低的地区。根据国家文物局2009年的调查，截至2008年12月31日，全国有国家重点文物保护单位2351处，省级文物保护单位11369处，市、县级文物保护单位66964处，合计80684处，西藏三级文物保护单位合计共有328处，在全国仅比天津、宁夏多，但考虑到天津市的面积仅为11760.26平方公里，平均每平方公里有文物点0.024处，西藏仍远远落后[1]。即使考虑到第三次全国文物普查工作使得西藏的文物点数量有了一个很大的变化[2]，但西藏文物密度相对较低的状况在很长一段时间内不会有根本改观[3]。

  由于这样一个基本前提的存在，西藏各地在国保单位与区保单位数量比例上的不均衡性也是十分突出的（表3-4）。

---

[1] 数据来自中国文物信息咨询中心网站，http：//www.cchicc.org.cn/tabid/81/InfoID/76/Default.aspx。

[2] 西藏三普共调查、登录不可移动文物点4277处，其中三普中新发现文物点3013处、复查文物点1264处、消失17处。文物点中古遗址类1379处，古墓葬类516处，古建筑类1543处，石窟寺及石刻类587处，近现代重要史迹及代表性建筑类242处，其他类10处。数字来源于西藏文物考古研究所哈比布研究员2011年8月参加青藏高原史前研究学术会议的演讲。

[3] 即使以西藏国保35处38个地点，区保224处227个地点，市县级484处三级文物保护单位来计算，与其他省区文物密度相比，差距仍较大。

表 3-4　西藏各地区国保单位数与区保单位数量比例一览

地区 \ 数量	国保单位	区保单位	比例
拉萨	8	49	1∶6.125
昌都	2	33	1∶16.5
山南	13	44	1∶3.38
日喀则	10	43	1∶4.3
那曲	1	21	1∶21
阿里	3	20	1∶6.67
林芝	1	17	1∶17

从比例数据上来看，拉萨市、山南地区、日喀则市、阿里地区的国保单位与区保单位数量比例均在1∶10以下，接近目前全国的国保与区保数量的比例1∶4[1]，其中尤其以山南地区两者之间比例最高，为1∶3.38，已超过了全国平均水准；其次为日喀则市，为1∶4.3，接近全国平均水准。这种分布态势与这两个地区文物资源的蕴藏量、文物考古事业发展的现状水平也呈正相关。此外，从两者比例上看，阿里地区虽然比例较高，但国保和区保单位的总体数量较少，不能反映文物资源真实的状况。而昌都市、那曲地区与林芝市则与全国平均水平差距较大。分析昌都、那曲、林芝这三个地区国保与区保单位数量曲线的趋势变化，可以观察到两者之间的关系非常密切（图3-10）。

从趋势图上看，这三个地区国保、区保单位总数与区保单位数的走向相一致，反映出的问题在于：这三个地区的国保单位数量很少；而区保单位也相应处于较少数量上，两者之间互为联动。这个态势也可以从表3-4所反映出的两者之间的比例数上得到印证。由此可见，这三个地区在国保单位的申报上还有很大的提升空间，但国保单位数量的增加，也有赖于区保单位数量的相应增加，两者方能形成正态分布，从总体上提升这三个地区两级文物保护单位的水平。

除了在地域分布上的不均衡之外，另一个不均衡性则表现在两级文

---

[1] 金瑞国、刘赪娜、张寄：《文物保护单位管理体制调研与分析》，中国文物信息咨询中心、国家文物局数据中心网，http://www.cchicc.org.cn/tabid/81/InfoID/76/Default.aspx。

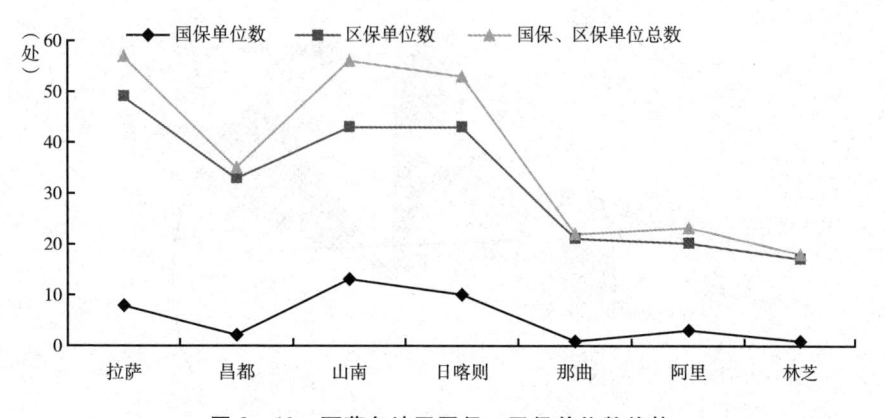

图 3-10　西藏各地区国保、区保单位数趋势

物保护单位在文物类别上的不均衡性。从图 3-11、图 3-12 中可以观察到，在西藏国保单位中，古建筑比例占到 74%；古墓葬占 10%；古遗址占 8%；石窟寺及石刻仅占 5%；而近现代文物则只占 3%。这个状况在区保单位中有所改善，古建筑占比下降到 54%；古墓葬仍然只占 8%；古遗址占 10%，若两者相加与国保单位的比例保持一致。上升幅度较大的是石窟寺及石刻，占到 13%，其次为近现代文物，上升到 11%。

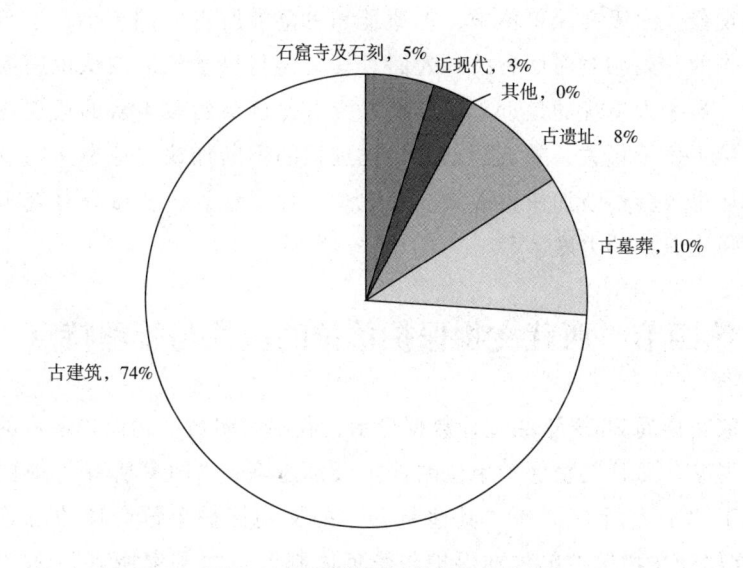

图 3-11　西藏国保单位分类比例

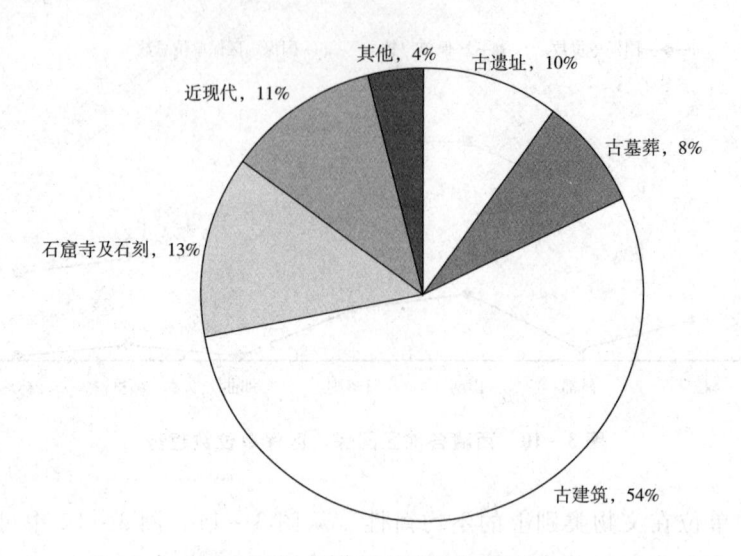

西藏重点文物保护单位的现状、潜在资源分析与保护对策

其他，4%　古遗址，10%
近现代，11%
古墓葬，8%
石窟寺及石刻，13%
古建筑，54%

图 3-12　西藏区保单位分类比例

从这两组数据中我们可以得出这样一些基本认识：由于西藏历史发展的特殊性，地面文物中的古建筑类别，尤其是其中的古寺院始终是各级文物保护单位中的大宗，这也是符合西藏实际情况的。地面文物中的石窟寺及石刻也越来越受到重视，被更多地纳入到两级文保单位当中，这是一个可喜的现象。两级文保单位中，古遗址和古墓葬所占比例较小，这与西藏考古工作的开展相对滞后有关，人们对其文物与科学价值的认识还需进一步提升。最令人担忧的是近现代文物点所占比例与西藏丰富的近现代史迹的蕴藏量不呈正相关，随着西藏现代化进程的不断加快，这类文物点的消失与破坏也将会不断加快，必须改变观念，加强认识，在做好普查工作的基础上强化保护的力度。

第四节　西藏文物保护单位的属性与管理特点

国家文物局 2009 年的统计数据显示，我国大多数文物保护单位的所有权属于国家，而且文物保护单位的保护级别越高，"国家所有"的比重越大。属于"个人所有"和"其他所有"的文物保护单位合计约占总数的 5%，这部分文物保护单位在保护与管理体制上与"国家所有"和"集体所有"单位有着程度不同的差异，这就需要我们认真调查研究，区分不同情况，因地制宜地开展工作。

文物保护单位所有权的地方差异性很大，西藏与新疆、黑龙江、重庆、辽宁等省（自治区、直辖市）情况较为类似，"国家所有"比重较大，超过90%[1]。从对外开放的情况来看，2009年调查中填报开放情况的39483个各级文物保护单位的总体开放率在50%左右，开放比重与其保护级别呈正相关，国保单位的开放程度最高，达到70%以上[2]。这个特点与国保单位本身的文物价值、保护状况和管理水平直接相关。西藏的国保单位因宗教活动场所较多，开放率基本达到了100%，在全国各省区的文物保护单位中居于前列（表3-5）。

表3-5 各省（自治区、直辖市）文物保护单位分级数量统计

单位：处，%

	国保单位		省保单位		市/县保单位		小计	
	数量	比重	数量	比重	数量	比重	数量	比重
全国合计	2371	100.00	11369	100.00	66964	100.00	80816	100.00
北 京	98	4.13	264	2.32	565	0.84	927	1.15
天 津	14	0.59	113	0.99	155	0.23	282	0.35
河 北	168	7.09	930	8.18	2894	4.32	3992	4.95
山 西	271	11.43	428	3.76	7823	11.68	8522	10.56
内蒙古	79	3.33	316	2.78	700	1.05	1095	1.36
辽 宁	53	2.24	296	2.60	1347	2.01	1696	2.10
吉 林	33	1.39	272	2.39	694	1.04	999	1.24
黑龙江	29	1.22	212	1.86	408	0.61	649	0.80
上 海	19	0.80	163	1.43	378	0.56	560	0.69
江 苏	119	5.02	472	4.15	2302	3.44	2893	3.58
浙 江	132	5.57	382	3.36	2750	4.11	3264	4.04
安 徽	56	2.36	455	4.00	2491	3.72	3002	3.72
福 建	85	3.59	248	2.18	3096	4.62	3429	4.25
江 西	52	2.19	333	2.93	2759	4.12	3144	3.90
山 东	101	4.26	687	6.04	6834	10.21	7622	9.44
河 南	189	7.97	691	6.08	5456	8.15	6336	7.85

---

[1] 数据来源参见金瑞国、刘赪娜、张寄：《文物保护单位管理体制调研与分析》，中国文物信息咨询中心、国家文物局数据中心网，http://www.cchicc.org.cn/tabid/81/InfoID/76/Default.aspx。

[2] 数据来源参见金瑞国、刘赪娜、张寄：《文物保护单位管理体制调研与分析》，中国文物信息咨询中心、国家文物局数据中心网，http://www.cchicc.org.cn/tabid/81/InfoID/76/Default.aspx。

续表

	国保单位		省保单位		市/县保单位		小计	
	数量	比重	数量	比重	数量	比重	数量	比重
湖　北	91	3.84	825	7.26	4257	6.36	5173	6.41
湖　南	59	2.49	381	3.35	2700	4.03	3140	3.89
广　东	66	2.78	269	2.37	1920	2.87	2255	2.79
广　西	42	1.77	276	2.43	1723	2.57	2041	2.53
海　南	14	0.59	108	0.95	277	0.41	399	0.49
重　庆	20	0.84	148	1.30	1040	1.55	1208	1.50
四　川	128	5.40	578	5.08	3035	4.53	3741	4.64
贵　州	39	1.64	342	3.01	2230	3.33	2611	3.24
云　南	76	3.21	243	2.14	1938	2.89	2257	2.80
西　藏	35	1.48	224	0.99	181	0.27	440	0.41
陕　西	138	5.82	450	3.96	2000	2.99	2588	3.21
甘　肃	71	2.99	517	4.55	2542	3.80	3130	3.88
青　海	18	0.76	383	3.37	369	0.55	770	0.95
宁　夏	18	0.76	101	0.89	169	0.25	288	0.36
新　疆	58	2.45	374	3.29	1931	2.88	2363	2.93

从全国文物保护单位发挥的功能与用途上来看，填报当前用途的文物保护单位有39654个，呈现出多样化、分级差异的特点[①]。总体上说，作为"开放参观""工农业生产"和"无人使用"的比重较大，均超过20%，合计占到总数的近70%；作为"军事设施""交通设施"和"商业用途"的比例很小，都不到1%。除此以外，还有山地林区、休闲娱乐场所、仓库、水利设施、封存保护、界碑等多种其他用途，占到总数的7.77%。

西藏各级文物保护单位中，以国保单位中"开放参观"的比例最大，超过半数以上；自治区级保护单位中作为"宗教活动"场所和市、县级保护单位中进行"工农业生产"的比例也要高于其他两个级别的平均统计数。从各级文物保护单位设立的管理机构及其隶属关系上来看，西藏的特点也十分鲜明，分别占据了最高与最低的两个比重数据：即由非文物部门

---

① 数据填报截至2009年，金瑞国、刘赪娜、张寄：《文物保护单位管理体制调研与分析》，中国文物信息咨询中心、国家文物局数据中心网，http://www.cchicc.org.cn/tabid/81/InfoID/76/Default.aspx。

管理的文物保护单位达到了64.81%，在全国各省区市中比重最高；而由文物部门管理的文物保护单位比重仅不足35%，比重在全国各省区市中则最低。因此，由于文保单位的属性不同，管理机制也不同，这就带来了一个在全国文物保护单位中都最显突出的矛盾：即从文物管理的层面而论，长期以来的管理体制都强调"谁使用，谁管理；谁投资，谁受益"这样一个基本原则，但就西藏的特殊情况来看，管理者与使用者之间、投资维护者与直接受益者之间并非同位、同质，而是呈现出多元化的特点，这就势必需要以行政和习惯两种力量来对各方利益加以协调和平衡。

西藏的各级文物保护单位中，以古建筑尤其是古寺院类别数量最大，但因历史久远，建筑材料以传统的土、木、石为主，自然条件变化（如昼夜温差大、季节温差大等）等多种原因而保存状况不佳。由于西藏特殊的宗教、民族因素，各级文物保护单位的维修工程较之全国其他省区市获得的中央财政支持更多，这个特点在全国也是非常突出的。仅就近年来国家投入的维修经费，计有：

1989~1994年，中央政府先后两次拨款共计8800万元维修布达拉宫，对布达拉宫进行了第一次大规模的维修。2002~2009年，布达拉宫开始了第二次大规模的维修。布达拉宫、罗布林卡、萨迦寺三大重点文物保护维修工程（简称为三大工程），是中央第四次西藏工作座谈会确定的国家重点文化建设项目，也是全国六大重点文物保护维修工程中的三大工程。三大工程共安排国家批准的子项目154个，总投资3.8亿元，主要包括古建筑和壁画维修，部分住户搬迁及环境整治，新改建公用设施等内容。

西藏"十一五"期间，又新立项重点文物维修工程22项，包括15处重点文物保护单位、重要寺庙以及7处历朝历代中央政府有效治理西藏地方的历史遗迹，其中包括扎什伦布寺、夏鲁寺、乃宁寺、江孜宗山抗英遗址等，总投资达到5.7亿元。

不难看到，从"三大工程"的启动到"十一五"重点文物维修工程的全面展开，其总的特点还是以西藏各地著名的宗教寺院作为主要的维修保护对象，这些受益的保护对象从属性而言都被列入西藏各级文物保护单位，但从管理体制而言却从属于宗教部门，而并非文物管理部门，形成了"文物管理部门投资维修，宗教部门使用受益"这样一个特殊的局面，充分体现出西藏文保单位在属性与管理体制上的地方特点。基于这个特点的长期存在，西藏的重点文物保护工作就必须立足于现实，充分考虑到文物管理部门和宗教管理部门双方的利益诉求，从中寻求共同点和平衡点，最终达到使文物实体得到最大限度的维修保护，同时又能够加以合理利用，造福于广大藏族群众的目的。

一个可喜的现象是，在"十二五"期间，一方面是国家对西藏重点文物保护单位进行维修保护的立项数成倍增长，另一方面是被列入维修保护目录的西藏重点文物保护工程的门类也呈现出多元化的趋势，不再只是集中在寺院建筑的维修这一单一门类。据悉，在"十二五"期间已获准立项的重点文物保护工程包括近现代重要历史遗迹及代表性建筑保护、重点文物保护设施建设、部分地市博物馆建设工程等共44个项目，计划总投资9.3亿元。在此基础上，国家文物局同意再追加8亿多元用于西藏文物保护维修工程。换言之，在"十二五"期间，国家用于西藏文物的维修保护经费将超过17亿元。

随着投入到西藏各级文物保护单位资金的进一步增加，以及对西藏各级文物保护单位资源与文化价值认识的深入，西藏"十二五"期间的文物保护工程的实施对象也呈现出了新的变化。"十二五"期间西藏的文物保护工程共计达到44个，子项目分布在全区7个地（市）、28个县（区），文物类别包括文物建筑、近现代建筑、古墓葬、古遗址、石刻、洞窟等，工程领域涉及文物建筑维修工程，壁画保护工程，文物单位安防、消防、给排水、环境整治等配套工程，遗址墓葬考古调查、保护、展示工程，博物馆基本建设工程等多个层面，正在逐渐改变过去以宗教建筑作为维修保护主体的单一化局面。

综上所述，鉴于西藏的特殊情况，在具体实施重点文物保护单位的保护工作时，应当依据相应的法律、法规协调各方面关系，调整各方面的利益，追求实现保护效益的最大化。《中华人民共和国民族区域自治法》第三十八条中明确规定，民族自治地方的自治机关要发展民族文化事业，其中重要任务之一，是要加强"收集、整理、翻译和出版民族书籍，保护民族的名胜古迹、珍贵文物和其他重要历史文化遗产"[①]。1994年国务院

---

① 《中华人民共和国民族区域自治法》（1984年，2001年修订），国家民族委员会网站2004年7月10日发布。

颁布的《宗教活动场所管理条例》第十二条也规定:"被列为文物保护单位或者位于风景名胜区内的宗教活动场所,应当按照有关法律、法规的规定,管理、保护文物和保护环境,并接受有关部门的指导、监督。"① 在1990年由西藏自治区党委和政府制定和颁发的《西藏自治区文物保护管理条例》中进一步规定西藏文物保护的范围是西藏境内"一切具有历史、艺术、科学价值的古文化遗址、古建筑、古墓葬、石窟寺、石刻、古脊椎动物及古人类化石;与重大历史事件、革命运动和著名人物有关的,具有重要纪念意义、教育意义和科学价值的建筑物、遗址、纪念物;重要的革命文献资料以及具有历史、艺术、科学价值的手稿、古旧图书、经卷;反映历史上各时代、各民族社会制度、社会生活具有代表性的民族、宗教文物等"②。这些相关规定不仅对文物管理部门,也对宗教部门和全社会提出了明确的要求。近年来,西藏自治区文物部门坚持国家提出的文物工作"保护为主、抢救第一"的方针和"有效保护、合理利用、加强管理"的指导思想,逐步推行"以国家保护为主,全社会共同保护文物"的新理念与新机制,已经取得了显著效果。在具体实施重点文物保护工作的过程中,积极落实文物保护"五纳入",即:纳入各级政府经济社会发展计划、纳入城乡建设规划、纳入政府预算、纳入体制改革规划、纳入领导责任制,这些举措都为今后西藏文物保护工作的可持续发展提供了有力的保证。因此,如何在充分认识西藏文物保护单位的属性和管理特点的基础上深化认识,采取行之有效的对应方略,至关重要。

---

① 国务院第145号令《宗教活动场所管理条例》,新华网,http://news.xinhuanet.com/ziliao/2005-11/15/content_3781680.htm。

② 罗布主编《辉煌的二十世纪新中国大纪录·西藏卷》,红旗出版社,1999,第677页。

第四章 西藏重点文物潜在资源分析

文化是民族生存与发展的重要源泉。近年来所提出的"文化软实力"这一概念，是对一个国家文化品质和力度的衡量。文化软实力具有形神兼备、虚实相生、软硬结合的特色，必须有硬性的物质条件作为支撑。在文化软实力中，有一个很重要的指标，就是其文化价值吸引力的大小。在这里，文化价值吸引力是提升国家文化软实力的根本核心，是指一种民族文化所包含的价值系统对国内外的吸引力。学术界有意见认为，在反映国家文化软实力强弱的文化价值吸引力指数列项当中，分别排列在第一、第二位的，是文物藏品总数及国家重点文物保护单位总数的多少[1]，由此可见国家重点文物保护单位对于一个地区、一个国家的文化价值吸引力具有何等的重要性。

在第二章、第三章中，我们已经对西藏历史文化资源的形成历史、目前已列入国家级和自治区级（省级）重点文物保护单位的各文物点的现状进行了分析比较，得出的一个基本结论是：西藏由于独特的自然与人文环境，在长期的文明发展进程中形成了丰富的历史文化资源，但目前西藏全国重点文物保护单位的数量不仅与全国各省、自治区、直辖市的平均值有较大的差距，即使是与同位于西部边远地区的周边各省区相比较，也处在一个相对滞后的状态，并与其历史文化资源的实际拥有状况极不吻合，与西藏实际具有的文化软实力、文化价值吸引力也很不协调。按照国务院现行的对全国重点文物保护单位评选与审核的标准来加以衡量，西藏具备申

---

[1] 熊正德、郭荣凤：《国家文化软实力评价及提升路径研究》，《中国工业经济》2011年第9期。

报全国重点文物保护单位的潜在文化资源十分可观，本章拟对此加以分析论证。

第一节　全国重点文物保护单位评选标准试析

在西藏丰富的历史文化资源当中，哪些具备申报全国重点文物保护单位的潜在资质？要回答这个问题，有必要首先对国家制定的全国重点文物保护单位的评选标准进行认真分析，在充分吃透相关政策的前提之下，再来重新审视西藏自治区现有的文物资源状况。

根据结束不久的由国家文物局所组织的第七批全国重点文物保护单位（以下简称第七批国保单位）评选过程中所制定的参考标准来看，包括有下述基本的要素。

首先，是评选的范围。第七批国保单位评选参考标准规定，第一，省级文物保护单位中价值重大的不可移动文物可列选；第二，市、县级文物保护单位中，尚未核定为国家级文物保护单位和不可移动文物和第三次全国文物普查新发现的不可移动文物中，"具有特别重大历史、艺术、科学价值的"，上述两条评选范围中凡申报条件经国家文物局审核合格者，均可列选为第七批国保单位的候选名录进入评审程序[①]。

结合西藏的具体情况来看，西藏自治区级（省级）文保单位的立项工作具备了良好的工作基础，现已公布224处自治区级文保单位，总体情况要优于国保单位的立项数；在市、县级文保单位立项中，西藏各地也相应地陆续公布了686处文保单位，其中不乏具有重大历史、艺术、科学价值者。尤其是近年来西藏在第三次全国文物普查工作中又取得了一系列重大的考古发现，其中可列入国保单位申报名录者也有相当数量。这些基础性的工作，均为西藏申报全国重点文物保护单位准备了充分的条件。

其次，是评选的原则。这里又可细分为价值性原则、真实性与完整性原则、其他原则等三个方面。

（一）价值性原则

所谓"价值性原则"，是对申报单位基本价值的客观认定。在第七批

[①] 参见国家文物局编发《第七批全国重点文物保护单位评选参考标准》（内部资料），2010年7月印发，凡本文所引有关国保评选标准皆出自此文件，不再重复注出。

国保单位申报对象中，规定其必须具有重大的历史、艺术、科学价值，并且至少符合下列标准之一："对揭示史前文化具有重要价值的；对反映古代历史时期社会政治、经济、军事、文化及其交流等方面具有重大价值的；对反映近现代政治、经济、军事、文化和社会发展，以及与重大事件和重要人物活动有关、具有突出价值的；对反映中国社会某一历史的美学思想、艺术发展等方面具有重要价值的；在建筑艺术、景观艺术、造型艺术等方面具有突出成就的；体现我国科学技术进步、促进社会发展和生活方式变化方面具有典型意义的；反映我国历史某一时期生态保护、灾害防御、聚落及城镇规划、工程设计、材料、工艺等方面突出成就的。"

从上述标准的设定来看，范围也是相当广泛的，其中既考虑到了不同文物点的时代早晚关系，也考虑到了不同文物点所代表和反映的社会政治、经济、文化、军事以及对外文化交流的各个方面；在具体层面上，既考虑到涉及上层建筑的美学思想、艺术发展等方面的遗存，如建筑、景观、造型艺术等，同时也考虑到反映社会生产力与生产活动的科学技术、工程设计、材料、工艺等领域的遗存，提供了相当广阔的操作空间。具体到西藏地区而言，基本上可以覆盖现存所有不可移动文物点的门类。

（二）真实性和完整性原则

作为不可移动文物点，有关文件规定"申报单位的主体或大部分，应为历史上遗留下来的真实的实物，且其时代、性质、特征基本明确，学术界对其价值的认识比较一致；体现申报单位全部价值所需因素中的重要及大部分，必须得到良好保存，拥有高度完整性，确保能完整地代表或体现申报单位价值的特色"。目前西藏自治区已经公布的区、市、县三级文物保护单位，其"真实性原则"均可得到保证，大部分文保单位也能满足"完整性原则"的要求。

（三）其他原则

在评选标准中，国家文物局还列出了若干条颇具灵活性的"其他原则"，例如："具有一定的代表性和典型性，或在地域、类型、形制、意义方面属于稀缺遗存，应予以重视"；"少数民族的遗存，在已公布的全国重点文物保护单位中没有涉及的，应予重视"。这些原则对于西藏地区而言都是十分有利的。西藏由于自然与人文环境方面的特点突出，有大量遗存可以列入在地域、类型、形制、意义方面具有独特性的遗存，如天葬台遗址、各种类型的玛尼堆等，均只存在于藏族地区，尤其在西藏高原最具特色，过去从未被列入到申报范围当中。国家高度重视少数民族地区内有关少数民族本身的遗存的申报工作，特别提出应对这类遗存加以重视，这实际上也为大量具有民族特色的不可移动文物点被列入国保单位提供了更为有利的条件。

上文中我们曾论及，在西藏各地已经立项的部分区、市、县级文保单位当中，有一部分古寺院是在改革开放之后在原址上恢复重建的，这些寺院往往在历史上具有一定的代表性，在某一地区具有重要的宗教影响，后来由于各种原因毁损，在党的十一届三中全会之后，由于落实宗教政策，得到当地政府资助或群众自发集资重建。对于这部分遗存，在国家文物局规定的"其他原则"中明确指出："从原址迁移的构筑物，现代重建和严重改建过的历史建筑，一般不予考虑。"按照这一原则，我们可以将此类遗存基本排除在申报名录之外。

此外，针对近年来我国文化遗产保护事业发展的新进展与新趋势，在其他原则中还提出对"具有代表性的乡土建筑、工业遗产、20世纪遗产、文化景观、文化线路等，应予重视"。这对于指导西藏自治区结合全国第三次文物普查的情况，对本地相关资源加以认真清理、从中选择具有重要代表性意义的遗存申报国保单位，也是很有实际意义的。

关于评选的标准，从大类上看，国家文物局下发的评选参考标准将评选范围划定为古遗址、古墓葬、古建筑、石窟寺及石刻、近现代重要史迹及代表性建筑、其他六个大类，在每一类下，又做出了更为具体、详细的规定。以其中的古建筑类为例，有如下类别和申报条件的参考标准设定。

（1）衙署建筑：指历史沿革清晰，整体布局保存较好的古代官衙。

（2）军事建筑：包括古城［城门及墙体部分保存较好，可以基本围合的古城墙；城台、城楼等主体部分基本保存完好，属于历史文化名城标志性建筑的城门（楼）或谯楼］、堡寨（防御体系完整，内部建筑主体部分基本保存完好，且从时代和类别上衡量，在本地区数量稀少，或富有特色的城堡和山寨）。

（3）宗教建筑：包括明代以前保存完整的寺观、明代以后在民族文化交流、中外文化交流方面具有重要价值，或在宗教文化传播、建筑形制方面具有典型性、独特性和唯一性的寺观建筑；元代以前的古塔；明代以后（含明代）具有地标性意义的风水塔和大型喇嘛塔；保存较好的塔林；著名高僧和高道的墓塔；少数民族地区具有民族文化融合特征的其他形制古塔。

（4）教育建筑：包括著名的学堂和书院建筑；在教育史上具有开创意义的重要学堂和书院建筑；在少数民族集聚区具有一定代表性、为推进当地文化教育事业发展做出了重要贡献的书院和学堂建筑。

（5）祭祀建筑：能够反映一定时期、特殊阶层或特定地域社会民众普遍精神追求的坛庙建筑；对一定区域内同类建筑形制具有向心性作用的宗祠；名门望族的宗祠或支祠。

（6）居住建筑：具有一定时代特征或地域性代表的王公贵族府第；对研究所在城市格局演化及地方建筑形制具有重要参考价值的官邸；布局完整，整体上或主要部分能够真实显示其时代、地域特征的大型宅第；历史名人故（旧）居；建筑选址具有一定的科学性，规模较大、保存较好、传统地方特色显著的乡土建筑群；工艺精湛、地域和时代特征明显的古民居；少数民族聚居地区，具有显著民族特色和典型意义的传统民居；具有特定历史阶段印记，构筑方式和形态独特的岩（穴）居群。

（7）园囿建筑：具有里程碑式意义的苑囿园林；著名的苑囿园林；代表一定地域特色、能够与历史文献相印证的苑囿园林。

（8）交通、水利等设施：元代以前（含元代）的古桥；明代以后（含明代），地处重要交通要冲，体量较大，工艺、造型独特，或具有少数民族特色的各类古桥；历史上曾发挥过较大作用的大型驳岸；具有商埠、口岸作用的历代知名码头；明代以前（含明代）设立、至今仍在广泛发挥作用的大型堤坝渠堰等水利设施。

（9）商业建筑：重要文化线路上具有节点意义的重要商铺或会馆；与重要历史事件或历史人物相关联的商铺或会馆；规模较大，布局结构较完整，具有一定地域代表性的商铺或会馆。

（10）传统工业建筑：具有一定规模，反映了我国在造纸、制茶、酿酒、压榨、纺织、制盐等传统手工艺方面具有突出成就的作坊建筑。

（11）其他类建筑：独立存在，建筑技术和艺术精湛，在同类建筑中具有一定代表性，或属于重要导向性、标志性建筑，如牌坊影壁等；在建

第四章
西藏重点文物潜在资源分析

筑艺术、景观艺术、造型艺术等方面具有突出成就的亭台楼阁及其他独立存在的建筑小品；元代以前开凿，沿用至今或使用功能尚存的水井、人工池塘、泉眼。

古建筑从来是西藏各级文物保护单位当中数量最多的门类，但从目前已经立项的35处国保单位来看，绝大多数均为宗教建筑类的寺院建筑，其他的门类仅有1处园囿建筑（罗布林卡）、2处居住建筑（朗色林庄园、拉加里王宫）、1处石塔（山南松卡石塔）。对照上面国家文物局第七次国保单位申报参考条件中所列举的11类建筑来看，其中的衙署建筑、军事建筑、教育建筑、祭祀建筑、交通、水利等设施、商业建筑、传统工业建筑等门类都是空缺。但事实上如果认真加以清理和发掘，西藏古建筑的门类与特色不仅不输于内地其他省区，而且还更具有地域性、民族性特征。

如果我们将眼光放到目前已立项为西藏自治区级和市、县级的文保单位中来审视，情况就会有所改观。如在自治区级文物保护单位中，已将山南错那碉楼式民居、林芝秀巴碉楼群、昌都左贡邓达古民宅、日喀则市南木林孜吾铁索桥、波多铁索桥、昌都芒康古盐田遗址、那曲热色多让列石群、次玛荣石构遗迹、比如古木桥等古建筑类别立项列入，弥补了西藏自治区文物保护单位在古建筑门类上的单一与不足。在市、县级文保单位中，还出现了日喀则市吉隆县贡塘王城遗址、山南乃东"猴子洞"、山南浪卡子县达隆祭坛、山南洛扎县拉普温泉等更多不同类型的古建筑门类，显示出西藏文物资源的丰富蕴藏和不同特色。如果从中认真筛选、精心准备申报材料并加以科学论证，能够有望进入到国保单位名录的古建筑数量一定会有较大的突破。

上文中我们仅仅以古建筑为例加以分析，在其他的古遗址、古墓葬、石窟寺及石刻、近现代重要史迹及代表性建筑等门类中，类似的例子还可以举出不少（有关资源的具体情况我们将在下文中详加分析）。因此，在深刻领会和把握国家文物主管部门有关全国重点文物保护单位的评选标准之后，有必要对西藏自治区级（省级）和市、县级文物点资源做一番深入、细致的梳理，对其中可望申报全国重点文物保护单位的潜在优质资源加以分析、论证，真正从历史、艺术、科学等价值上加以认识，为新一轮国保单位的申报工作做好充分准备。

第二节　西藏重点文物潜在资源分析

　　什么是西藏重点文物？它们必须具备哪些标准？只有对这两个基本概念有了清晰的认识，才有可能从西藏众多的文物资源当中择优加以遴选。结合上文中全国重点文物保护单位的评选参考标准，我们可以试将其归纳为：它们应是西藏从史前至古代、近现代各个历史时期具有重要历史、科学、艺术价值的不可移动文物点；它们能够揭示西藏的史前文化面貌，能够反映不同历史时期西藏政治、经济、文化、军事及其对外文化交流和社会发展；它们能够反映西藏社会某一时期的重大事件、艺术发展、科技水平、生活方式与生态环境的变化。凡具备这些基本条件，同时又具有一定地域性、民族性、代表性者，便可视其为西藏重点文物，而无论其现今是否被列入到哪一级的"文物保护单位"当中。

　　下面，我们试以西藏自治区级和市、县文物保护单位作为参考，结合历次西藏全区文物普查的情况，按照不同类别对西藏重点文物潜在资源举例加以分析。

一　古遗址

　　西藏高原从史前时期直到各个历史时期，均有不同类型、性质、功能的古遗址得以保存至今。按照时代特征，我们可以将其划分为史前时期和历史时期两个大的阶段来加以分析探讨。

　　（一）史前时期

　　西藏史前时期的古遗址目前考古发现的主要是不同规模、等级的原始聚落遗址，尚未发现史前时期的城址。其中已列为国保单位的有昌都卡若新石器时代遗址。而在自治区级文保单位中，还有三处重要的史前遗址，一是位于拉萨市郊的曲贡遗址，二是山南地区昌果沟遗址，三是昌都小恩达遗址，均可列入申报国保单位的后备目录。

　　有关拉萨曲贡遗址的情况，我们曾在第二章中有所论及，其重要性可以说与卡若遗址具有同等学术价值。卡若遗址位于藏东昌都，而拉萨曲贡遗址却是发现于西藏高原腹心地带的一处新石器时代遗址。曲贡遗址位于拉萨市北郊约5公里，面向拉萨河谷盆地，发掘面积500多平方米。遗址中出土了相当丰富的遗物，种类包括石器、陶器、骨器等几个大类。其中石器近万件，分为打制与磨制两类，有石锤、砍砸器、刮削器、切割器、雕刻器、锥状器等。陶器器形主要有单耳罐、双耳罐、圜底钵、高柄豆、高领鼓腹罐等，陶质多为泥质陶，陶色以灰色、黑色为主，多见磨光黑陶，器表打磨光滑，并压划有变化丰富的几何纹饰。骨器类有针、锥、笄、镞等。装饰品有骨笄、耳坠、陶环、石环、猴面饰物等。在遗址内的灰坑遗迹中发现葬有人头骨或人骨架，这些非正常的埋葬可能与某种杀祭仪式有关。遗址内出土了大量收割器具和加工谷物的磨盘，还发现了大量兽骨、鱼骨和渔猎具，表明当时已有了大面积的谷物种植，反映出新石器时代曲贡人的经济生活是以农耕为主，兼营畜养和渔猎。与拉萨曲贡遗址关系较为密切的，还有后来在拉萨河谷发现的贡嘎县昌果沟新石器时代遗址、堆龙德庆县乃琼乡达龙查新石器时代遗址等。

曲贡遗址的发现，是西藏史前考古的一个重要收获，它与卡若文化具有一定的相似性，但二者的区别更为明显，如曲贡遗址中极少见到磨制石器和细石器；两个文化具有不同的陶器群；曲贡遗址中已经出现铜器，而卡若文化不见铜器，等等。目前学术界倾向认为两者之间没有直接的关系，认为"曲贡文化是一支地域特征很强的远古文化遗存，它是雅鲁藏布江中游地区的有代表性的晚期史前文化遗存"[1]。所以从某种意义而言，如果说卡若遗址的发现为藏东地区新石器时代文化谱系树立了一个标尺的话，那么曲贡遗址的发现则为西藏中部地区新石器时代晚期文化树立了另一个标尺，如果将曲贡遗址列入国保单位，其学术价值是完全可以成立的。

但一个令人担忧的现状是，由于曲贡遗址并未及时申报并获准列为国保单位，其保护状况与卡若遗址相较差距甚远，据笔者近年来实地调查，遗址由于附近藏族群众建筑取土、取石受到人为破坏情况较为严重，在已发掘清理区域之外，原应加以保护的遗址本体地表满是取土取石后遗留的坑窝，地面上随处可见散乱的陶片和石器碎片。加之某部在此扩建营房工程，也将遗址部分覆盖。

山南贡嘎县昌果沟遗址在前面第二章中我们也有所论及，具体情况不

---

[1] 中国社会科学院考古研究所、西藏自治区文物局：《拉萨曲贡》，中国大百科全书出版社，1999，第222页。

西藏重点文物保护单位的现状、潜在资源分析与保护对策

再复述,这里仅要强调指出的一点是,这处遗址最大的收获是原始农作物种子——粟和青稞的发现。1994年、1995年两次在遗址编号为H2的灰坑当中发现栽培作物遗存,其中数量最多的是脱壳炭化粟〔Setaria italica L. Beaur〕共279粒;其次是大麦属的青稞(Hordeum vulgare L. var nudum)125粒,除此之外还鉴定出1粒小麦属中的普通小麦(Triticum aestivum L.)以及"尚需进一步鉴定才能确认的"1粒裸燕麦(Avena. nuda L.)、1粒豌豆(Pisum sativum L.)的炭化粒、草本植物"人参果"(Potentilla anserina L.)的地下茎炭化物、几个似为青稞茎节部的炭化碎块、2个似为中空的青稞茎秆的炭化筒及其碎片等①。经碳14鉴定、树轮校正后该遗址年代的上限为公元前1370年,或为距今3370年前后②。青稞是藏民族的传统主食,藏族迄今仍主要食用以青稞麦粒炒熟后磨制成的"糌粑"面,并普遍饮用青稞麦酿制成的"青稞酒",藏族与青稞有着源远流长的历史联系。昌果沟遗址考古出土的青稞炭化粒,是迄今为止青藏高原发现的年代最早的麦类植物,所以,如果将这处遗址申报为国保单位应有充足的学术支撑。

昌都小恩达遗址与卡若遗址关系密切,发现于1986年第二次全国文物普查当中,由西藏自治区文物普查队进行了调查与试掘工作③。在此处遗址中发现较完整的房屋遗迹3座、灰坑1座、窖穴5处,出土了大量的打制石器、细石器、磨制石器、骨器及陶片等。遗址所反映的文化面貌与卡若遗址以及林芝、墨脱等西藏东南部的几处原始遗址有着一定的联系,在生产工具、生产技术方面体现出与上述遗址的原始居民某些共同的特征,表明这里居住的原始居民已进入以农业为主的定居生活,只是年代上可能要稍晚于卡若遗址。小恩达遗址的发现扩大了西藏地区新石器时代遗址的分布范围,对于研究西藏早期和黄河流域原始文化的关系及西藏原始文化都具有重要的意义。

但是,这处遗址和拉萨曲贡遗址一样也面临着同样的困境。由于未能申报为国保单位,遗址受到的自然破坏和人为破坏都较为严重。笔者曾两

---

① 傅大雄:《西藏昌果沟遗址新石器时代农作物遗存的发现、鉴定与研究》,《考古》2001年第3期。
② 傅大雄:《西藏昌果沟遗址新石器时代农作物遗存的发现、鉴定与研究》,《考古》2001年第3期;中国社会科学院考古研究所西藏工作队、西藏自治区文管会:《西藏贡嘎县昌果沟新石器时代遗址》,《考古》1999年第4期。
③ 西藏自治区文管会文物普查队:《西藏小恩达新石器时代遗址试掘报告》,《考古与文物》1990年第1期。

次调查过小恩达遗址的保存现状，虽然在遗址内也有当地政府竖立的自治区级文物保护单位的标志物，但修筑乡间公路时道路从遗址中穿过，后来学校修建运动场又对遗址造成了多次破坏，加上长期水土流失，遗址文化层出露严重，保存状态令人担忧。笔者在近期的调查中获悉，在国家"十二五"文物保护规划中，对小恩达遗址已再次进行了考古试掘，在遗址中发现古墓葬，出土了大量石器和陶器等文物，更加丰富了对这处史前遗址文化面貌和性质的认识①，对其进行全面保护与开发利用也提上了日程，可望拯救这处遗址于灭绝之边缘。

上述曲贡遗址、昌果沟遗址和小恩达遗址三处史前遗址如果按照国家文物局申报国保单位的标准来衡量，都符合以下原则：第一，以该遗址命名为某种文化或类型，且得到学术界公认，保存尚可。第二，具有一定规模，做过相关田野工作，学术影响较大。第三，遗址虽然已经受到不同程度破坏，但还保存基本完整。因此，从西藏目前所发现的史前遗址来看，这三处遗址是具有潜力申报国保单位的。

西藏近年来考古发现的其他几处史前遗址，如山南邦嘎遗址、藏北加日塘遗址等，虽然目前因为考古工作开展还不够充分、遗址保存状况不够理想等原因尚不具备申报国保单位的条件，但也应继续加强工作，积累资料，发挥其应有的价值与作用。

（二）**历史时期**

在现已列入西藏自治区级文保单位的历史时期古遗址当中，不仅有大量优质的文物资源潜伏其中，而且有一些遗址的类别也独具特点，蕴含着丰富的历史文化信息，文物实体也具有很强的可视性。下面，笔者根据多年来的实际田野工作获取的资料，列举数个门类加以论证。

1. 古碉楼

在西藏西南部的河谷山川当中，分布有不少古碉楼，它们依山而建，傍水而立，建筑雄奇，而且往往与秀丽的自然景色融为一体，成为藏南和藏东南一道独特的风景线。其中，山南地区洛扎县的古碉楼群、林芝市工布江达县境内的秀巴古碉楼群最具代表性，但过去很少引起人们的关注，

---

① 2012年，由西藏自治区文物保护研究所承担了对这处遗址的考古发掘与保护规划，有关资料正在整理中。

笔者曾经对这两处古遗址作过实地考察，留下十分深刻的印象。

洛扎县的古碉楼群主要分布在中印边境线上，在其两镇、五个乡均有分布，尤其以色乡、边巴乡等山谷地带分布最为密集[①]。和四川地区羌族与藏族的碉楼相比较，无论是从外部形态上，还是从内部构造上，洛扎碉楼都与之十分相似。从外观上看，它们可以分为单碉和复式碉两种基本形制，单碉，是指单独修建的一座碉楼；而复式碉的情况则较为复杂，有的是一座碉楼与一组碉房相结合，有的是一座或者几座碉楼相互结合，还有的甚至是碉楼与碉房、通道等石砌建筑物相结合，形成一组功能不同但却成为配套的石砌建筑物。从内部结构上看，这些碉楼都采用打制得十分规整的大石片垒砌而成，每一层楼层之间用木枋间隔，上面原来可能铺放有层板，现在这些层板大都腐朽坍塌掉了。从外面看上去每层楼的墙面上都开设有长方形的小孔，既可以作为观察孔，稍大一些的可能也能作为冷兵器时代的射击孔。洛扎碉楼的外形大多是四角碉楼，而没有看到四川碉楼中的六角或者八角碉，在建筑构造上，洛扎石碉中央有一条从碉楼顶部直通向底部的凹槽，这也不见于四川的古石碉。

洛扎碉楼中有一些是具有典型代表性的复式碉，这类碉楼的特点是除了高耸的一座碉楼以外，四周还附带建有石砌的碉房，在碉房的外面有连接石砌的通道（图4-1）。在碉楼的内墙上，有和四川古碉楼完全相似的踏脚石，它们是在砌筑石墙时有意留出的凸出于墙面的石片棱角，交错着伸出墙体，可以供人向上登援踩踏。由此也可以推测原来在碉楼内是不设阶梯的，而平时或许会使用一截用树木斫成的独木梯供人上下，当有危急情况发生时，可以从上面抽掉这架木梯，守住每层楼的入口，即可防止敌人攻进碉楼。让人更感到惊叹的是，洛扎碉楼在石工砌建时，都不用墨线垂球之类传统的建筑工具来照准，而主要是靠石工的经验用肉眼来观察墙面垂直与否，从地面一直向上砌成高墙。石片和石片之间，也不采用任何黏合材料，而主要靠用小石片来修正平整每一层砌石的水平度，中间稍微用泥浆充填即可重叠而上，高达几十米，这种高超的建筑技巧也和四川羌寨与藏寨中的古碉楼如出一辙。

[①] 以下所述洛扎县境内古碉楼情况均系笔者实地调查所获，除特别注明者外，均出自调查资料，不再重复注释。

图4-1 洛扎县曲西上村古碉楼群（霍巍摄）

在今天川藏东部地区，文献记载这种高大的石碉楼最早可见于《后汉书》中的《南蛮西南夷列传》，说当时居住在汶山郡（今四川西部高原）的土著民族（"六夷七羌九氐"）"皆依山居止，累石为室，高者至十余丈，为邛笼"。后来在《隋书·附国传》中也有类似的记载，说附国就是汉代的西南夷，他们的居所都是"垒石为巢而居"，高者可至十余丈，最低的也有五六丈，对这种石碉楼的内部讲得更加详细："每级丈余，以木隔之，基方三四步，巢上方二三步，状似浮屠，于下级开小门，从内上通，夜必关闭，以防贼盗。"和文献记载相互对照，洛扎的这些石碉楼也是依山建立，碉楼内部的构造也十分相似。

这些深藏在藏南山谷中的碉楼是何时修建的？是什么人修建的？它们有着什么样的功能？采用民族学的调查方法，笔者曾向当地群众进行过实地调查。据几位藏族老人介绍："我们的前辈把这些石房子称为卡尔宗，意思是哨卡，也有人说原来是用来抓大鹏鸟的。最高的石房子有九层楼高，听老人说过去的习惯是每一代人都要向上修一层楼，楼层越高，就说明这家的人丁越兴旺。"当笔者问及是什么人、大概是在什么时候开始建起的这些石碉时，几位老人的说法就各不相同了，有的说最早的碉楼在吐蕃王朝松赞干布时便开始修建了，后来在吐蕃末代赞普朗达玛时遭到破坏；也有的人说听前辈讲是在西藏与蒙古发生战争时修建起来的，低一点的石房子里面可以屯兵住人，特别高的石碉楼才是哨卡，站在碉楼上远远望见敌军便可以通风报信。

西藏古代的碉楼这一文化现象早年也曾引起法国学者 R. A. 石泰安先生的关注,他曾经对此有过记录,这也是迄今为止笔者所知对洛扎古碉楼最早的文字记录。他在《西藏的文明》一书中写道:"事实上,所有的人都知道代表吐蕃时代特点的那些设计大胆而结构巍峨的石砌建筑:宫殿、堡寨、寺庙,甚至包括一些私人住宅,这样一种建筑术并不是由游牧民所创造的。这种建筑的雏形在6世纪的附国和吐蕃东部的东女国就已经出现了,即一些高达九层的防御塔和住宅,其高度近25米到30米。这些塔经常是八角楼,近代羌族人和康巴其他地区的建筑仍保留此特点;同时在工布和洛扎也出现过这类建筑,它们高达9~10层,或为八角形,或为方形,墙壁很厚,这样的九层塔在12世纪初就于工布出现了。众所周知,无论是今藏族人还是羌人中,就连住宅也酷似一堡垒。"① 石泰安先生提出的一些看法很有启发意义,比如他认为这种高耸云天的古碉楼的雏形可以追溯到6世纪的附国和吐蕃东部的东女国,这对考察洛扎石碉的渊源很有帮助;他还提及除在洛扎之外,工布地区也有这类石碉发现,近年来在林芝市发现的石碉楼和洛扎石碉楼无论从外部形态还是内部构造上看都非常相似,证明他的看法可信。

从上可见,洛扎石碉楼在西藏古代文化史、建筑史上占有重要的一页,无论是从建筑工艺、用途功能还是从其文化内涵上来看,在它的背后,都隐含着十分丰富而珍贵的历史信息有待今人去识读。这种石碉从四川西部到西藏东南一线近年来都有考古调查发现,这对于结合古文献和民族学资料重新认识古代羌藏文化之间的关系、古碉文化的起源与传播、藏族古代建筑艺术等重大问题都提供了大量的新资料。不仅如此,这些高大雄奇的石碉与藏南谷地优美的自然风光结合在一起,也是极佳的旅游文化资源可供开发利用。而目前的当务之急,首先是要对已经查明的藏南古碉楼采取紧急保护措施。过去由于人们对它的重要价值认识不足,缺乏文物保护意识,许多石碉已经遭到自然或者人为的破坏。以洛扎色乡石碉群为例,当地80多岁的次仁扎西老人就介绍说:"我们这一带,这些石房子原

---

① 〔法〕R. A. 石泰安:《西藏的文明》,耿升译、王尧校,西藏自治区社会科学院西藏学汉文文献编辑室印,1985,第114页。

来有160多座，后来的人建房子、修路要用石材，好多都被拆毁了。"笔者在调查中也发现，大多数石碉都已经受到不同程度的毁坏，顶部多已坍塌，有的只剩下一道残墙。令人感到欣慰的是，调查中从洛扎县民族宗教事务局罗布局长处获悉，西藏自治区文物管理部门已经派工作人员对洛扎石碉作了详细的调查并制定了保护规划，洛扎县政府也正在积极采取有效的保护措施。最近从山南地区文物局调查所获知的情况来看，国家已将其列入"十二五"山南地区文物保护总体规划当中，可望获得近1亿元的保护经费进行总体规划与实施保护工程，山南地区文物局也成功申报洛扎石碉群列入世界文化遗产预备名录①。由此可见，将其申报为全国重点文物保护单位已经具备极其充足的学术依据和重要的现实意义。

林芝市工布江达县境内的秀巴古碉楼群和洛扎古碉楼群有着相似的情形，无论从建筑式样、工程技术水平等各方面来看，它们都应属于同一文化体系的遗存。秀巴古碉群是一处由7座古碉楼构成的石构建筑群，这些石碉均为石砌而成，平面呈八角形。过去当地群众由于不了解它们的重要价值，常常从石碉上拆取石材建房修路，导致其中两座石碉已经完全被毁。但一个可喜的现象是：随着当地旅游的不断升温，人民群众的文物保护意识也开始不断增强，像秀巴古碉群这样一些过去鲜为人知的文物古迹的历史文化价值，也逐渐被民间发掘认识，列入当地旅游参观的景点。现在秀巴村的村民们不仅自发地将余下的五座石碉编号加以保护，不再让其遭到破坏，而且还自发地将其开发为一处旅游点对外开放，制作了简单的说明文字招牌置于公路的显要位置。秀巴村村委会甚至早在文物部门介入之前，便主动积极呼吁请求有关部门对这处碉楼群进行科学规划，加以修葺保护，体现出高度的自觉性。这个例子一方面说明，只要充分依靠群众，调动广大人民群众的积极性，让文物成为人们生活中有机的组成部分，使之能够造福于民，西藏的文物保护事业才真正会成为全民族的共同事业，才会根植于民，根深叶茂，永远长青。另一方面，也促使文物部门进一步加快工作步伐，有计划、有准备地将这类潜在的优质文物资料加以开发、保护和合理利用。

2. 阿里古格时期的佛教遗址

在已经公布的西藏自治区级文物保护单位中，还有一批属于古格王国时

---

① 有关资料由山南地区文物局提供，为山南地区"十二五期间文物保护规划"的一部分。

期的古遗址，它们都位于远离西藏腹心地带的西部地区，过去对其重视程度不够，所设立的文物保护单位无论是在级别上还是在数量上都与实际的文物资源状况有着很大的反差。例如，位于阿里地区札达县境内的皮央·东嘎遗址、多香遗址、玛那寺及玛那遗址、香孜遗址、东嘎·扎西曲林寺遗址、达巴遗址、普兰县境内的香柏林寺遗址等，都是始建于古格王国早期（约11~13世纪），虽然在后期经过多次修葺，但其建筑的基本布局和格局都还保留了早期的风格。古格王国时期的这批古遗址具有的共同特点在于，它们均具有"政教合一"的性质，既是一个地区的政治统治中心，同时又是宗教和文化的中心，所以体现在建筑布局上往往是集城堡、寺院、石窟、佛塔、玛尼石墙等多种形式的建筑物于一体，从山顶到山下呈垂直分布，景观特点十分鲜明。这些古遗址中保留了大量佛教绘画、雕塑、建筑等遗存在内，具有很高的艺术价值，也是西藏西部地区将来发展旅游业的丰厚资源。

以其中的皮央·东嘎遗址为例，这是一处集史前居住遗址、古代墓葬、古代岩画、古代佛寺、石窟、佛塔群等多种形态的古代遗存于一体的大型遗址[1]。尤其是在东嘎和皮央两个自然村落中保存下来的古格王国时期的佛教石窟群规模巨大，在礼佛窟[2]中发现了大量绘制精美的佛教壁画，它的发现被海外媒体称之为"高原敦煌"再现，其学术价值和艺术价值都极其重要。众所周知，石窟寺艺术长期以来一直是西藏高原佛教艺术的一个空白，随着皮央·东嘎等古格时期石窟寺遗址群的考古发现，才终于填补了这一空白。迄今为止，西藏西部的札达县境内先后经考古调查发现的属于"礼佛窟"性质的石窟有近40孔，这也是全球范围内在20世纪末发现的海拔最高、规模最大的高原石窟群。以皮央·东嘎石窟为代表的西藏西部石窟佛教壁画，多用当地所产的矿物质颜料绘制而成，颜料中含有大量动物骨胶，所以虽历经高原上长年的风沙侵袭，仍不失其艳丽色泽。壁画的内容有佛、菩萨像、比丘、飞天、供养人像、曼荼罗、佛传故事、礼佛图以及各种各样的装饰图案。西藏西部石窟发现最多的札达盆地，由于其山岩均为第三纪的古老湖相沉积，因切蚀作用形成若干崖壁，在构造形貌上与新疆、敦煌一带的

---

[1] 四川大学中国藏学研究所等：《皮央·东嘎遗址考古报告》，四川人民出版社，2009。
[2] 所谓"礼佛窟"，是指主要由佛教信众出资开凿的、对佛进行礼祭崇拜的石窟，由于这一功能特点，其窟内遗存的壁画往往是最为丰富和最为精美的。

石窟崖面相同，多为易于风化的砾岩或沉积岩，所以西藏西部的石窟也多在窟内壁面上先抹一层草拌泥，再涂一层白色石灰面，然后再绘制壁画、塑造佛像，表现出与新疆、敦煌石窟相同的构建方法。所以，西藏西部发现的这些佛教石窟，与"丝绸之路"西段的佛教石窟之间有着密切的联系，是我国佛教石窟艺术链条上不可分割的重要一环。

在西藏西部发现的这些礼佛窟中，内容最为丰富的是东嘎1号窟，它高约6米，进深、面阔均近7米，整个窟内四壁和顶部绘满了不同的壁画，顶部凿成四层相互交叉重叠的套斗形（图4-2），分别绘有9重图案，画风华丽而典雅，有五鹿相环、八凤相环、四龙相环（图4-3）以及双鸡对立、一虎逐三羊等姿态活泼、造型各异的动物图案，它们与倒立、承柱、抛丸等各种姿势的伎乐人像交织在一起，显示出浓郁的异域情调。四壁的中心部位，则绘佛教密宗的曼荼罗图（图4-4），象征着特殊的宇宙世界。窟壁最下部则用分格绘制的方法，绘有完整的佛传故事，讲述了释迦牟尼从诞生到涅槃的一生。石窟壁画中，还常可见到当时出资建窟的供养人形象（图4-5、图4-6），他们大概主要是当时古格王国的达官显贵，身穿一种带三角形大翻领的长袍，男性王公贵族头上戴宽沿毡帽、脚着长筒皮靴；女性则头梳形似新疆维吾尔族妇女的多条小辫，或包扎头巾，有的骑马，有的坐车。

图4-2 东嘎Ⅰ区第1号窟窟顶

采自四川大学中国藏学研究所、四川大学考古系、西藏自治区文物局《皮央·东嘎遗址考古报告》，四川人民出版社，2009，彩图5。

图 4-3 东嘎 I 区第 1 号窟窟顶壁画中的四龙相环

采自四川大学中国藏学研究所、四川大学考古系、西藏自治区文物局《皮央·东嘎遗址考古报告》，四川人民出版社，2009，彩图 16。

图 4-4 东嘎 I 区第 1 号窟西壁曼荼罗

采自四川大学中国藏学研究所、四川大学考古系、西藏自治区文物局《皮央·东嘎遗址考古报告》，四川人民出版社，2009，彩图 9。

图 4-5　东嘎 I 区第 1 号窟门楣壁画中的骑羊人物

采自四川大学中国藏学研究所、四川大学考古系、西藏自治区文物局《皮央·东嘎遗址考古报告》，四川人民出版社，2009，彩图 20。

图 4-6　东嘎 I 区第 1 号窟门楣壁画局部

采自四川大学中国藏学研究所、四川大学考古系、西藏自治区文物局《皮央·东嘎遗址考古报告》，四川人民出版社，2009，彩图 19。

由于佛教殿堂壁画与石窟壁画两者之间的宗教功能相同，因此这两者内容题材也有许多共性，只是表现载体不同而已。通过考古调查发掘获得的古格故城各个殿堂、托林寺集会殿、皮央·东嘎以及帕尔宗、帕尔嘎尔布等石窟遗迹中的壁画，人们或许可以从中体味到被国内外藏学家惊叹不已的"古格式样"佛教绘画艺术流派的独特风韵，从而也自然成为近年来海内外旅游者追捧的热点。

但是，与实际情况不相对应的是，目前阿里地区仅有托林寺、科迦寺和古格王国故城遗址 3 处被列为国保单位，上述遗址（包括皮央·东嘎遗址在内）均未能列为国保单位，致使阿里地区文物保护工作在力量投入上严重不足，更缺乏长远的保护规划，也未采取有效的保护措施，近些年来文物被盗、壁画被切割的现象时有发生。在这样的情况下，面对阿里通航和自拉萨至狮泉河镇柏油路开通之后国内外游客急剧增加的局面，是很难保证不出问题的。笔者曾经撰文呼吁："西藏历史文化遗产和全国各地的历史文化遗产一样，同样面临着十分严峻的挑战，以公布设立各级文物保护单位的形式进行保护管理，比以往任何历史时期都更为重要"，其中所列举的例证也包括阿里古格王国这批古遗址在内①。

3. 古墓葬

目前列入国家级文物保护单位的古墓葬仅有山南琼结藏王陵墓、朗县列山墓地、拉孜查木钦墓地、洛扎吉堆墓地4处古墓葬。我们在第二章中曾指出，经过多年来的考古调查工作和三次全区文物普查，西藏发现的古墓葬类型丰富、分布广泛、数量众多，其中有许多都具有很高的科学研究价值，反映了西藏自远古时期直到吐蕃王朝建立之后各个历史时期在丧葬制度上的变化与演进，也是藏民族形成过程中重要的考古实物证据。

例如，曲松县发现的井嘎塘墓地，是一处规模宏大、气势雄伟的古墓地。墓地占地范围东西长达1500米，南北宽约260米，总面积达39万平方米，墓地内共发现大、中、小型墓葬21座，可分为东、西两个墓区，东区共有13座墓，其中封土底边长度在20米以上的大墓有5座。在墓地最中心部位，排列着三座大墓，分别编号为第14、第15、第16号墓，最为壮观。以编号为M14的大墓为例，封土平面为方形，前边长62米，两侧边长64米，封土残高6～8米，从下至上可分为墓基与墓身两部分，墓基采用石块层层叠砌而成，石块之间以泥浆作为黏合剂，残高0.8～1米。墓身分为内外两层，内层为石块砌筑的网格状隔墙，在石格中填以碎石及泥土并经过夯打；外层由两道护框构成，其中内侧为分层夯筑的夯土护框，夯层厚15～20厘米，夯层间夹薄石板一层并逐层向上内收，外侧的石砌护框用石块紧贴夯土护框叠砌而成，并逐层向上内收，外层厚约4米（包括夯土护框和石砌

---

① 霍巍：《全球现代化背景下的西藏文物保护战略与策略的思考》，《中国藏学》2011年第3期。

护框）①。这样复杂的墓葬建筑技术和如此规模的宏大封土墓与位于西藏山南琼结县境内的吐蕃王陵（俗称藏王墓）相比并不逊色，应是这个地区最高统治者的墓葬。结合曲松县井嘎塘墓地所在地域内的历代最高统治者情况分析，井嘎唐墓地很可能与此地的拉加里王系有关，是反映拉加里王丧葬礼制的重要实物材料，也可以从中观察到吐蕃王朝墓葬制度对各地方统治者所产生的影响。除此之外，在这个墓地的东、西两个墓区的地面还发现多条长度不一、纵横相连的石框，这类石框用石块在地表砌出，高出地面 0.2~0.5 米，宽 2~5 米不等，其方向与墓区分布排列的方向也大体一致，走向既有直线也有转折。据笔者推测，这类石框很可能具有区分"茔域"的性质②，为吐蕃时期墓葬制度和具体的营葬方式提供了不可多得的重要研究资料。然而，这样一处重要的古墓地迄今为止没有被列入国家级重点文物保护单位，其潜在的历史文化价值、旅游文化价值都是不容低估的。

又如加查县冷达乡境内的邦达墓地，墓区范围南北宽约 250 米，东西长约 600 米，分布着大小墓葬共计 20 座，分为三组排列。这 20 座墓均为封土墓，其形状可分为梯形及塔形，塔形墓仅有一座，其余均为梯形墓，后者的基本特点是以墓葬的宽边（前边）面对河谷，其窄边（后边）背靠山体而建，其两腰构成封土的两侧边，依山势形成前高后低的台状墓丘，其中规模最大的一座墓为 M8，封土前边长 30 米，后边长 20 米，两侧边长 24 米，封土残高约 8 米。从结构上看，它与曲松县井嘎塘墓地具有共同的特点，封土分为墓基和墓身两部分，墓基用片石平行叠砌而成，墓身部分则以分层夯筑的封土形成，夯层逐层向上内收，从其两个侧边上可见到较为规整的石砌边框。这处墓地的规模虽然不算很大，但明显是经过事先布局的，墓葬分布错落有致，以大墓居中，其余中小型墓葬依次排列于周边，形成等级分明的墓葬格局③。为了摸清邦达墓地的考古学年代、性质、墓葬的内部构造诸问题，对墓地中的 M2 进行了考古清理发掘，获得了关于吐蕃时期墓葬营建方式与技术的第一手资料。发掘情况表明，墓葬的封

---

① 霍巍等编写《错那、隆子、加查、曲松县文物志》，西藏人民出版社，1993，第 190~193 页。
② 霍巍等编写《错那、隆子、加查、曲松县文物志》，西藏人民出版社，1993，第 193 页。
③ 霍巍等编写《错那、隆子、加查、曲松县文物志》，西藏人民出版社，1993，第 193 页。

土从上至下可分数层，墓顶部有土石层覆盖，土石层之下为铺石层，由平铺于墓顶之上的数层石板构成。铺石层之下为呈网格状的砌石层，其平面由横、竖各四列的石墙构成横三竖三的"九宫格"式，每一个石格内填充以结构紧密的沙土、碎石，墓葬的入口（墓口及墓道）位于九宫格的后半部，上面再用经过粗略加工后的石块覆盖其上。整个墓室的结构由墓道、门道、主室及两个侧室组成，墓顶做成四角攒尖的穹隆顶式样（图4-7）①。在目前调查发现的吐蕃时期墓葬中，经过科学考古发掘清理的墓葬为数不多，在西藏腹心地带发掘清理的古墓就为数更少。邦达墓地的考古调查与发掘对于认识吐蕃墓葬的墓地营造和内部构造，所起到的作用与收获的科学价值都是弥足珍贵的。目前这处墓地已被列为西藏自治区级文物保护单位，将来在发展当地旅游事业和科学考察等方面活动中所能够发挥的作用是完全可以预期的，同样具有很大的提升空间。

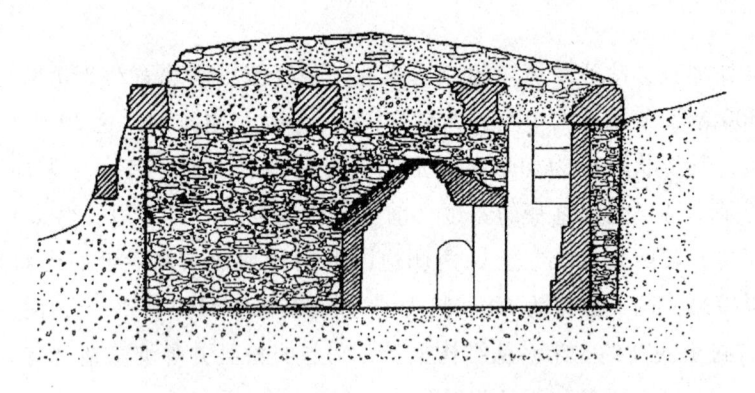

图4-7 加查县邦达村 M2 结构图纵剖面

采自霍巍、李永宪、更堆《错那、隆子、加查、曲松县文物志》，西藏人民出版社，1993，第161页。

除西藏腹心地带之外，20世纪90年代，西藏西部阿里地区古墓葬的调查与发掘工作也取得了重要的收获。1990年，西藏自治区文管会在阿里地区进行文物普查中，在日土县境内的阿垄沟内发现了一处古代的石丘墓地②，

---

① 霍巍等编写《错那、隆子、加查、曲松县文物志》，西藏人民出版社，1993，第154~164页。
② 此处墓地至今尚未正式发表过试掘简报，但有关情况曾在笔者参与编写的《阿里地区文物志》上有所描述。参见李永宪、霍巍、更堆《阿里地区文物志》，第132~133页。

这是在西藏西部地区首次调查发现的古墓葬。近十年来，在阿里地区札达盆地象泉河流域又相继发现了一批古墓葬，其中具有代表性的有：

（1）阿垄沟墓地

这处古墓地位于该县日土区一条名为"阿不兰热"的山沟内，山沟宽20~40米，大体上呈西北—东南方向延伸，长度在800米左右，海拔4400米。墓地内共发现约100座石丘墓，均分布在山沟两侧的冲积扇上，地表为砾石覆盖。墓葬的构筑方式是在地表向下挖掘浅穴或者不挖墓穴，用大石块垒成墓框，葬入骨殖和随葬品后再用砾石加以累覆，形成圆丘形的石丘，石丘的高度一般未超过1米，直径大小不等，通常为2米左右（图4-8、图4-9）。当时由于条件的限制，没有进行大规模的发掘清理工作，仅对其中的数座墓葬作过清理。从当时发掘清理的情况看，死者有单人、双人合葬，随葬品有简单的马具、织物等，其中一具尸体的面部残存有"瞑目"一类的织物残片。在墓地中还发现了一批古代岩画，岩画均用坚硬的工具凿刻在大型砾石的表面，图案有动物、武士、狩猎场面等，其中有些岩画与石丘墓之间似存在着密切联系，一些武士形象的岩画被刻在墓葬前方数米远的大石头上，如同无字的墓碑。

图4-8 日土阿垄沟石丘墓外观

采自李永宪、霍巍、更堆《阿里地区文物志》，西藏人民出版社，1993，图版二十二。

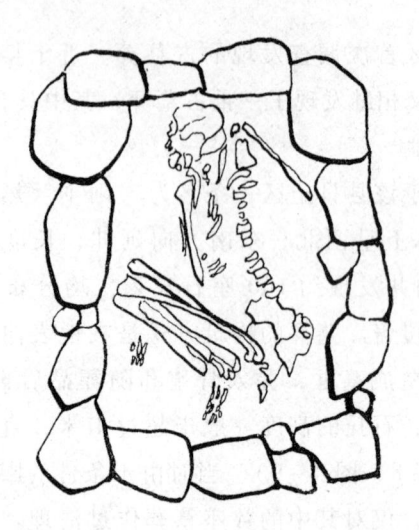

图 4-9　日土阿垄沟石丘墓 M6 平面示意

采自李永宪、霍巍、更堆《阿里地区文物志》,西藏人民出版社,1993,第 133 页。

（2）卡尔普（Karpu）墓地

卡尔普墓地位于札达县古格王国故城遗址以东约 1 公里处,系 1998 年西藏自治区文物局组织的"阿里地区文物抢救办公室"（以下简称"阿抢办"）在对古格王国境内的托林寺进行维修工程当中,根据当地藏族群众提供的线索发现并进行了抢救性发掘。有关此次发掘工作的详细资料至今尚未见诸正式的考古报告,但其后在"阿抢办"于拉萨市罗布林卡内举办的"阿里地区出土文物展"上,笔者观察到这处墓葬内出土的陶器,并根据公布的照片资料获知这处墓葬系以木棺作为葬具,木棺内出土有人骨、陶器和羊骨等,墓葬的年代不详①。后西藏自治区博物馆编撰的大型图录《宝藏》第一册,刊发了此处墓地发掘出土的两件陶器,均为深腹、高领陶罐,陶色为褐红色,夹砂陶质,一件带流,颈腹部交接处有小双耳（图

---

① 据称卡尔普墓地的年代曾作过放射性同位素碳 14 年代测定,笔者曾根据发掘者之一提供的数据,在一篇文章中提及其年代可能为距今 3700 年左右（参见霍巍《近十年西藏考古的发现与研究》,《文物》2000 年第 3 期）,但后来又有公元前 500 年左右之说,两者年代差距如此之大,让人怀疑其数据的可靠性。笔者倾向于对这两个数据都暂时弃而不用,以今后发掘者正式公布的碳 14 测年数据为准。

4-10），另一件为圜底深腹罐，大口，颈腹部带有双重小双耳（图4-11），两件陶器表面均施以粗绳纹①。

图 4-10　阿里卡尔普墓地出土陶器之一

图 4-11　阿里卡尔普墓地出土陶器之二

均采自西藏自治区博物馆编《宝藏》第一册，朝华出版社，2000。

卡尔普墓地发现的意义与价值在于，这是西藏西部地区首次发现以木棺为葬具的古墓葬，与传统的"石棺葬""石丘墓"有所不同，表明其另有文化传统。从出土的陶器来看，以带流、深腹、圜底为其主要特点，也和这一地区后来发现的其他几处墓地，如皮央·东嘎遗址内的格林塘、萨松塘等墓地，格布赛鲁墓地出土的陶器具有共同的特征，或许可以表明这个地区存在着地域特色十分明显的考古学文化，有别于西藏中部、南部及东南部地区。与西藏西部相邻的尼泊尔穆斯塘地区、我国新疆的南疆地区也都曾出土过相似的陶器，表明西藏西部和外界也有着联系和交往。尽管卡尔普墓地目前出土的墓葬还不多，但它已经显示出若干能够反映其学术价值与科学意义的重要迹象，将其及时地公布为重点文物保护单位，避免其受到人为和自然的进一步破坏，是十分迫切的。

（3）皮央·东嘎遗址内的三处墓地

继卡尔普墓地的考古发掘之后，在2001年的西藏西部考古调查工作中，由西藏自治区文物局与四川大学联合组成的考古队又相继在札达县境内皮

---

① 西藏自治区博物馆编《宝藏》第一册，朝华出版社，2000。

央·东嘎村发现了皮央遗址内的格林塘、萨松塘墓地以及东嘎遗址第Ⅴ区内的朗布钦三处墓地①（图4-12）。皮央·东嘎境内的这几处墓群规模较大，墓地大多在地表残存有明显的墓葬封土标志（石丘或石圆圈），有一定的分布规律。有的墓地还发现可能与祭祀有关的列石遗迹（图4-13、图4-14）。

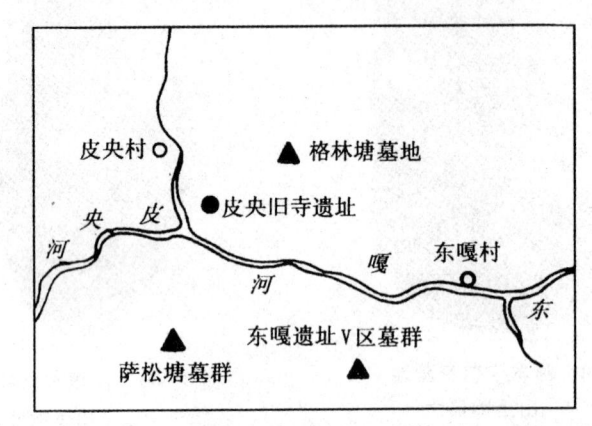

图4-12 皮央·东嘎遗址内三处墓葬分布示意
采自四川大学中国藏学研究所、四川大学考古系、西藏自治区文物局
《西藏札达县皮央·东嘎古墓群试掘简报》，《考古》2001年第6期。

图4-13 格林塘列石遗迹（北—南）
采自四川大学中国藏学研究所、四川大学考古系、西藏自治区文物局
《皮央·东嘎遗址考古报告》，四川人民出版社，2009，图8-72。

---

① 四川大学中国藏学研究所、四川大学考古系、西藏自治区文物局：《西藏札达县皮央·东嘎古墓群试掘简报》，《考古》2001年第6期。

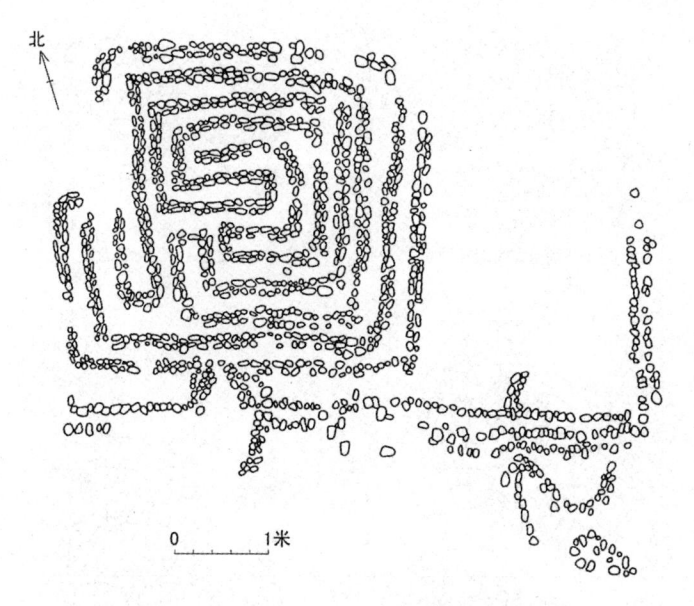

图 4 – 14　格林塘列石遗迹平面图

采自四川大学中国藏学研究所、四川大学考古系、西藏自治区文物局《皮央·东嘎遗址考古报告》，四川人民出版社，2009，图 8 – 73。

　　从发掘情况看，墓葬形制有竖穴土坑石室墓、石丘墓、土洞墓等几种，但均未发现棺木的痕迹。其中石丘墓在地表用石块垒砌石丘作为标志，有大、中、小三种规格，大型石丘墓以方形、长方形、梯形石丘较为常见；中、小型的墓葬则多为不规则的圆形石丘（图 4 – 15）。石丘墓的墓葬形制大体上可分为两种：一种是在地表不挖竖穴，直接埋葬死者，然后垒石作为墓丘；另一类是向地下挖出深浅不一的竖穴土坑，然后在坑内埋葬死者，坑壁有的砌有石块，有的不砌石，最后向上垒石为墓丘（图 4 – 16）。竖穴土坑墓及土洞墓仅在地表观察到略为凸起的沙丘，无明显的地面标志。竖穴土坑墓的墓葬形制均为长方形墓圹，形状有圆角长方形和不规则形两种，有的墓葬四壁用石块垒砌，有的不用石块砌建墓葬壁，但用石片铺放在墓底（图 4 – 17）。土洞墓仅发现两座，均发现于皮央格林塘墓地（PGM5、PGM6），墓室平面为椭圆形或近方形，带有斜坡墓道和 2 ~ 3 个小龛，墓底向下挖出深约 10 厘米的浅坑以葬尸骨（图 4 – 18）。

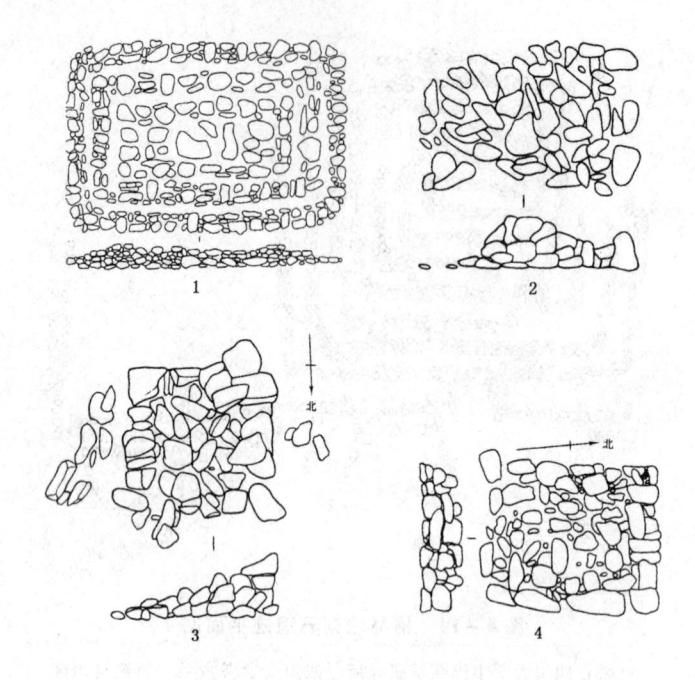

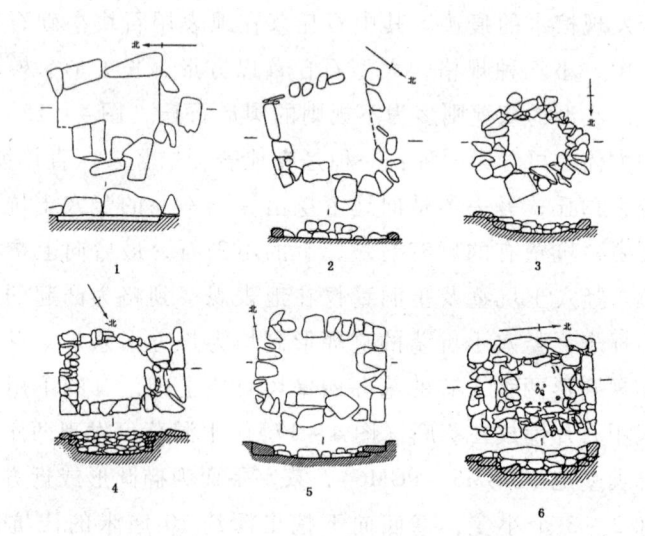

图 4-15　石丘墓上的石丘形制

1. PSM4 平面、立面图　2. PSM3 封土平面、立面图
3. DVM6 封土平面、立面图　4. PSM1 封土平面、立面图
采自《考古》2001 年第 6 期。

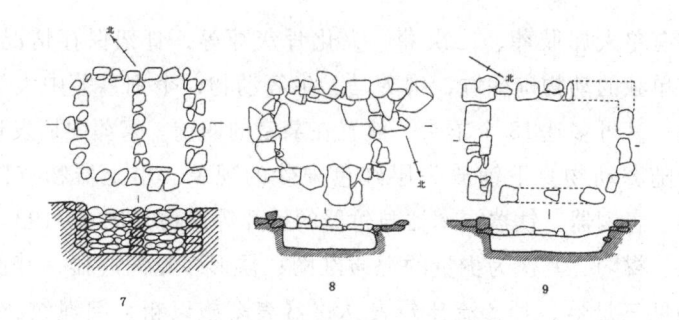

图 4-16　不同类型的石丘墓上的石丘

1. PSM6 平面、剖面图　2. PSM3 平面、剖面图
3. DVM6 平面、剖面图　4. DVM1 平面、剖面图　5. DVM9 平面、剖面图　6. PSM1 平面、剖面图　7. PSM4 平面、剖面图
8. DVM5 平面、剖面图　9. PGM4 平面、剖面图

采自《考古》2001年第6期。

图 4-17　皮央·东嘎墓地中的竖穴土坑墓

1. PGM3 平面、剖面图　2. PGM1 平面、剖面图　3. PGM7 上层遗迹现象

采自《考古》2001年第6期。

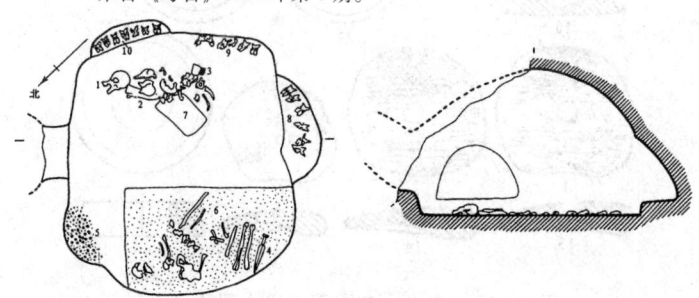

图 4-18　PGM6 平面、剖面图

1. 陶罐　2. 桦树皮　3. 石镞　4. 青铜剑　5. 种子植物　6. 朱砂层　7. 石块　8~10. 羊头骨

采自《考古》2001年第6期。

葬式有单人屈肢葬、二次葬、火化骨灰葬等，骨架保存情况不完整。墓地中有单独的动物殉葬坑，殉葬马、牛等动物，个别墓葬中大量随葬羊头，有的一墓可多达18个羊头，放置在墓室的四壁。墓葬中还发现有在死者身下和随葬动物身下铺放一层红色朱砂的现象。出土器物有陶器、骨器、石器、青铜器、铁器、木器与竹器的残片等遗物（图4-19）。陶器多见夹砂红、褐陶，其次为少量的泥质红陶；器形多见圜底器，其次为小平底器，偶见三足器，耳、流比较发达；器表多施以粗、细绳纹，戳印纹，弦纹等，有的施以红色陶衣（图4-20），这些特征，均与前述卡尔普墓地出土陶器具有共性，表明二者之间在年代和文化性质方面可能属于同一系统。此外，在墓地表还采集到绘有红彩的陶片。在墓葬出土的青铜器中，有一柄青铜剑形制特殊，剑格部饰有联珠纹组成的图案，剑柄尾部两

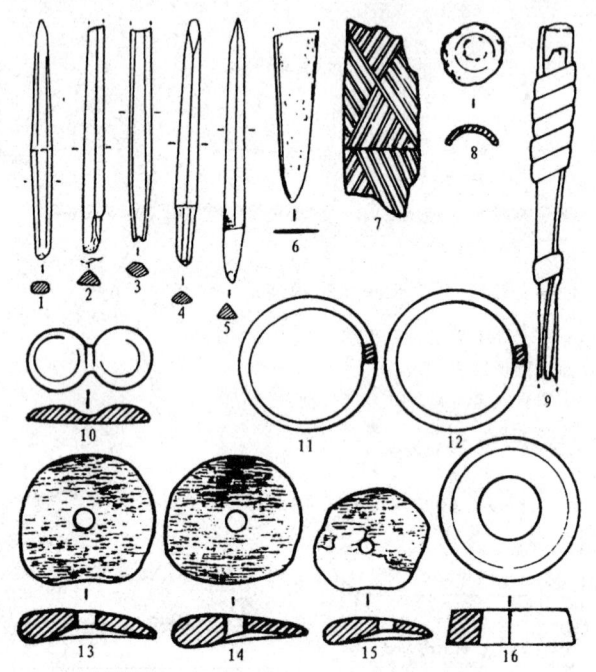

图4-19 皮央·东嘎墓地出土器物之一

1~5. 石镞（PGM6：3-1~5） 6. 铜剑（PSM4：1） 7. 桦树皮残块（PSM5：8） 8. 铜泡饰（PGM2：1） 9. 竹编残件（PGM5：7） 10. 铜扣饰（PGM5：5） 11、12. 铜环饰（PSM6：1-1~2） 13~15. 骨饰（PGM6：5-1~3） 16. 石环（PGM7：1）

采自霍巍《吐蕃时代考古新发现及其研究》，科学出版社，2012，图1-59。

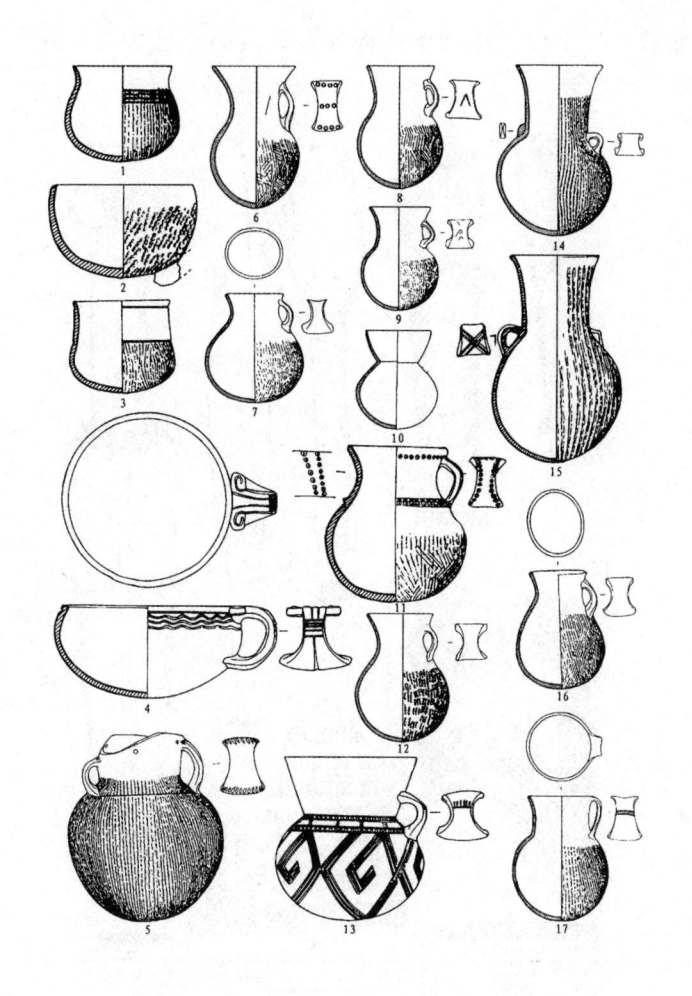

图 4-20 皮央·东嘎墓地出土的陶器

1、3. D 型罐（DVM1：1、2） 2. 圜底杯（PSM1：2） 4. 钵（DVM1：3） 5. C 型罐（PSM1：3） 6~9、11、12、16. A 型 I 式罐（PGM3：6、PGM3：4、PGM9：1、PGM3：5、PGM3：3、PGM3：1） 10、13. B 型罐（PGM3：2、PSM1：1） 14、15. A 型 II 式罐（PGM6：2、PGM5：1） 17. A 型 III 式罐（PGM5：2）

采自霍巍《吐蕃时代考古新发现及其研究》，科学出版社，2012，图 1-59。

端为上卷的圆涡状，与我国北方草原青铜文化中常见的"触角式短剑"形制相似，反映出两地之间可能存在着某种文化传播与交流，同时也从另一个侧面显示出其年代与文化属性均为西藏西部"前佛教时期"的考古遗存①（图 4-21）。

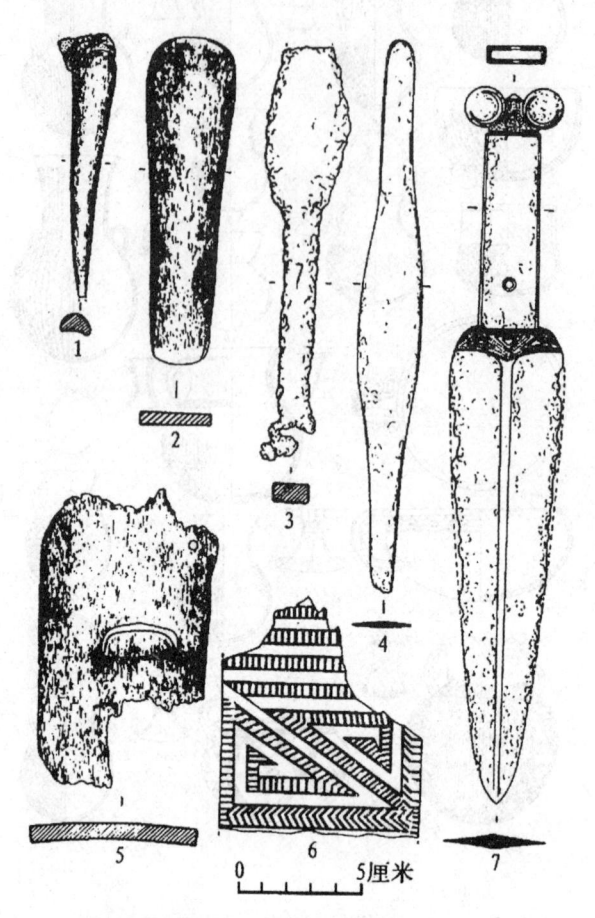

图 4-21 皮央·东嘎墓地出土器物之二

1. 骨锥（PGM5：4） 2. 木器（PGM6：2） 3. 铁剑（PGM1：1） 4. 铜片状器（PGM5：3） 5. 木器残块（PGM5：6） 6. 桦树皮残块（PGM6：6） 7. 青铜剑（PGM6：4）

采自霍巍《吐蕃时代考古新发现及其研究》，科学出版社，2012，图 1-60。

---

① 本文所称的西藏西部"前佛教时期"，具体是指 10 世纪以前西藏西部地区佛教兴起之前的这一历史时期，由于 10 世纪以后随着古格王国的建立，将佛教作为其立国之本，这一地区的佛教化进程不断加速，其考古特征上也具有浓厚的宗教色彩，明显有别于前一阶段。参见霍巍《试论西藏及西南出土的双圆饼形剑首青铜短剑》，吉林大学边疆考古研究中心编《庆祝张忠培先生七十岁论文集》，科学出版社，2004。

皮央·东嘎遗址内发现的这几处墓地是继卡尔普墓地之后在西藏西部发现的具有一定规模、文化特征较为鲜明的古墓地，它们和遗址内的其他考古学遗存如房屋居址、岩画等共存于一地，构成这个地区早期文明的基本面貌。这种有别于其后兴起的古格王国时期以佛教遗存为主体的文明样态，从某种程度上考虑，是否与文献记载的"象雄时代"的遗存有关？目前学术界对此关注度很高，也期待着这批墓葬的考古学发掘与研究能够成为解开古老"象雄文明"之谜的一把钥匙，若能将其和皮央·东嘎遗址一同申报为国家重点文物保护单位，无疑对于整体上把握西藏古代文明的发展进程、深化对本教在西藏西部地区的兴起和传播、象雄与古格文明之间的联系与转化等重大学术问题的认识，开发和利用其成果为西藏西部的文化旅游提供丰富的资源，都有着不可替代的作用。

（4）穹隆遗址周边的3处墓地

2004年的象泉河流域考古调查当中，在阿里地区噶尔县境内象泉河上流地区的"穹隆遗址"（当地群众也称其为"穹隆银城"）附近相继调查发现3处古代墓地，即泽蚌墓地、察库尔墓地、纳恰墓地[①]。

泽蚌墓地位于曲嘎河、曲那河与朗钦河三河交汇处的河岸二级阶地前缘，与石砌居住遗址、列石遗址等建筑遗迹共存于一地，墓葬主要分布在居住遗址的南、北以及西南部。从墓葬的规模上划分，既有规模巨大的大型积石墓，也有形制较小的积石墓葬。其中，尤其以编号为M2的一座积石墓体量最为宏大，该墓全部采用天然砾石人工垒砌，砾石之间可能采用泥土黏合，大体上可分为石基础及墓丘两个部分。石基础形制呈长方形，长62米，宽17.3米，逐层向上收分，形如梯形。在石基础之上再垒砌墓丘，因早年盗掘破坏严重，墓丘已基本不存，并形成向下的巨大盗坑。墓葬现存高度为3~6米（图4-22）。在该墓的西部（背面）位置，发现有石砌成的门道样遗迹，此外还用砾石砌建有三座圆形或近圆形的石台，推测后者的用途可能属于祭台或祭坛一类建筑。编号为M1的另一座积石墓体积次于M2，但也基本上可以归入大型积石墓。此墓平面形制呈梯形，顶边长28米，底边长24米，两腰分别长31米和31.5米。垒砌方式与M2

---

① 此系四川大学中国藏学研究所、四川大学考古系、西藏自治区文物局2004年边疆考古项目"象泉河流域考古调查"所获资料，尚未正式公布，有关数据以将来正式公布的资料为准。

相同，也采用天然砾石层层收分叠砌成墓葬基础，其上再砌墓丘，墓丘现亦被盗掘破坏，形成4个巨大的盗坑。墓葬现残存高度为2~5米。遗址内的小型积石墓主要集中分布于遗址的南部，成群分布，多呈东南—西北方向排列，墓葬多为1.3×1.5米，采用砾石砌出边框，其残存于地表部分的石框基本与地表平齐。

图4-22 泽蚌墓地M2

采自霍巍《吐蕃时代考古新发现及其研究》，科学出版社，2012，图1-62。

此外，在墓地附近发现有石砌的石台（石坛）多处，其中编号为66的一座石台，形制呈长方形，在石台的一端有凸出的圆形石坛与石台相接，推测其用途或与某种祭祀礼仪活动有关。另在墓地东端紧临曲那河岸边也遗存有一处列石遗迹，遗迹的基本形状为平面略呈梯形的石框，在石框的西边框及南边框上各竖立有长条状的石条，大部已残断，但仍有两根立石的长度在1米以上，在列石遗迹附近地表采集到部分残陶片（图4-23）。墓地未作考古发掘清理，但从地表采集到的残陶片来看，主要有夹砂红褐陶，部分陶片上发现烟炱痕迹。

察库尔墓地位于穹隆遗址西北面约1000米处的山坡上，海拔4390米，与东南面的象泉河相距约1500米，其西面山谷为曲那河，共计发现墓葬129座，地表可见石丘，并多残存有墓室破坏后暴露出的石砌外框或内框（墓框）。调查中试掘了一座小型墓葬M119，墓深32厘米处出现石块垒筑的长方形石棺，棺长63厘米，宽40厘米，在墓室填土中发现夹砂红陶残

图 4-23 泽蚌墓地中的列石遗迹

采自霍巍《吐蕃时代考古新发现及其研究》，科学出版社，2012，图 1-63。

片，并发现人的头骨、肢骨残块，无其他随葬器物发现。

纳恰墓地位于象泉河北岸二级阶地前缘，海拔 4355 米，共发现墓葬 80 余座，墓葬均以石块在地表砌筑成长方形或方形石框作为墓室，再于其上垒砌石丘。在墓地中发掘清理了编号为 M25 的一座墓葬，其墓葬形制为长方形的石棺，底部无铺石，在墓葬顶部垒砌石块形成低平的石丘，石棺内未发现任何遗物和骨骸，估计早年已被盗掘一空（图 4-24）。

图 4-24 纳恰墓地 M25（南—北）

采自霍巍《吐蕃时代考古新发现及其研究》，科学出版社，2012，图 1-64。

藏西阿里地区过去发现古墓葬较少，近年来的考古新发现丰富了我们对这一地区古墓葬的认识。从上述资料可知，阿里地区的古墓葬所反映出的文化面貌也是十分复杂的，可以从以下几个方面来归纳其特点。

其一，从墓葬的地表特征上看，这一地区主要以各种类型的石丘墓为主，其中大型的石丘墓也可以称为"积石冢"，其特点是以石块垒筑墓丘，墓丘的形状有圆形、方形、长方形等不同形制，地表一般不竖立石碑，但有在石丘墓地附近的大石上刻凿岩画作为标识，或者竖立独立的立石或列石的现象。其二，墓葬的形制多为直下式的土坑石棺墓，采用较为规整的石块或稍加修整的石板砌筑石棺，其大小一般仅可容身，但也发现少数洞室墓和采用木棺作为葬具者。还发现不用葬具，仅在尸体下铺放红色朱砂者。其三，死者的葬式有火化后在棺内葬入骨灰、屈肢葬、二次拣骨葬等，既有单人葬，也有双人合葬的现象。其四，墓地中发现单独的动物殉葬坑，殉葬马、牛等动物，个别墓葬中有大量随葬羊头的现象。其五，出土器物有陶器、骨器、石器、青铜器、铁器、木器与竹器的残片等。陶器多见夹砂红、褐陶，其次为少量的泥质红陶，器形多见圜底器，也有小平底器，器耳、器流等比较发达，尤其是单耳、双耳陶器最具特征。器表多施以粗、细绳纹、戳印纹、弦纹、划纹等，有的在器表还施以红色陶衣。

西藏西部上述古代墓地出土陶器所反映出来的文化特征，明显不同于过去在西藏中部和南部地区发现的吐蕃时期墓葬，其自身的地域性特点十分显著，尤其是通过皮央格林塘墓地中出土的具有北方草原文化特点的青铜短剑来看，表明其年代有别于吐蕃时期墓葬，时代或许更早，在文化面貌上也与卫藏地区的吐蕃时期墓葬有所区别。此外，在格布塞鲁墓地中还采集到一定数量的打制石器和细石器，或许还表明在这一地区早在墓地形成之前，便已经成为当时人们的生产活动地域，已经有以打制石器和细石器为标志的考古文化存在。

随着近年来西藏西部地区考古工作的不断开展，一些重要的考古发现还在陆续浮出水面。据西藏自治区文物保护研究所李林辉透露，除上述几处古墓地之外，新近在札达县札不让乡附近还发现了一处命名为"曲踏墓地"的古墓葬，墓葬中出土有箱式木棺、青铜器、木器、陶器、黄金箔制成的面具等。从陶器和木器的风格上看与新疆地区汉晋时代墓葬中的出土器物有相似之处，可能在一定程度上受到南疆地域文化的影响[①]。阿里门士乡故如甲木墓地于2006年被偶然发现之后，2012年由西藏自治区文物保护研究所和中国社会科学院考古研究所西藏队联合进行了考古发掘，从中出土了带有"王侯"汉字的丝织物和大件青铜器、铁剑、微型黄金面具和大量陶器，年代经碳14测年均为距今1800年左右，约相当于中原汉晋时代，为寻找消失的古老"象雄文明"提供了重要的线索，已经引起学术界和社会各界的广泛关注[②]。

从上可见，西藏西部地区发现的这些古代墓葬，与吐蕃腹地发现的墓葬有着不同的文化面貌和特色，与历史上活动在这个区域的古代族群之间有着密切的联系，尤其是与汉藏文献中所记载的"羊同""象雄"等部族可能有一定关系，人们对其的认识随着考古工作的进展也在不断深化的过程中。但是，这批重要的古代墓葬迄今为止除个别被列入县级文物保护单位之外，尚无一处被列入到西藏自治区级文物保护单位当中。当然，这当中有一个重要的原因，是考古工作本身的滞后性造成了这种局面。问题在于，随着西藏西部旅游业的飞速发展，国内外游客的大量涌入，如果不能及时以设立各级文物保护单位的名义以立法形式加以保护的话，这些暴露在旷野荒漠之上的古代文化遗产就势必面临着严峻的考验，因此，如何在加强保护的基础上加以合理利用，就成为摆在我们面前的一个无法回避的问题。

4. 古代岩画

岩画是一种世界性的原始艺术，分布十分广泛，流行时代相当漫长，是原始文化中非常重要的一个组成部分。在没有文字的史前时期，图画便成为记录意识乃至语言的主要载体，通过岩画，我们可以看到史前人们丰富的精神世界。作为古代游牧民族的一种特殊形式的艺术遗存，古岩画在全世界各民族文化遗产当中都占有重要的地位，西藏也莫能其外。

西藏的古代岩画目前已公布列为自治区级文物保护单位的有6处，即：位于阿里日土县境内的日土岩画、位于当雄县境内的扎西岛洞穴岩画、位

[①] 资料来自四川大学《青藏高原史前研究国际学术会议会议手册与提要》（内部资料），成都，2011。

[②] 《阿里考古新发现有望填补象雄文明研究空白》，《中国社会科学报》2012年10月17日，第一版。

西藏重点文物保护单位的现状、潜在资源分析与保护对策

于那曲县的其多山洞穴岩画、那曲县境内的麦巴洞穴岩画、那曲尼玛县的卓尼夏桑岩画、那曲申扎县的噶尔佐普巴日岩画等。此外，公布列为西藏自治区县级文物保护单位的岩画点计有5处，即阿里札达县境内的卡孜岩画、擦尔岗岩画、扎拉岩画、色日宁沟岩画、白东波岩画等，全部集中在阿里地区的札达县境内[①]。虽然西藏地区目前还尚无一处古岩画被公布为国家级重点文物保护单位，但从自治区级和县级文物保护单位的公布情况来看，应当说已有相当的进步，表明古岩画这类过去重视程度不够的古代遗迹，也正在越来越受到各级政府和文物部门的关注与保护。

从文化和艺术价值而论，西藏的古代岩画具有独特的风格、内容与表现形式。西藏岩画的遗存形式大致有几种类型，即露天崖壁岩画、旷野大石岩画、崖荫岩画、洞穴岩画等。其中露天崖壁岩画是西藏岩画的主要遗存形式，即在旷野露天的山体崖壁上凿刻、涂绘而成的岩画。这类岩画分布地域广泛，几乎遍及西藏所有岩画分布区，是各时期岩画的主要形式。旷野大石岩画是指刻画于露天旷野的大石块或巨大砾石上的岩画。这类岩画的分布地域主要见于西藏高原西部和北部高海拔地区，从西至东分布在日土、革吉、改则、文部以及索县一线，高原其他地区不见这类岩画，基本上属于比较早期的岩画形式。崖荫岩画是指刻画在山体或岩石垂直面向内凹进而形成的崖荫壁上的岩画形式。此类岩画发现很少，迄今为止仅在当雄、日土等地发现两处，画面和图像一般都表现出某种随意性，题材也较单一，估计这种情况与当时人们在崖荫下栖息的临时性有关，应是属于较晚时期的岩画。洞穴岩画主要发现于藏北申扎和当雄两县境内的纳木错湖滨洞穴中，这些洞穴洞内比较平整，洞壁也比较光滑，而洞外则有充足的水源和开阔的地形，是古代高原游牧狩猎部族相对固定的理想居住场所。留存在洞穴里的岩画其画面和内容比较丰富，各种形象重叠的现象十分突出，应有时代上的早晚区别，但在总体上这类洞穴岩画都属于比较晚期的作品[②]。

岩画是人们在岩石上用点、线、面进行的形象化的艺术表现，西藏古岩画的制作方法有凿刻和涂绘两种，凿刻是指以坚硬工具在岩石上凿刻出

[①] 以上县级文物保护单位名录公布于2008年12月。
[②] 李永宪：《西藏原始艺术》，四川人民出版社，1998，第180~182页。

图像，根据凿刻方法的不同，又可分为敲琢、线刻、磨刻和磨砺几种方法。敲琢是指以坚硬工具在岩面上敲琢出凹点，再由这些凹点构成的线条或平面来表现图像。这种方法是西藏岩画制作中最主要的方法，也是比较早期的岩画制作方法。线刻是由坚硬工具直接刻出线条来构成图像，这种方法刻画出的图像更为清晰、流畅，更具有表现力。不过这种制作技术的产生和普遍使用，应当是在大量的金属器出现以后，其时代可能不会太早。磨刻法是在线刻的基础上，对线条进行磨刻，使其更加清晰，但不及线刻流畅生动。磨砺法是在敲琢的基础上，对轮廓内的部分进行反复磨砺，使图像凹陷而与背景面形成对比，在西藏岩画中十分少见。涂绘则是用颜料绘制岩画，西藏岩画中使用的颜料主要为红色，也见有黑色颜料，绘制的方法分为平涂和线绘两种，即以色彩面成形和以线成形。

西藏古代岩画的内容十分丰富多彩，与世界其他地区的岩画相似，主要题材包括高原游牧部族独特感染力、表现力和传播力的动物题材、生产活动题材、战斗题材、社会生活题材和原始宗教题材等，其中有大量的画面都反映出当时社会生活的若干重要片断和若干生动场景。例如，日土任姆栋地点岩画中，有一幅内容丰富的祭祀画面：画面的下方密密麻麻地刻画着九排羊头；中间有两人骑羊，羊头上立着似植物一样的装饰，后面排放着十个圜底陶罐；上方是鱼、鱼龙状动物形象，再上是日、月和男、女生殖器，还有步行和骑羊的两人、牦牛，最上是一不辨种属的动物（图4-25）。考古学家们对其的解释一般认为其与本教的杀牲祭祀和血祭有关。西藏古代本教中尤重杀牲祭祀和血祭，杀牲的数量也十分巨大，画面上下方的羊头即是祭祀中供奉的牺牲；岩画中部的陶罐则可能用来盛放牲血；上部的日月、生殖器和奇异动物可能为祭祀的对象。有学者进一步解释认为，从画面上所反映的场景看，可能与苯教的龙神祭祀有着密切的关系[1]。从其下方规模宏大的羊头排列和中部的陶罐来看，杀牲祭祀和血祭的说法是合理的解释，因此有学者将这一岩画命名为"血祭图"[2]。

岩画中还刻画出了一些具有神圣意义的植物、日月、"卍"符号的图像，或许也有可能与早期本教信仰有关。据本教经典《十万白龙经》称其

---

[1] 汤惠生：《青藏高原的岩画与本教》，《中国藏学》1996年第2期。
[2] 陈映婕、张虎生：《文化空间、价值取向与文化遗产保护》，《文化遗产》2008年第3期。

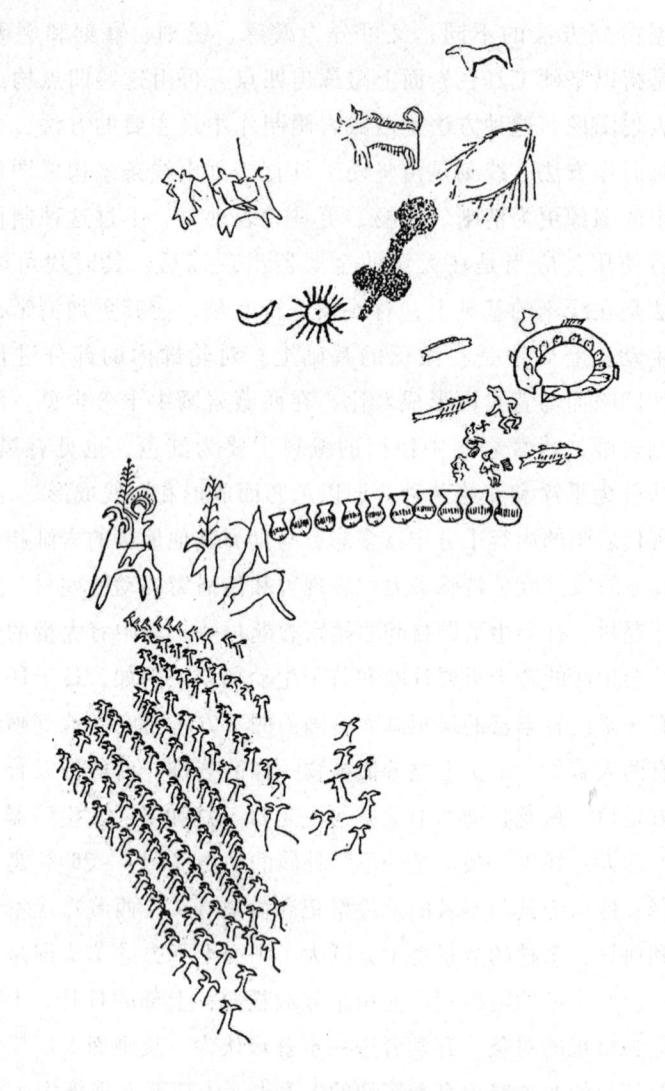

图 4–25　日土任姆栋 1 号岩面岩画

采自西藏自治区文管会文物普查队《西藏日土县古代岩画调查简报》,《文物》1987 年第 2 期。

祖师"登巴喜饶"(ston pa gshen rbs)降世时,天空先出现雍仲(即"卍"),照亮万里天空,尔后才出现明亮的太阳和月亮①。在日土任姆栋岩

---

① 格勒:《藏族早期历史与文化》,商务印书馆,2010,第 431 页。

画的画面中"卍"符号往往同日、月共同出现,照耀植物,是否具有本教的光明意义,也值得考虑。除了自然崇拜、图腾和祖先崇拜及与早期本教有关的内容外,在岩画中还刻画了一对男、女生殖器,这显然也是作为一种崇拜神物来加以表现的,可能与当时人们的生殖崇拜有关。

西藏岩画中还有一处规模宏大、极具视觉冲击力和震撼力的场景——日土县乌江乡塔康巴岩画(图4-26)。这处地点位于湖北岸乌江乡境内的"其吾浦"(藏语意为"小人山谷")山谷之中。当地牧民称,这是因谷中岩石上刻有"小人"的形象而得名。此处岩画共有10个较为完整的画面,其中第1、第4号画面规模宏大,面积均达15平方米以上。1号画面的内容十分丰富,刻画有动物、人物以及各种符号。人物形象多为侧面像,呈行进状,排成三列单行前行的纵队,队列前面的领头人身材高大,背负重物,一手挂杖,队列中的人们均背负背包,手中有的挂着拐杖。队伍的两侧是成群的牛、羊,由骑马者或步行者驱赶而行,三条狗紧随在队伍当中。队伍中还有一些人物头上戴有复杂的装饰物(类同羽饰)、手中执有圆形的鼓,身份不同于队列中的一般人群,很有可能是具有"萨满"性质的巫师一类的人物。队伍两侧还有骑马或行步的武士,他们手执兵器或盾牌,身穿束腰的长袍,护卫着队伍前进,整个画面十分形象地反映出某个游牧人群举族迁徙移动的场景。

图4-26 阿里塔康巴岩画1号画面

采自四川大学考古系、西藏自治区文物局《西藏日土县塔康巴岩画的调查》,《考古》2001年第6期。

对于这处岩画的年代与性质，发现者有如下描述："（此处）西藏岩画的出现，应在佛教传入西藏之前，因而早期岩画中'萨满'式本教及自然崇拜的色彩极为浓厚，而基本不见与佛教有关的内容，塔康巴岩画在这方面的特征显而易见。在社会发展阶段上，塔康巴岩画反映出一种游牧业较为发达，同时兼有狩猎的经济模式。部落生活井然有序，分工明确，军事、宗教组织均有一定规模，金属工具、武器已广泛使用，这些时代特征均不是高原史前石器时代文化所具有的。大体而言，塔康巴岩画所反映的时代应不晚于佛教传入的公元6世纪前后，不早于金属器在西藏的出现（即距今3000年左右）。"① 这应是较为合理的推测。

日土县北部自古以来便是西藏通往新疆的交通要道，也是传统的游牧地区。乌江乡"其吾浦"山谷和塔康巴岩画地点均位于这条交通要冲之中，所以在岩画中出现反映游牧人群举族迁徙的场景，很可能还从一个侧面反映出史前时期西藏与外界交通往来的情况。在后期的汉藏文献记载中，曾经记载有吐蕃朗日论赞从北方的突厥得到食盐之事，有学者认为，这实际上指的就是一条从西域得到食盐、食盐再输入吐蕃的道路。而这条道路经过所谓"女国/大羊同"地区，即今西藏西部的阿里地区。至于文献中记载的这条路上的所谓"唯界一碛"，也可能指的就是日土北部今新疆阿克赛钦地区，这条"食盐之路"是吐蕃人最早知晓的通往西域之路②。联系到岩画的内容来看，也不排除其中有反映古代游牧部族与外界商贸往来的情景。但无论是"迁徙"还是"商贸"，画面中的人物均处在"游动"的状态之中，都是我们迄今为止所能观察到的最为古老的一幅有关西藏早期游牧人群迁徙游动的场景。

然而，正是这样一些弥足珍贵的古代岩画，却面临着极其严峻的挑战。一些危险来自西藏社会不断加速的现代化进程。如日土乌江乡一带曾分布着大量如同上述塔康巴岩画这样内容丰富、规模宏大的岩画地点，但近年来由于乡际和县际公路的大规模建设，不少靠近公路的岩画因公路扩建、改建等原因已经受到破坏③。另一些更为可怕的危险则来自藏民族自身

---

① 四川大学考古系、西藏自治区文物局：《西藏日土县塔康巴岩画的调查》，《考古》2001年第6期。
② 王小甫：《唐、吐蕃、大食政治关系史》，北京大学出版社，1992，第32页。
③ 有关情况由时任日土县人民政府副县长的次仁旺久先生于2007年7月向笔者提供。

观念意识的冲突。上举对于研究西藏早期原始信仰极其重要的日土县任姆栋岩画，其下半部分近年来已被前来转神山的敬香朝拜者们改刻成了藏区随处可见的藏传佛教中的"六字真言"，让人扼腕痛惜！由于缺乏对于自身传统文化的深度理解和认识，藏区一般群众（尤其是牧区）对于岩画这类古代文化遗存并无基本的常识，而"六字真言"这类简易明白的宗教符号却广为人知，因此用"六字真言"覆盖古代岩画既反映了从古至今人们信仰观念意识的转变，也如同有学者评价所称，这也是一种文化意识上发生的冲突，"这一事件究其外部原因，主要是文化空间之争，即跨时空的宗教文化形态在同一文化空间中发生的无声的冲突，使后者对前者采取了非理性的文化行为；究其文化内部原因，则很大程度上源于文化主体对历史与现实所做出的文化价值取向与价值判断模式上"，① 这是非常中肯的。由此可见，今后如何对这类不可移动文物的潜在价值加以彰显，教育广大群众自觉对其加以保护和利用，已经成为现代化进程中的西藏社会一个刻不容缓的问题。

5. 摩崖石刻

本文所讨论的摩崖石刻包括文字类石刻和图像类石刻两大类，均系不可移动文物。与其他类别的文物遗存相比较，这类文物过去较少引起人们的关注，列入各级文物保护单位的数量也相对较少。目前，列入国家级文物保护单位的摩崖石刻仅有吉隆县的《大唐天竺使出铭》、洛扎县的《门塘·得乌琼石刻》2 处；列入自治区级的有《工布第穆萨摩崖石刻》、仁达摩崖造像、吉隆邦兴石刻题铭、浪卡子县绒布拉康石刻群 4 处。与西藏现存于各地的历代石碑不同之处在于，摩崖石刻通常的刻石地点都位于荒郊野外的山崖之上，往往缺乏良好的保护措施和有效的保护手段，即使已经公布为国家级的重点文物保护单位，其保存环境和现状也存在着诸多有待完善之处，更何况还有大量极有价值的摩崖石刻迄今为止没有被列入到文物保护单位之中，暴露于野外，一任风吹雨打的自然破坏以及不可避免的人为破坏，保存状况令人担忧。

以洛扎摩崖石刻为例。山南洛扎县是我国西藏自治区日喀则市的一个边境县，其南面与不丹接壤，该县境内的洛扎吐蕃石刻，是吐蕃考古的一个重要发现。早在 1982 年，藏族学者巴桑旺堆曾撰文指出"在山南洛扎

---

① 陈映婕、张虎生：《文化空间、价值取向与文化遗产保护》，《文化遗产》2008 年第 3 期。

县境内新发现同一内容的吐蕃时期摩崖石刻两处",并对这两处石刻文字的内容作了汉译和考订①,但文中未提及石刻附近的吐蕃墓葬。

1991年,西藏自治区文物普查队对洛扎县全境进行文物普查时,除对上述两处石刻进行了复查之外,还在石刻附近新发现吉堆吐蕃墓地并做了试掘清理工作②。2007年,著名语言学家李方桂和柯蔚南合著的《古代西藏碑文研究》一书由王启龙翻译出版,书中第十五章为"文献ⅩⅢ:洛扎摩崖石刻",其中对这两处石刻作了相关考订和研究③。2008年9月,笔者再次前往洛扎县进行实地考察,进一步对这两处石刻进行了研究。有关洛扎县这两处古藏文石刻的发现地点,过去的记录不尽一致,如巴桑旺堆记载:"一在洛扎县城西北五公里的多穷村右侧石崖上,一在洛扎县城东洛扎其河与门当河汇流之处的石壁上"④,而何强则记载其"一在吉堆墓地东侧约10公里的洛扎怒曲河与门当河汇流处的崖壁上……一在吉堆墓地北面约三四公里的吉堆乡多穷村的岩石上"⑤。李方桂则称:"刻石文献在洛扎地区的两个地方发现,文献之一是刻于洛扎县(即洛扎朵瓦宗)行政中心西北五公里处都迥村(vDus-byung)的一面绝壁上,另一文献见于朵瓦宗以东洛扎怒曲河(Lho-Brag nub-chu)和曼唐曲河(Sman-thang-chu)交汇处的一面绝壁上。"⑥

上述记载中巴桑旺堆和李方桂所记实为一致,后者主要依从巴桑旺堆之说。只是两者在个别译名上没有统一,如前者文中的"多穷村"后者译为"都迥村"(据笔者实地调查,当地藏族干部群众也将其译成"德乌穷村");前者文中的"门当河"后者译为"曼唐曲河"。根据西藏自治区正式公布的地图资料上的洛扎县地名⑦,其汉译地名应以巴桑旺堆先生所记较为确切。何强先生所记与前两人不同之处在于:前者是以今洛扎县城为

---

① 巴桑旺堆:《新见吐蕃摩崖石刻》,《西藏研究》1982年第2期。该文同时也用藏文发表在《西藏研究》藏文版(1982)上,本文采用的是他在汉文版所发表的论文。
② 何强:《西藏吉堆吐蕃墓地的调查与分析》,《文物》1993年第2期。
③ 李方桂、柯蔚南:《古代西藏碑文研究》,王启龙译,清华大学出版社,2007,第218~222页。
④ 巴桑旺堆:《新见吐蕃摩崖石刻》,《西藏研究》1982年第2期。
⑤ 何强:《西藏吉堆吐蕃墓地的调查与分析》,《文物》1993年第2期。
⑥ 李方桂、柯蔚南:《古代西藏碑文研究》,王启龙译,清华大学出版社,2007,第218页。
⑦ 西藏自治区测绘局:《西藏自治区地图册》,中国地图出版社,2002,第88页"洛扎县"。

坐标点来标记这两处石刻的位置,而后者则是以吉堆墓地为坐标点来标记的。吉堆墓地的位置位于今洛扎县城之西,两者相距约5公里,所以若将这段距离加以折算,两处石刻的位置也基本上与巴桑旺堆先生所记一致。

两处石刻保存的现状是,其一为多穷村石刻,其地理坐标为北纬28°22′16.5″、东经90°54′50.2″,海拔3797米。石刻为摩崖石刻,镌刻在洛扎怒曲河的一条支流德乌穷河的东岸崖壁上,崖壁峭陡,德乌穷河由北向南流过崖下,多穷村(也译为德乌穷村)位于石刻所在地点北方约1公里处。石刻系利用自然崖壁壁面稍加平整阴线刻成,其上方有稍向前伸的岩石形成天然崖厦,刻有石刻的崖面略呈上小下大的三角形,顶端与下方各有一阴线刻成的"雍仲万字"符号。崖面正中从左至右横排刻写藏文。由于河水湍急,无法涉河到对岸测量石刻尺寸,只能据目测估计石刻崖面高出河面约10米,略呈不规则的长方形,宽约3米、高约2.5米,上部保存较为完好,下部残损严重,现存石刻文字约为11行(图4-27)。其二为门当河与洛扎怒曲河交汇处石刻,地理坐标为北纬28°22′16.5″、东经90°54′30.2″,海拔3890米。石刻也为摩崖石刻,镌刻在门当河与洛扎怒曲河两河交汇的崖壁上,崖壁峭陡,门当河由北向南汇入洛扎怒曲河,洛扎怒曲河由西向东流去。石刻系利用自然崖壁阴线刻成,刻有石刻文字的崖面较为光滑平坦,经实地测量,石刻宽2.9米、高2.8米,距地表高度1.2米。石刻文字为横排刻写的藏文,残损严重,现仅存8行(图4-28)。

图4-27 洛扎县多穷村石刻(夏吾卡先摄)

图 4-28　门当河与洛扎怒曲河交汇处石刻（夏吾卡先摄）

两处石刻的内容基本相同，译成汉文的大意为（□号处为原藏文湮灭不可辨者）：

> 天神之子赞普驾前，德门得乌穷忠贞不贰，为利赞普之身与政①，呕心沥血、业绩卓著。为此诏敕曰：得乌穷之父洛朗子孙后代，其权势犹如"雍仲万字"般永固②。其所属奴隶及封地等绝不减少；得乌穷之丧葬应法事优隆。在任何赞普后裔掌政期间，其墓若有毁坏，由东岱专事修缮。得乌穷之父洛朗子孙后代，若有兄弟□□祸事□□□不管闯何等祸事，仅于□□立盟誓。天神赞普之亲属贡格布王③，□□□臣以及四子舅臣参与盟誓，誓文置于龛内藏之④。

洛扎石刻所提供的历史信息极为丰富，结合石刻附近的吉堆吐蕃墓地综合考察，可以发现吐蕃史上若干重要的线索。迄今为止，传世或考古发现的吐蕃时期金石材料的性质大致可分为会盟、记功、颁赏、述德、祭

---
① 巴桑旺堆此处原译文为："对赞普的身与政。"
② 巴桑旺堆此处原译文为："为得乌穷之父洛朗之子孙蕃衍，若社稷之永固。"
③ 巴桑旺堆此处原译文为："为得乌穷之父洛朗之子孙蕃衍□□□□□□□立盟誓。天神赞普之亲属贡格布王。"
④ 巴桑旺堆此处原译文为："誓文另置于密室。"

祀、封赠等不同的类型①。正如巴桑旺堆所说,洛扎石刻的性质属于盟誓、颁赏性质②。吐蕃王朝时期,其赞普经常通过"盟誓"这一方法来掌控群臣,稳定他们与赞普之间的关系,而其中重要的盟誓内容之一就是对效忠于吐蕃王朝赞普的属臣,除颁赏奴户、封地之外,还要由吐蕃赞普对其死后的营葬之事给予优待。洛扎石刻中有"得乌穷之丧葬应法事优隆。在任何赞普后裔掌政期间,其墓若有毁坏,由东岱专事修缮"的盟誓内容,这正是吐蕃赞普在盟誓中声明将要颁赏给得乌穷家族的特权之一。在《敦煌本吐蕃历史文书》P. T. 1287 "赞普传记"条下,记载吐蕃赞普赤松德赞曾与韦氏义策及其父兄子侄等七人举行过类似的盟誓,赤松德赞赞普的誓词云:"义策忠贞不贰,你死后,我为尔营葬,杀马百匹以行粮,子孙后代无论何人,均赐以金字告身,不会断绝……吟唱已毕,(义策)父兄弟辈七人共同盛大而隆重酬谢天。盟誓时赞普手中所持圆形玉石,由甲忱兰顿举起奉献,此白色圆玉即作为营建义策墓道基石。"③ 联系到吉堆吐蕃墓地的营建规模,七、五、三层高度不等的石砌祭祀平台的修建,动物杀殉祭祀坑的设置等情况来看,其营葬之事的确达到了"法事优隆"的程度。由此我们还可以推定,洛扎石刻的性质正是属于吐蕃赞普与得乌穷家族的盟誓誓词,而其中最为重要的内容之一便是得乌穷家族墓地的营葬和其后的维修等项事宜。洛扎石刻盟誓的双方,一方是吐蕃赞普,而另一方是得乌穷家族,如同何强所言,在对洛扎县全境进行了全面的文物普查之后,"仅发现了吉堆这一处吐蕃墓地,而且这处墓地夹在两处摩崖石刻之中,因此,我们有理由认为吉堆墓地就是得乌穷的家族墓地"。④

当然,由于洛扎石刻和吉堆吐蕃墓地都没有发现任何年代或吐蕃赞普称号的信息,现存的文献记载中也没有关于得乌穷家族的线索可寻,这为我们准确地判定石刻和墓地的时代带来一定困难。巴桑旺堆通过考订石刻文字内容认为"大致可推定它为公元 8 世纪 50 年代赤松德赞继赞普位至 9 世纪 20 年代藏王热巴巾(可黎可足)进行'文字改革'前

---

① 王尧将吐蕃时期的 13 件金石铭刻材料分为会盟、记功、颁赏、述德、祭祀、封授、证盟等七类。参见其《吐蕃金石录》,文物出版社,1982,第 6 页。
② 巴桑旺堆:《新见吐蕃摩崖石刻》,《西藏研究》1982 年第 2 期。
③ 王尧、陈践:《敦煌本吐蕃历史文书》,民族出版社,1992,第 164 页。
④ 何强:《西藏吉堆吐蕃墓地的调查与分析》,《文物》1993 年第 2 期。

的约七十年中间的产物"。同时他又结合已发现的其他吐蕃碑文中对赤松德赞次子赤德松赞多次称为"天神之子赞普"的这一特点,联系洛扎石刻开头"天神之子赞普驾前"这一称法,进一步推测石刻有可能是在赤德松赞在位期间(798~815)刻写的①。我们若从吉堆吐蕃墓地的情况来看,墓地规模宏大,布局有序,大墓(如M1)构建雄伟,这都需要动用大量人力物力和有相当的社会组织力量才能办到,因而只能在是吐蕃社会相对稳定、经济实力强盛时期的产物,所以吉堆吐蕃墓地的年代应和巴桑旺堆所推定的洛扎石刻的年代大致相当。这里我们还可以提到另一条佐证材料,在吐蕃时期的《工布第穆萨摩崖石刻》中,提到工布小邦王子"工布噶波",其藏文的转写为"rkong-dkar-po"②。从藏文的字面上看,此王与洛扎石刻中记载的参加盟誓的"贡格布王"(rkong-kar-po)应是同一个名称。而《工布第穆萨摩崖石刻》据目前学术界的看法又是在赤德松赞时期(798~815)刻写而成,因而这不仅说明两处石刻中提到的"rkong-dkar-po"王可能属于同一个王统,也可以进一步佐证洛扎石刻是在赤松德赞(755~797)与赤德松赞(798~815)在位时期刻写而成。

洛扎石刻还反映出,得乌穷之父为洛朗,所以这一家族或可称为"洛朗—得乌穷家族",这一家族的封地就在洛扎(即洛扎朵瓦宗)境内,但其具体的位置已无法确指。这段内容相同的盟誓文字被刻在两处地点,可能有特殊的意义。我们在洛扎县向当地藏族群众进行实地调查时,曾记录到与洛扎两处石刻有关的两个传说:一说是得乌穷家族得到吐蕃王朝赞普的敕封之后,为了标识其封地的范围,特地在其家族封地的东、西两界各刻一石以昭示世人;另一说是在吐蕃王朝兴盛时期,已有贤者预感到吐蕃"末法时代"将至,故提醒得乌穷家族将石刻分刻于两地,若一地沉沦,则另一地可以上升,使佛法如同转轮于世,永不泯灭③。这两个传说的真实性虽然均已无从考稽,但也从侧面暗示出吉堆墓地和洛扎石刻与得乌穷家族之间可能存在的关系。

---

① 巴桑旺堆:《新见吐蕃摩崖石刻》,《西藏研究》1982年第2期。
② 王尧编著《吐蕃金石录》,文物出版社,1982,第102~103页;陈践、王尧:《吐蕃文献选读》,四川民族出版社,2003,第70~73页。
③ 此传说资料系洛扎县民宗局局长罗布、色乡小学教师次仁扎西等提供。

最后，洛扎石刻中"在任何赞普后裔掌政期间，其墓若有毁坏，由东岱专事修缮"的记载为我们进一步了解吐蕃王朝时期王室、贵族的墓葬营建制度也提供了帮助。石刻中的"东岱"（stong—sde）一词，据王尧研究，意为"千户"或"千人之队"，原系吐蕃军队的建制之一①。吐蕃时期实行军事、政治和生产三位一体的制度，以军队编制形式将吐蕃军民编成"茹"（ru），每一"茹"下按定制再分为十个"东岱"，其长官称为"东本"（stong—dpon），意即"千夫之长"，由氏族显贵世袭。整个吐蕃共分为六十一个东岱，洛扎是属于"腰茹"的其中一个东岱（藏文中记为"lo—brag"）。在吐蕃赞普与得乌穷家族的盟誓中明确规定，得乌穷家族的墓葬若有毁坏，将由洛扎东岱专门负责修缮，这表明在吐蕃王室和各地贵族的墓地营建中，由于需要动用大量人力物力从事有组织的集体劳动，除了驱使奴隶服劳役之外，还要使用吐蕃军队参加墓地营建工程，并由其军事长官直接负责指挥。这不仅从一个侧面反映出吐蕃社会军事组织"亦兵亦农"的若干特点，也补充了吐蕃墓葬营建制度中不曾见诸记载的某些史实。

然而，就是这样具有极高史料价值的吐蕃时期摩崖石刻，却受到一些意想不到的破坏。前面述及的门当河与洛扎怒曲河交汇处的第三处石刻，俗称为"门当石刻"，它位于两河交汇的台地的崖壁上方。远远望去，石刻的表面呈白色，在它的左上方有一条斜长的石缝隙，缝隙当中填满了小石子。"看到那条裂缝没有？"陪同我们一道考察的洛扎县民族宗教局局长罗布指着崖壁向我介绍说，"就是因为石刻上方的岩石上有这么一条缝隙，给石刻带来了意想不到的破坏"。"呵，是不是因为地质变化引起了崖面向下沉降？"我马上联想到喜马拉雅山脉还在不断隆起，是不是地质变化对石刻带来了影响。罗布局长听罢笑了起来："不是不是，没你想的那么复杂。"原来，当地的小孩每天上学都会路过石刻，不知从何时开始，他们之间流传起来一个游戏，看谁能把小石头从河对岸隔河投进那条缝隙里，能投进者就会被认为是对父母最有孝心的人。所以，大量的小石头在投向那道石缝隙的同时，也时常误中岩石缝隙下方的摩崖石刻，使其"伤痕累累"，石刻的上半部分几乎完全被毁。由

---

① 王尧：《吐蕃文化》，吉林教育出版社，1989，第36~42页。

于缺乏必要的保护措施和在群众中进行有效的宣传,这样的人为破坏令人颇感无奈。

与已经公布为国家级和自治区级文物保护单位的摩崖石刻相比较,西藏各地还有相当数量的尚未公布为各级保护单位的文物资源散布在崇山峻岭之中。其中最典型的例证是西藏东部昌都市发现的一批吐蕃时期的石刻,其具有的艺术与科学研究的价值都是极高的。

西藏昌都市吐蕃时期的摩崖造像,与四川地区发现的吐蕃时期摩崖造像沿横断山脉一线从北至南分布,在地理位置上最为接近,主要有察雅县境内的仁达摩崖造像、芒康县境内的扎廓西摩崖造像和"朗巴朗则"(大日如来殿)石刻造像等,其中前两处造像都是摩崖造像,我们试从不同的侧面和角度对其历史文化价值加以分析。

(1) 仁达摩崖造像

仁达摩崖造像位于今西藏自治区昌都市察雅县旺布乡境内的丹玛山崖,造像利用丹玛山崖峭壁依山雕琢而成,与上述四川省石渠县境内的"照阿拉姆"摩崖造像均处在金沙江流域两岸的台地,因之过去也有较多学者将其称之为"丹玛岩摩崖造像",而当地藏族也称其为"大日如来殿"。

我国学者较早注意到这处造像,如藏族学者恰白·次旦平措在其《简析新发现的吐蕃摩崖石文》一文中曾对此处石刻加以记载[1]。其后,先后又有陈建彬[2]、阿米·海勒[3]、理查德森[4]、格勒[5]等人也对这处造像及其藏文题刻从不同的角度进行过分析研究,资料相对较为丰富。

仁达摩崖造像主要的考古遗存包括造像与藏文题记两部分,在上述研究者当中对藏文题记关注者较多,而对造像本身只有陈建彬先生做过较为细致

---

[1] 恰白·次旦平措:《简析新发现的吐蕃摩崖石文》,《中国藏学》1988 年第 1 期。
[2] 陈建彬:《关于西藏摩崖造像的几个问题》,《南方民族考古》第四辑,四川科学技术出版社,1992。
[3] 〔瑞士〕阿米·海勒:《公元 8~10 世纪东藏的佛教造像及摩崖石刻》,杨莉译,刊于《国外藏学研究译文》第十五辑,西藏人民出版社,2001。
[4] 〔英〕H. E. 理查德森:《吐蕃摩崖石刻研究札记》,石应平译,刊于《西藏考古》第一辑,四川大学出版社,1994。
[5] 李光文、杨松、格勒等:《西藏昌都——历史·传统·现代化》,重庆出版社,2000,第 40~42 页。

的观察。据他的记录描述,仁达摩崖造像的题材为大日如来佛像及八大弟子(八大菩萨)、二飞天等。其中主尊大日如来像为高浮雕,高约192厘米,宽约152厘米,有桃形头光和椭圆形的身光,头戴高冠,饰耳环,胸前饰璎珞,颈饰"三道",上身赤裸,自左肩向右胁束以帛带,手结禅定印,结跏趺坐于莲座之上,莲座的台基上有二蹲狮,其特点是相背而立,尾部向上翘起。八大弟子分列于主尊的两侧,左右各四尊,除左侧第二尊结交脚弥勒座外,余皆为游戏座,头光、身光与主尊大致相同。二飞天位于像龛的两侧顶端,头束高髻,天衣绕臂飘向身后,呈飞翔状。陈建彬对像座没有描述,但从其公布的一幅黑白照片上看,像座为一高茎莲台座,基座上有一对相背伏地的蹲狮,其造型特点为前肢直立,后肢伏地,尾部上翘,像座下方有横书的藏文题记(图4-29,1)。笔者在后来的调查中发现,由于后世不断对造像进行彩塑,此处摩崖造像的外观也发生了一些变化(图4-29,2)。

1. 昌都仁达摩崖造像(大日如来与八大菩萨像)(采自陈建彬《关于西藏摩崖造像的几个问题》,《南方民族考古》第四辑,四川科学技术出版社,1992。)

2. 仁达摩崖造像彩塑后的情景(Amy Heller 拍摄)

图4-29 仁达摩崖造像

仁达摩崖造像的藏文题记过去多据恰白·次旦平措先生的释文辗转抄录，而恰白先生的资料来源据他介绍又是根据昌都市文化局土嘎等人现场考察抄录而来①，所以当中存在着一些问题。近年来中国藏学研究中心会同昌都市有关专家对这处摩崖石刻再次进行了现场调查与记录，对过去的资料有较多的补充或更正②。在造像内容方面，除过去资料中提及的主尊像大日如来、八大随佛弟子（八大菩萨）、二飞天像之外，新的调查资料补充了"佛护贝龙王以及殿堂上部的松赞干布和文成公主刻像"，但对其年代是否与其他造像一致未作进一步说明，有待考证。关于石刻题记的内容，也做出了明确的说明："造像下面有吐蕃时期凿刻的藏文铭刻和数十个汉字。在造像右边刻有藏文的《普贤行愿品》经文。藏文部分95%的文字很清楚，汉文部分除'匠浑天'、'同料僧阴'、'大蕃国'等以外，大多已漫漶不清。"尤其重要的是，新的调查资料将藏文题记铭文重新作了释文（以下简称新释）：

圣教之意，乃一切众生皆有识念佛性之心。此心非亲教师及神所赐，非父母所生，无有起始，原本存在，无有终了，虽死不灭。此心若广行善事，利益众生，正法加持，善修自心，可证得佛果与菩萨提，便能解脱于生老病死，获无上之福；若善恶间杂，则往生于天上人间；多行罪恶与不善，则入恶界有情地狱，轮回于痛苦之中。故此心处于无上菩提之下，亦有情于地狱之上。若享佛法之甘露，方可入解脱一切痛苦之地，获永久之幸福。故众生珍爱佛法而不得抛弃。总之，对于自己与他人之事的长远利益，则向亲教师讨教，并阅读佛法经典，便能领悟。

猴年夏，赞普赤德松赞时，宣布比丘参加政教大诏令，赐给金以下告身，王妃琛莎莱莫赞等，众君民入解脱之道。诏令比丘阐卡云丹及洛顿当，大论尚没庐赤苏昂夏、内论□赤孙新多赞等参政，初与唐会盟时，□亲教师郭益西央、比丘达洛添德、格朗嘎宁波央等，为愿

---

① 恰白·次旦平措：《简析新发现的吐蕃摩崖石文》，《中国藏学》1988年第1期。
② 李光文、杨松、格勒等：《西藏昌都——历史·传统·现代化》，重庆出版社，2000，第40~42页。

赞普之功德与众生之福泽，书此佛像与祷文。安居总执事为窝额比丘朗却热、色桑布贝等；工头为比丘西舍，比丘□□松巴辛和恩当艾等；勒石者为乌色涅哲写及雪拉公、顿玛岗和汉人黄崩增父子、华豪景等。日后对此赞同者，也同获福泽。

益西央在玉、隆、蚌、勒、堡乌等地亦广□写，□写者为比丘仁多吉。

若对此佛像及誓言顶礼供养者，无论祈愿，何事皆可如愿，后世也往生于天界；若恶语戏骂，即得疾病等诸恶果，永坠恶途；法律也对反佛者，从其祖先亲属起施行□□□。故无论任何人均不得詈骂讥讽。

将新释与恰白·次旦平措先生的释文相比较，除了行文语意上的若干不同点之外，其中最为重要的不同点是有关文中赞普年号的改定。恰白先生汉文释文中为"猴年夏，赞普赤松德赞时"，而新释则作"猴年夏，赞普赤德松赞时"，笔者核对恰白先生原文中的藏文转写，发现此处的赞普年号亦为"btsan po khri lde srong brtsani"（赞普赤德松赞），所以推测恰白先生汉文释文可能系笔误所致，新释的这一改定无疑是正确的。后来不谙藏文的研究者多因这一年号的误释而对此处摩崖石刻的年代做出错误的推断，新释从本源上纠正了这一谬误。

由于藏文题记保存得如此完好，从而为我们研究这处摩崖石刻的若干问题提供了许多重要的信息，其在吐蕃史上的重要价值恰白·次旦平措先生已经作过精辟的论述①，兹不赘述。此外，从佛教造像艺术的角度也给予我们许多新的启示。

其一，是关于石刻年代问题。由于吐蕃赞普赤德松赞在位时间学术界一般认为其为798～815年②，恰白先生认为，在此期间内只有一个猴年，即804年，所以可以确定其开凿时代为804年，亦即藏历阳木猴年，唐德宗贞元二十年。虽然也有学者对此提出过不同意见③，但目前学术界较多

---

① 恰白·次旦平措：《简析新发现的吐蕃摩崖石文》，《中国藏学》1988年第1期。
② 王森：《西藏佛教发展史略》，中国社会科学出版社，1997，第22页所附"吐蕃赞普世系表"。
③ 如阿米·海勒认为这里的"猴年"可能是指吐蕃赞普赤德松赞时期的816年，参见〔瑞士〕阿米·海勒《公元8～10世纪东藏的佛教造像及摩崖石刻》，杨莉译，刊于《国外藏学研究译文》第十五辑，西藏人民出版社，2001。

学者仍采信这一意见。

其二，从主持和参与此处造像的人员构成情况来看，等级很高，他们当中有不少人曾经参加过唐蕃会盟，所以恰白·次旦平措先生指出："参与唐蕃会盟者们专门在此地雕刻佛像和经文，祈求赞普敬事，功业昌隆，众生安乐，其目的是为了顺利实现汉藏团结、天下太平的盟约"，这对于我们认识当时唐蕃关系的历史背景及吐蕃在此地造像的目的、意义给予了新的启发，在后文中笔者还将述及。

其三，题记中提供了造像在工程组织方面的许多具有价值的信息。如根据石刻题记可知此项工程的"总执事"，亦即工程的总管为窝额比丘朗却热、色桑布贝等人；"工头"亦即技术总指挥为比丘西舍，比丘□□松巴辛和恩当艾等人；"勒石者"亦即刻石工匠为乌色涅哲写及雪拉公、顿玛岗和汉人黄崩增父子、华豪景等人，可见此项工程组织系统严密，分工明确，尤其是在勒石者当中既有藏族、也有汉族工匠通力合作。石刻当中不仅留下了汉族工匠的姓名，据恰白·次旦平措先生的文中介绍，还有"似为表达愿望的几十个汉字"，虽然我们目前已经无法全面了解这些汉字的内容，但可以推测很可能也是参与工程的汉族工匠们祈愿民族和平、安居乐业方面的语句。

其四，在新的调查资料中还披露此处石刻题记当中有汉文的"大蕃国"字样，在唐代官方正史中多称"吐蕃"，过去在敦煌文书中曾有过吐蕃占领之下的唐朝旧臣称"吐蕃"为"大蕃"的记载[①]，史家多认为吐蕃王朝极盛时所称吐蕃本土以外为"大蕃"[②]。可由此推之参加此处石刻造像所征集的汉族工匠其身份均应为吐蕃占领区内的属民。

（2）扎廓西摩崖造像

扎廓西摩崖造像位于今西藏自治区芒康县纳西乡扎廓西沟内，此处造像最初系在西藏文物普查工作中调查发现并有过简略的报道[③]，笔者后来对此作过进一步的考古调查与初步研究[④]。

---

① 如吐蕃占领下的敦煌唐旧臣王锡在呈给吐蕃赞普的第一道表章中称："更植□赢，仍加冷。自到大蕃，不服水土；既无药饵，疾病尤甚"；王锡向吐蕃赞普上奏的第二道表章中称："今者大蕃之与唐俱为大国，况仍接邻，又是舅甥诚合。使乎往来，商贾交易。"参见〔法〕戴密微《吐蕃僧诤记》，耿升译，西藏人民出版社，2001，第243、274页。
② 藏族简史编写组编著《藏族简史》，西藏人民出版社，1985，第128页。
③ 陈建彬：《西藏摩崖造像调查简报》，《考古与文物》1990年第4期。
④ 霍巍：《试析西藏东部新发现的两处早期石刻造像》，《敦煌研究》2003年第5期。

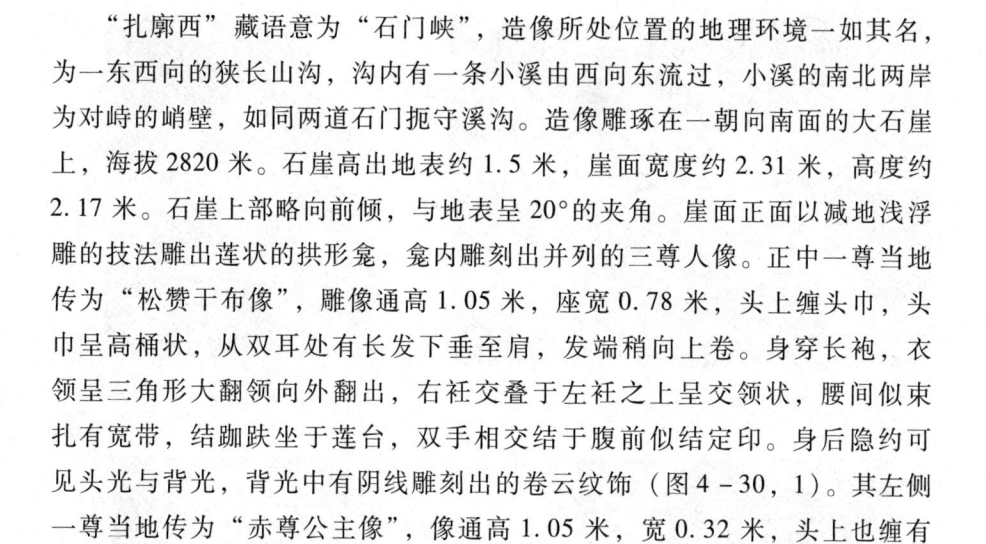

"扎廓西"藏语意为"石门峡",造像所处位置的地理环境一如其名,为一东西向的狭长山沟,沟内有一条小溪由西向东流过,小溪的南北两岸为对峙的峭壁,如同两道石门扼守溪沟。造像雕琢在一朝向南面的大石崖上,海拔 2820 米。石崖高出地表约 1.5 米,崖面宽度约 2.31 米,高度约 2.17 米。石崖上部略向前倾,与地表呈 20°的夹角。崖面正面以减地浅浮雕的技法雕出莲状的拱形龛,龛内雕刻出并列的三尊人像。正中一尊当地传为"松赞干布像",雕像通高 1.05 米,座宽 0.78 米,头上缠头巾,头巾呈高桶状,从双耳处有长发下垂至肩,发端稍向上卷。身穿长袍,衣领呈三角形大翻领向外翻出,右衽交叠于左衽之上呈交领状,腰间似束扎有宽带,结跏趺坐于莲台,双手相交结于腹前似结定印。身后隐约可见头光与背光,背光中有阴线雕刻出的卷云纹饰(图 4-30,1)。其左侧一尊当地传为"赤尊公主像",像通高 1.05 米,宽 0.32 米,头上也缠有呈高桶状的头巾,头发从耳后下垂至肩,身穿三角形大翻领长袍,腰间束扎衣带,直身站立,衣袍下摆处露出鞡头靴,一手下垂,一手上举齐胸,手中似原持有物。此像上身略长,下身较短,不成比例(图 4-30,2)。与赤尊公主相对的另一侧造像当地传为"文成公主像",像通高 0.88 米,宽 0.54 米。其头巾与衣饰特点与赤尊公主完全相同,也是一手自然下垂,另一手上举齐肩,手中执有一物,但已漫漶不清,无法识出(图 4-30,3)。

　　在此崖面的东侧,另有一块高约 1.40 米、宽 0.90 米的崖石,上面也雕出一拱形的小龛,龛内雕刻有一尊坐像,像高 0.96 米,身下的莲座高 0.21 米,当地传其为陪同文成公主进藏的吐蕃著名大臣"禄东赞"之雕像。其衣饰特点与正面崖面所雕刻的三尊人像完全相同,也是头上缠有高桶状的头巾,身穿带有三角形大翻领的长袍,结跏趺坐于莲台,一手屈置于双腿,另一手自然下垂平置于膝前(图 4-30,4)。

　　上述四尊造像具有相同的雕刻技法与风格特征,当为同时期的遗存应无疑问。造像的面部均被破坏,但身体大部尚称完好,头饰、服饰以及衣纹均清晰可辨。因在造像附近未发现任何文字题铭,无法找到直接的断代证据。此外,在与造像所在崖面相对的河岸边石崖上,以阴线刻的方式刻有藏文经咒、六字真言、佛塔等,但雕刻技法和风格与前者已完全相异,显系后期所刻,与石刻造像明显不属于同一时期。

1. 主尊大日如来（旧传松赞干布像） 　　2. 胁侍菩萨像（旧传赤尊公主像）

3. 胁侍菩萨像（旧传文成公主像） 　　4. 胁侍菩萨（旧传禄东赞像）

图4-30　昌都芒康扎廓西摩崖造像（霍巍摄）

此处石刻近年来开始引起学术界的关注，相关研究、著录日益增多。如《中国美术分类全集·中国藏传佛教雕塑全集》（以下简称为《全集》）之5"石雕"卷中，对其有所述及。此书中收录了芒康县"扎廓拉康小石窟"内的两尊石像，分别定名为"左胁侍菩萨"和"右胁侍菩萨"，其时代均定为"吐蕃时期（8~9世纪）"①。《全集》所称的"扎廓拉康"，与

---

① 李翎等：《中国美术分类全集·中国藏传佛教雕塑全集》5"石雕"卷，北京美术摄影出版社，2002，图版第8~9页。

本文所述的扎廓西实为同一地点,文中所述的左右两尊"胁侍菩萨",即为本文记述的传为"文成公主"和"赤尊公主"的两尊石像。但《全集》中对这一地点中其他两尊石刻则未曾提及。

扎廓西沟石刻造像中的人物衣饰最大的特点,首先是身穿带有三角形大翻领的交领袍服。笔者曾经推测这种服饰很可能是当时吐蕃王室贵族的常服①。其次,石刻当中人物形象的头上都缠有高桶状的头巾,头巾似在头部经过一定式样的折叠,头巾的下摆有的下垂至肩,这种头巾的裹缠方式无疑与敦煌吐蕃时期的藏人形象具有相同的特征。再次,扎廓西沟石刻造像中的人物头发多下垂齐肩,头发的发端向上略呈翻卷状,这些特征与敦煌吐蕃时期的藏人图像也颇为相似。

吐蕃时期的有关人物形象的图像考古资料,在西藏本土现已所存甚少。但在吐蕃占领敦煌时期于河西地区所遗留的图像资料当中,我们还能见到一些吐蕃时期的人物形象。对此匈牙利学者卡尔梅曾有过较为系统的论述可供参考。如现已被掠至国外的敦煌8世纪绢画《舍利佛与劳度叉斗圣》,图中有四个吐蕃人的形象。据卡尔梅的研究,其服饰特点为"衣袍的长袖盖住双手,翻领在后面形成三角形的翻边,或者延伸到胸前的翻边。衣领是在领角上用圆形装饰物或者纽扣固定住的。衣领、袖口、长袍的镶边则用色彩鲜明的料子。窄腰带,修长的衣袍,头巾,以及齐肩的发卷,令人回想起禄东赞的形象"②。在年代稍后的吐蕃占领敦煌时期开凿的第158、第159两窟中,绘有吐蕃赞普及王族的形象。其中,第158窟表现了一位由两个侍从扶持着的吐蕃赞普和众王子面对佛涅槃号啕痛哭的场面,赞普头上罩着王室的宝盖,头戴用三瓣宝冠箍住的有凹槽装饰的无檐帽,"他的富丽堂皇的长袍,衣领翻在前后边形成三角形的翻边,并展示出长袍里面的一两层内衣,两袖长得笼住双手。赞普右边的侍者身着类似的长领开袍,头戴平顶的无檐帽,或似经过折叠的头巾,末端伸在一边,并可见到他左肩上的发卷"③。第159

---

① 霍巍:《西藏西部佛教石窟壁画中供养人像服饰的初步研究》,《四川大学考古专业创建四十周年暨冯汉骥教授百年诞辰纪念文集》,四川大学出版社,2001。
② 〔匈〕西瑟尔·卡尔梅:《七世纪至十一世纪西藏服装》,胡文和译,载于《西藏研究》1985年第3期。
③ 〔匈〕西瑟尔·卡尔梅:《七世纪至十一世纪西藏服装》,胡文和译,载于《西藏研究》1985年第3期,第86页。

窟共有包括吐蕃赞普在内的八个人物，赞普的头部上方有华盖，其服色为白色，袖口有深色的镶边，头戴红色的无檐帽，衣领翻在两边呈三角形。其他的藏人形象也都是穿着宽领的长袍，"这些宽领几乎都从肩上翻至后背，又延伸到胸部下面，在靠髋部处塞进腰带中"。① 由于吐蕃占领敦煌与其在敦煌的式微这一特殊历史背景的限定，所以上述资料的年代均不会晚于公元9世纪，其年代标志也是比较准确的。

上述这种吐蕃式样的头饰在卫藏地区佛教"后弘期"初期的壁画供养人形象中也有发现。宿白先生在考察山南扎囊县札塘寺大殿壁画时观察到，"多数供养人在三角冠饰之后用头巾缠裹发髻成高桶状"，他认为其一方面继承了吐蕃占领敦煌时期的传统式样，同时也有新的变化："此种高桶状冠饰，虽与敦煌莫高窟吐蕃占领时期壁画中绘出的吐蕃贵族供养像相似，但冠饰前所列之三角形件却在后弘期藏传佛像、菩萨所习见。"② 同时他还指出："值得注意的是在日喀则市夏鲁寺大殿门楼底层壁画所绘此类供养人的形象亦着有此高桶状冠饰者。"③ 谢继胜先生对此种传承则径直认为："这种吐蕃头饰或许代表了一种札塘艺术家的怀念吐蕃诸王的情绪。"④

依据上述分析，我们可以认识到，藏东昌都市这两处石刻造像均具有吐蕃时期人物头饰、服饰、台座等方面的若干特点；再从造像题材方面考虑，扎廓西石刻当中的主尊像应与当地传说的松赞干布、文成公主无涉，被称为"松赞干布"的主尊像有头光与身光，双手在腹前结定印，实际上也是大日如来像；其两侧被称为"文成公主"与"赤尊公主"的造像实际上即为大日如来的胁侍菩萨的造像，从其造型特点上观察很可能也是金刚手与观世音菩萨，只是因其具有较为浓郁的地方特点，大日如来与胁侍菩萨可能都身着俗装，与当时吐蕃王室贵族的形象相似，与藏东地区其他各处大日如来佛形象相比有一定区别。熊文彬先生认为，这种身着吐蕃王室贵族式样的大日如来像或许表明大日如来信仰在藏地流行之始曾经经历过

---

① 〔匈〕西瑟尔·卡尔梅：《七世纪至十一世纪西藏服装》，胡文和译，载于《西藏研究》1985年第3期，第86页。

② 宿白：《藏传佛教寺院考古》，文物出版社，1996，第69~70页。

③ 宿白：《藏传佛教寺院考古》，文物出版社，1996，第70页。

④ 谢继胜：《西夏藏传佛画：黑水城出土西夏唐卡研究》，河北教育出版社，2002，第243页注释31。

一个"地方化时期"①,这个意见值得注意。

综上所述,在吐蕃时代的文物极为稀有的情况下,西藏东部还保存着年代标志明确、造型生动丰富的吐蕃摩崖造像,强烈地吸引着国内外学术界的目光,这无疑是十分重要的一批历史文化遗产。由于其地处汉藏交界地区,在造像风格、文字题铭上均渗透着汉藏文化交融的若干特征,加之当地藏族群众对唐文成公主进藏、促进了汉藏关系发展这一历史事件怀有很深厚的感情和历史记忆,往往将这些造像比附于文成公主、松赞干布,或认作其化身,或认为是"唐蕃古道"上的历史遗存,对其热爱有加。所以无论从历史意义和现实意义而言,吐蕃摩崖造像都是十分重要的。从开发利用的角度来说,这些文物资源对于将来当地发展"唐蕃古道""茶马古道"等以文化线路为中心的旅游产业,也可以发挥更大的作用。综合这些因素,笔者认为完全可以将其列为国家级重点文物保护单位,但现状却是未能列入自治区级的文物保护单位之中,这显然与其应有的地位和价值认定是不相对称的。还要提及的是,在西藏各地还保存着数量巨大的不同时代的摩崖石刻造像②,其中不乏具有相当艺术与宗教文化价值的精品,随着西藏各地交通、通信、石化等现代化建设步伐的加速,都面临着不同程度的人为破坏的危险,如果我们予以高度重视,采取有效保护,加以合理利用,则可以在西藏社会现代化的进程中保持其文化传统和特色,使这些文物点与现代景观融为一体,相辅相成,交相辉映。

6. 古城址

西藏的古城址是古建筑中一个重要的门类,但过去对其关注不够,列入各级文物保护单位的数量不多或者级别不高。例如,位于今吉隆县境内的贡塘王城,无论其历史价值还是建筑艺术都应在西藏的文物资源中占有重要地位,但长期以来却仅仅被列入县级文物保护单位。

贡塘王城(图4-31)在今西藏自治区日喀则市吉隆县宗喀乡境内。走进这座古城,它坚固的构造和精妙的结构首先令人叹为观止。这座古城

---

① 此意见来自中国藏学研究中心佛教艺术史研究专家熊文彬博士在北京举行的第三届"西藏考古与艺术国际学术讨论会"上的讲演。
② 有关西藏摩崖石刻造像的基本情况可参见陈建彬《关于西藏摩崖造像的几个问题》,四川大学博物馆、西藏自治区文物管理委员会编《南方民族考古》第四辑,四川科学技术出版社,1992。

堡的墙体都是采用人工夯筑而成，城墙的基础都是利用天然的大石头垒砌，中间以泥土填实，形成高约1米的墙基，在墙基之上分层夯筑墙体。夯筑所取的材料都是就地取材，利用吉隆当地的黄土掺杂以小砾石，夯层厚度每层为40～60厘米，墙体厚度达2米以上，墙体的局部夹夯有木板，这种筑城的方法从中亚到中原唐代城市都曾经十分流行，一旦等到这些带有黏性的泥土在高原强烈阳光的烘烤之下干燥成形，其坚固的程度可以和现代的水泥媲美，即使用坚硬的金属工具用力敲击，也只能在墙体上留下星星点点白色印迹而已。

图4-31　吉隆贡塘王城远眺（霍巍摄）

贡塘王城虽然仅仅只残存下来一些残垣断壁，但还是可以十分清楚地观察到这座古城的布局：城堡分为内、外两重城墙，外围墙的厚度可达2米以上，卫兵们可以沿着城墙绕城巡逻。在外墙的正中和四个角上，都建有城楼和角楼，城楼和角楼之间最长的距离不超过90米，这正是古代弓弩手们最佳的射程。城垣中央的城楼长约15米，最宽处约10米，凸出于城墙之外。沿着城楼的内部有夯土筑成的阶梯可沿壁盘旋而上，城楼内的建筑物现在已经全部倒塌，但是壁面上残存的木椽痕迹还清晰可见，由此可以推测出当时的城楼内部原应有楼层之分，每层楼的高度为2～3米，在城楼的四面墙体上都向外分层开设有射击孔和瞭望孔，其形状有梯形和长方形，都是内宏外狭，而且上下楼层之间的射击孔都相互错位，可以从不同的层面形成密集的防御火力网。

与城楼互为犄角之势的是建在城堡四角上的角楼,其中,保存得最好的一座角楼是城堡南墙的东南角楼,角楼的平面略呈一"日"字形,边长约 10 米,门道仅可容一人通行,进门后在墙体上夯筑有阶梯,可以拾阶而上直达城顶。原来的楼层也是三层,每层高度也为 2~3 米,墙体上的射击孔和瞭望孔一如城楼,也进行过精心布置,交叉错落的射击线路可将所有的死角都纳入控制范围内。登上角楼,四周方圆十几里以外的道路形势尽收眼底,可以想见当年城堡的守卫者不仅可以居高临下扼控整个城区,而且还可以侦察到城堡周围的敌情变化,一旦有险,可以预先在城楼上登高报警;若遇敌进攻,从布防严密的城楼和角楼之间也可以形成密集的交叉火力网,御敌于城门之下(图 4-32)。

图 4-32 吉隆贡塘王城一角(霍巍摄)

有关这座古城的历史背景,笔者曾经查阅过大量历史文献,从中去寻找相关的背景资料,了解到一个重要的线索:这座古城被称为"贡塘王城",据说它的主人是显赫一时的吐蕃王室的后裔,和位于今天西藏西部阿里的古格王国也有着密切的联系。根据这个线索,我们很快查到"贡塘"这个地名,它在藏文史书中多有述及,如在《卫藏道藏胜迹志》中,就曾记载西藏佛教后弘期噶举派著名高僧米拉日巴的诞生地就在"芒域贡塘"。而这里所讲到的"芒域贡塘",已故藏学家刘立千先生对它的地望有过详细的记载:"芒域古时属阿里三围之一,范围在今从普兰宗北到后藏昂仁宗,南到吉隆宗及接近尼泊尔边界,贡塘属日喀则专区吉隆县治所在地的宗喀南面，原吉隆宗的西北，贡塘拉大山的南面。"这个地理位置恰恰也是我们考古调查发现的这座古城所在的位置，两者之间的关系十分密切。之所以有"芒域贡塘"这个称呼，看起来和它北面有座大雪山叫作"贡塘拉"有关。但是，这里所称的"王城"又是怎么回事呢？它是西藏历史上哪一个王朝所建立的城堡呢？

结合西藏历史上的一些重要史实，这座古城的历史面貌有了一个大致的轮廓：869年，吐蕃王国发生了"臣民反上"的暴动，吐蕃王室内部由于争夺王位继承权也发生了长期的战争，最终导致吐蕃王国走向了崩溃。风雨飘摇之中，吐蕃末代赞普朗达玛之子卫松的后裔吉德尼玛衮不得不西逃阿里，他的子孙后来在阿里先后建立起拉达克王朝、古格王朝、普兰王朝、亚泽王朝等"阿里小朝"。关于古格王国的这段历史往往为后世所熟悉，西藏西部阿里的古格王国遗址也吸引了众多考古学家、探险家、旅游者不畏艰险前往考察。但是，却很少有人知道，其实在藏文史书《汉藏史集》中，还曾记载吉德尼玛衮有一个同父异母的弟弟名叫赤扎西则巴贝，是他的父亲贝考赞同其次妃泊萨彭杰所生。当年哥哥吉德尼玛衮远逃阿里之时，同父异母的弟弟赤扎西则巴贝也向西逃亡，史书中记载他"占据了阿里贡塘以下的地方，他的儿子是贝德、沃德、吉德，他们被称为下部的三德"。这条史料的重要之处，在于它说明了赤扎西则巴贝所占据的地方即叫作"阿里贡塘"，也被称为"下部阿里"，实际上就是指今天的吉隆一带。

那么，考古发现的吉隆县城西南角上的这座古城，是否就是赤扎西则巴贝所建立的"阿里贡塘"王都的遗址所在呢？如果这一考证能够成立的话，这座古城的创立以及发展的历史线索就有希望被揭示出来。在考古调查中，西藏自治区文管会主任索朗旺堆从藏文版的《贡塘世系源流》中查找到一批十分重要的文献材料。按照这部史书的记载，赤扎西则巴贝在吉隆一带所建立的小王朝叫作"贡塘王朝"，一共传了32代，经历了数百年的统治。在贡塘王朝第6代王拉觉德时期，"在形似巨幅帷帘之西山脚兴建宫堡，并在周围砌以围墙及修筑壕沟"，这应当是贡塘王城初建之时。到了第11代王朋德衮时期，不仅有了宫殿的四大门，修筑了城墙、碉楼，还在城内建造了中央王宫、王妃殿、神殿及如来佛灵塔等建筑。由于朋德衮在大修城堡前曾前往萨迦会见过八思巴，所以我们可以推知这个时期大约正值13世纪。第14代贡塘王赤扎西德时期，动工修建了大围墙。第16

代贡塘王赤杰索朗时期和第17代贡塘王赤拉旺坚才时期，在城内先后修建过大寺院、北王宫、密宗殿等建筑物。所以，根据这些文献史料，已经完全可以肯定这座古城正是历史上吐蕃王朝后裔所建立的"贡塘王朝"的都城遗址——贡塘王城的外城郭废墟，结合文献所记的贡塘王系，可以初步推定它的始建年代大约相当于11世纪，与阿里古格王国都城札不让的始建年代大体相同，在13世纪这座古城有过较大的扩建工程，城堡大体上定格成形于14~15世纪，至今已有900多年的历史了。

遗憾的是，由于年代久远，贡塘王城内的建筑物早已荡然无存，不过当地藏族群众中却仍然流传着许多关于这座古城的传说：如传说当年在内城的四个角上各建有一座神殿，分别叫作次巴摆、浪木加摆、坚热斯摆、甲央摆（摆：在当地方言中即神殿之意），而贡塘王的宫殿则建在内城偏东的位置上，是一座三层高的楼阁，与城内位于西面的曲德寺可以两相遥望，每当曲德寺举行宗教法会之时，贡塘王和曲德寺的高僧可以各自登临殿堂顶部，同时从东、西两个方向观看寺院僧众表演跳神舞。

通过上述这个例证，即可知道在西藏所保存下来的文物资源当中，类似贡塘王城这样既具有直观的视觉效果，又具有丰富的文化内涵的建筑门类还有很大的发掘利用空间，其潜在的文化价值应当给予高度重视，并采取保护级别的提升、申报国保单位等积极有效的举措加以合理开发和利用。

7. 其他类别文物

以上，我们对几类过去重视程度不够、但数量较丰的不可移动文物的潜在价值与利用空间作了阐述，这仅仅不过是试图"举一反三"，以期说明西藏文物资源的丰富性、多样性和珍稀性特点。事实上，在西藏地区具有特殊文化价值和潜在优质品性的文物点还可以列举出许多，限于篇幅，再选择数例较为特殊类型的文物资源加以论述。

（1）芒康盐井

芒康盐井位于滇藏交界的芒康县盐井镇，在茶马互市的时代，盐井因其传统的制盐术和盛产的井盐而著名，盐井镇也成为历史上"茶马古道"从云南进入西藏后的第一个驿站，是横断山区古代商贸的重要集散地。古老的制盐术是由江水提供盐水，然后用粗大的原木在江边搭架晒盐的盐田骨架，原木上面横铺一层结实的木板，最后再在上面铺上一层细细的沙土，这样取来的盐卤向上可以蒸发，向下可以渗透，待到结成盐粒结晶体后，再从盐田上刮取装袋，运往各地。这种古老的方法并不复杂，但却能够产出优质的井盐。每年的3~5月，是这里晒盐的黄金季节。这时不但高原的阳光强烈，而且河谷中的风也很强劲，很容易出盐，这时产出的盐据说是品质最好的。此时也正是澜沧江两岸桃花盛开的时候，所以在这时生产的盐也被称之为"桃花盐"，远销滇、川、青、藏等各个藏区，深受藏族人民的喜爱。从旅游景观而论，这时满架的白色井盐和万紫千红的各色桃花交相辉映，也成为一道极具震撼力的人文与自然共生景观带。

芒康盐井过去藏于深山峡谷之中而鲜为人知，近年来随着历史学界、民族学界对"茶马古道"历史文化线路的多次调查，开始引起人们的关注。在第七批全国重点文物保护单位申报立项中，芒康盐井经著名考古学家、北京大学考古文博学院教授宿白先生提议，直接进入到立项程序，经与会评审专家的一致通过已报请国务院最后审定。西藏自治区文物部门近期也将其申报列入世界文化遗产目录，并派员对盐田进行了全面保护规划[1]，其重要的历史价值与旅游价值已获学术界和社会其他各界的高度认同。

（2）拉萨关帝庙（格萨尔拉康）

拉萨关帝庙位于拉萨市城关区北京中路布达拉宫以西约0.5公里处的巴玛日小山岗（又称磨盘山）。此处古建筑在西藏自治区第二次文物普查中经过正式的考古调查，注录于1985年出版的内部资料《拉萨文物志》[2]。拉萨关帝庙属汉式建筑，建筑面积800平方米，依山而建，整个建筑处于两个不同的平地上，由门厅、两侧楼房和中心庭院等构成建筑平面。门厅为长方形，可从南面拾阶而上，步入大门后有一方形小庭院，庭院东南两边建有二层楼房，楼房底层是僧舍，上层是接待、办公用房，庭院北边为关帝庙主殿和文殊殿。在建筑风格上，殿前建筑为抬梁式结构，硬山式屋顶，上覆红琉璃瓦，四角及屋脊两端有红陶鸱尾。文殊殿的建筑风格与大殿基本相同，房顶所用建筑材料有大板瓦、筒瓦、平瓦，屋檐板瓦带有角形滴水，滴水周边饰卷云纹，平瓦上则饰有花草图案，具有浓郁的汉式建筑风格。

---

[1] 笔者曾参加由西藏自治区昌都市行署组织的"茶马古道"滇藏段学术考察，对芒康盐井进行过实地调查，近期的保护规模进展情况由西藏自治区文物保护研究所、昌都市文物局提供。

[2] 西藏自治区文物管理委员会编《拉萨文物志》（内部资料），1985，第55~59页。本文有关资料皆来源于此，不再重复注出。

关帝庙的修筑与清军协助藏族人民抗击廓尔喀侵略者的战役有关。清乾隆五十四年（1789）四月，廓尔喀军队从尼泊尔入侵我国西藏聂拉木、济隆（今称吉隆）等地，清政府派军队入藏，将其全部驱逐出境；乾隆五十六年（1791），廓尔喀人再次入侵聂拉木、济隆等地，并一直攻到后藏日喀则市，将扎什伦布寺的财产、法器抢夺一空。清政府派大将军福康安率师入藏，于乾隆五十七年（1792）七月再次将廓尔喀军队驱出国境，保卫了祖国边疆。后来，留守在西藏的清军官兵为了表达对家乡和传统文化的热爱之情，在其兵营附近修建了一座关帝庙，后来随着前来朝拜的人数不断增加，旧有的庙宇已经不能容纳，所以又择址在磨盘山修建了这座关帝庙，从筹建到施工约费时半年，"凯旋之日，庙适落成"，成为清军官兵和汉藏群众的朝拜重地。之所以后来又被称之为"格萨尔拉康"，是因为关帝庙内所塑的关帝塑像与藏族民间传说中的英雄格萨尔王相差无几，所以当地藏族群众认为关帝就是藏族英雄格萨尔，也前来朝拜致敬，成为清代以来汉藏文化交流的一段佳话。

第二次西藏全区文物普查时，考古专家就做出过这样的评价："磨盘山关帝庙自创建至今将近200年了，它完整的结构布局和历史文物是研究清朝在藏施政用兵的宝贵资料，对文献的记载也有一定的补充，同时也是汉藏人民共御外侮、保卫祖国神圣领土的历史见证。"在第七批全国重点文物保护单位申报项目专家复核意见中，专家们再次认定其价值："拉萨关帝庙总体布局保存比较完整，2005年对屋面、外墙、环境进行了修缮，建筑结构框架没有改变，文物价值依存。在西藏有如此完整汉族文化的关帝庙，其政治意义十分重大，而且具有重要历史意义。"[①] 鉴于上述情况，拉萨关帝庙被列入西藏自治区级文物保护单位，并在第七批全国重点文物保护单位申报工作中由西藏自治区推荐到国家文物局组织专家评审。

（3）上盐井天主教堂

上盐井天主教堂位于昌都市上盐井乡上盐井村，是一座由法国神父丁玉于1891年创建的天主教堂。教堂占地面积3200平方米，前廊列4柱，堂内通高6米，内置有14根圆形的立柱（图4-33）。教堂供台上供有圣母像，

[①] 国家文物局编印《第七批全国重点文物保护单位申报项目专家复核意见》（内部资料），2010，第204页。

高 0.5 米，上竖十字架，架上为耶稣受难铜像，高 0.5 米。另供有巴扎铜像，堂内悬挂有圣母、耶稣唐卡多幅。堂内壁画绘有圣母、耶稣和轮船，天花板上绘有宇宙天体图。教堂顶上竖立十字架和耶稣像，顶部结构为三联圆弧形拱顶（图 4-34）。至今，这座天主教堂仍有信教群众在此活动。

图 4-33　上盐井天主教堂

采自中国西藏旅游网，http://www.tibetcn.com/cdjd/2009091103.html。

图 4-34　上盐井天主教堂内部

采自中国西藏旅游网，http://www.tibetcn.com/cdjd/2009091103.html。

上盐井天主教堂是近代史上西方传教士来华活动的重要史迹之一，反映了天主教在西藏东部地区传播的历史片断，在西藏更是为数不多的能够保存至今的天主教堂。在藏传佛教寺院作为西藏传统建筑大宗的西藏高原，这样一座天主教堂的存在有着特殊的意义和价值，也是近现代建筑当中一个独特的门类。但是长期以来这座天主教堂并没有被列入自治区级文物保护单位之中，而且其建筑式样和风格并未能得到传承与保护，如1987年在对教堂进行维修时，就将原来教堂建筑的西方拱顶式建筑改为现在的藏式平顶建筑，丧失了原有风貌。因此，对于这样的近现代建筑门类应当引起高度重视，将其列入有效保护范畴之中。

（4）现代爱国主义教育建筑

1951年西藏和平解放，西藏历史揭开了新的篇章。在西藏各级文物保护单位当中，现代爱国主义教育建筑是一个过去重视不够但却十分重要的门类，在对广大西藏青少年和干部群众进行爱国主义教育、革命传统教育等方面，它们都具有重要的功能和作用。随着西藏社会现代化进程的不断加快，这类文物如果不加以有效保护和合理利用，很容易随着城市建设改造等工程受到人为破坏。近年来，西藏自治区文物部门对于现代爱国主义教育建筑高度重视，先后将中央人民政府驻藏代表办公楼、中共西藏工委办公处、原西藏军区一号和二号院、西藏自治区筹备委员会办公处、中共亚东县委外办、日喀则行署会议室、江孜县委会议室、昌都解放委员会办公旧址、十八军五十二师师部办公室旧址等现代建筑公布为西藏自治区级文物保护单位，这是颇具远见的。

在这批现代爱国主义教育建筑中，不少都具有标志性意义，不仅反映了西藏和平解放过程中中央人民政府和驻藏人民解放军的光辉历程，建筑物本身也很有时代特色。

中央人民政府驻藏代表楼　中央人民政府驻藏代表楼位于西藏自治区小学校院内（图4-35），1964年由中央人民政府拨专款修建，1965年建成使用，整个建筑物为两层楼的砖石结构，东西对称分布，内部房间布局紧凑，均铺有木质地板。东南侧为中共西藏工委会议室，设计独特，外形酷似贝壳，内部宽敞明亮。此外，会议室东侧还有4座中共西藏工委其他领导人的住所，错落分布在绿树与灌木丛中，均为独立小院，砖石结构，建筑式样略带欧式风格。中央人民政府驻藏代表张经武曾在此居住和办公。

图 4-35　中央人民政府驻藏代表楼

采自中国文物信息网, http://www.ccrnews.com.cn/102788/85596.html。

中共西藏工委办公处　中共西藏工委办公处位于现西藏自治区发展和改革委员会院内,建成于1956年。共由三幢别墅小楼构成建筑群落,每座小楼均坐北朝南,东西呈一线排列,建筑风格基本相同,略带欧式,整体外观为长椭圆形,高两层、砖石结构,内部房间较多,错落有致,房间内均铺设有实木地板,1962年在楼外修有防空洞。中共西藏工委成立于1952年,于1965年改为中共西藏自治区委员会,在西藏和平解放、执行十七条协议、平叛和民主改革、西藏社会主义建设等历史进程中均发挥了重要的指导性作用。这处办公旧址于1956年落成之后,中央人民政府代表张经武以及西藏工委范明、郭锡兰、周仁山等领导同志都曾先后在此居住,其中张经武同志住在三幢小楼中最靠西边的一座,被称之为一号楼;中间一幢先后居住过范明和郭锡兰同志;东面一幢小楼居住过周仁山同志。这一建筑群落见证了西藏和平解放后我党对西藏各项工作的领导与关怀,具有重要的历史价值,从建筑风格上看,也具有20世纪50年代后期的时代风格。

昌都市解放委员会办公旧址　昌都市解放委员会办公旧址位于昌都市县城城关镇西路居委会昌都市行署大院内,为1951年1月1日成立的昌都市人民解放委员会办公所在地,中国人民解放军第十八军进藏将领们曾在此办公,直至1959年国务院发布公告,宣布撤销昌都市人民解放委员会(图4-37)。建筑物坐北朝南,为一楼一底的砖木混合结构,单檐悬山式屋顶，屋面施小青瓦，底层正中开门，前出抱厦。建筑面积 870 平方米，保存情况基本完整，现为中共昌都地委办公楼。

图 4-36　昌都市解放委员会办公旧址

采自中国西藏网，http://blog.tibet.cn/group.asp?cmd=show&gid=114&pid=864。

第三节　对西藏潜在重点文物资源的总体评价

通过本章第一、第二两节的分析评估，对于西藏潜在重点文物资源的评价体系、标准以及现状均有了较为系统、全面的认识，从总体上而论，可以归纳概括为下述各点：

第一，按照目前国家所制定的全国重点文物保护单位评选标准加以衡量，这些基本标准对于西藏地区而论不仅是完全适合的，而且在若干细则的制定上对于西藏这样一个以藏民族文化为主体和特色、以藏传佛教为主流色彩的民族地区也是极为有利的，所以，应当充分利用这种政策上的优势，跨越式地大力推进对西藏重点文物保护单位的申报、管理工作，并在合理利用方面走出新路径。

第二，通过对全国重点文物保护单位的价值原则、真实性和完整性原则以及评选标准的深刻认识，有助于我们根据西藏的具体情况，进一步建立健全已有的自治区级文物保护单位和市县级文物保护单位的基础资料，从结构与布局上调整、完善和充实各类文物点，从中筛选具有竞争力的文物点申报全国重点文物保护单位，改变西藏丰厚的文物资源保存状况与国家级重点文物保护单位现有数量之间的巨大反差。

第三，通过对现有西藏自治区境内各级文物保护单位和历次全区文物普查（尤其是第三次全区文物普查）基础资料进行科学分析，可以认识到，西藏是一个文物资源极为丰富的地区，虽然这里处于自然条件极为恶劣的高海拔、高寒、缺氧地区，但从史前时代直到进入西藏古代文明时代各个历史时期的人类适应并利用自然的活动都有大量地下和地面文物得以保留至今，而且由于自然地理条件和人文历史背景与祖国其他地区的差异性，这些文物点具有极其鲜明的个性特征，从不同的侧面反映出西藏高原社会发展和文明演进的若干精彩断面，不仅具有丰富的文化内涵，而且具有强烈的视觉冲击力、感染力，在中国文明和世界文明体系中均占有重要地位。但对这些潜在资源的认识还有一个过程，需要在坚实的田野考古工作的基础上，综合发挥考古学与文物学、历史学、民族学、民俗学、文化遗产学等多学科交叉融合的优势，从中提炼和升华其精粹，认识其核心价值。

第四，目前从中央到西藏各级政府对西藏的文物工作高度重视，采取了一系列行之有效的保护措施，取得了举世瞩目的成绩，各地基础工作开展得扎实有效，这为西藏申报国家重点文物保护单位奠定了良好的基础。尤其是在西藏自治区级文物保护单位当中，已经培育成熟了一大批具有实力冲击国家级文保单位的文物点，如果认真组织力量加以分析、论证，将会大幅度地提升西藏重点文物资源在全国乃至全世界的地位、影响力和竞争力，加强西藏文化的软实力。

第五，通过对西藏重点文物潜在资源的总体评估，也可以反观目前存在的主要问题：一是历史的原因造成了西藏自治区在全国重点文物保护单位的设置上门类较为单一，存在着重地面、轻地下；重宗教、轻世俗；重古代、轻现代等总体发展水平上的不平衡格局，有待于通过改变观念、改进工作来逐步改善这个局面。二是在已有的国家级文物保护单位当中，除极为知名者外（主要集中在第一批国保单位），大部分国保单位目前在海内外知名度不高，缺乏必要的宣传，不仅在专业人士中认知度较低，对广大民众的吸引力、感染力、影响力都有待进一步提高。三是应及时地对学术界已经公认具有较高学术、艺术、科学研究等方面价值的文物点进行升位（如将尚未公布为文物保护单位者及时加以公布；对已经公布为市、县级的文物保护单位升格为自治区级文物保护单位；将具有申报全国重点文物保护单位潜质的文物点及时列入预备申报名单，做好基础材料的准备工作等）。

第五章 西藏重点文物保护单位现状的若干个案分析

在已经设置的西藏重点文物保护单位中,如何有效地发挥其作用,使之真正成为构建社会主义精神文明的重要文化资源和全民文化素质教育的基地,是一个值得认真研究的问题。从西藏目前各重点文物保护单位的现状来看,其发展是不平衡的,有的不仅能够得到有效保护,而且在当地社会经济和文化建设等各项事业发展中发挥着越来越重要的作用。然而,也有一些重点文物保护单位虽然有了"国保单位"这块"金字招牌",但却在维护、管理与合理利用方面都还存在着不少问题。本章拟通过选取西藏重点文物保护单位若干个案的调查与分析,从中观察和反思问题与对策。

第一节 典型个案之一——藏王陵

藏王陵是吐蕃王国时期吐蕃统治阶级最高等级——吐蕃赞普(国王)的墓葬,目前文献记载与考古发现能够明确对应的藏王陵墓仅有位于山南琼结县境内的藏王陵墓(以下简称为"藏王陵")。藏王陵海拔3819米,为1961年公布的第一批全国重点文物保护单位。

从科学价值和文物价值而言,藏王陵是西藏境内现存规模最大、墓葬等级最高、保存相对完整的墓葬群。现存的20余座陵墓涉及吐蕃历代赞普,所反映的吐蕃王朝历史序列、陵墓的整体格局与遗存信息真实完整。藏王陵建造于7~9世纪300余年间吐蕃王朝形成、发展的重要时期,直接反映了这一时期的政治、经济、宗教、民俗状况、生产力、建筑技术与艺术等方面的发展水平,是研究吐蕃先民在陵墓选址、规划布局、建筑工艺等方面的第一手材料。藏王陵还是弘扬民族文化、教育民众认知民族历史

第五章
西藏重点文物保护单位现状的若干个案分析

的重要基地，有助于促进社会主义精神文明建设并增强民族自豪感和凝聚力。

长期以来，琼结藏王陵一直受到国内外学术界的高度关注，对其开展的研究工作也一直没有间断过。自 20 世纪以来，国外学者中先后有意大利学者杜齐（1948）、德国人霍夫曼（1950）、英国人黎吉生（1963）等进行过考察研究。1958 年，我国学者王毅先生对藏王陵作了实地考察[1]，这是中国学者首次在藏王陵开展的调查工作。其后西藏自治区文管会又先后数次对藏王陵作了考古调查，并对墓地上的赤德松赞墓碑作了发掘清理[2]。

简要地回顾和概括过去对琼结藏王陵的科学研究史，主要的关注点集中在三个方面：其一是对墓地中陵园布局情况以及现存吐蕃陵墓数量的考订；其二是如何与文献记载相对应从而比定各陵中入葬的吐蕃赞普名号；其三是对墓地中现存的墓碑、石狮及其相关问题的探讨。如意大利藏学家 G. 杜齐（Tucci）在 1948 年对琼结藏王陵墓所做的实地考察，杜齐绘制了藏王陵墓的分布图，并在两年之后发表了有关藏王陵墓的专著《吐蕃赞普陵葬考》（中译本译为《藏王墓考》），对藏王陵墓的形制、布局、墓前石碑及碑文内容等作了记述与研究[3]。在杜齐所著的《穿越喜马拉雅》（*Transhimalaya*）（中译本译为《西藏考古》）一书中，曾专辟出"藏王墓"一节对历史文献记载和藏王墓地考古调查材料相互作了比较。杜齐通过对琼结藏王陵的调查敏锐地意识到："王陵无疑反映了贵族家庭所遵循的葬礼习俗。一些贵族家庭，特别是赞普们从中选择了嫔妃的家族更加举足轻重，他们经常与王室发生权力之争，我们可以肯定，这些家族的成员也具有与赞普们同等规模的墓葬。在此，我们再次面临着这样一个需要未来的考古学家加以解决的难题。它需要对雅隆、拉萨和其它中心区域周围的古墓进行勘察及适当的发掘。"[4] 1950 年，德国学者霍夫曼（H. Hoffmann）根据文献考证，发表了《琼结地区之藏王墓》一文[5]。稍后，英国人黎吉

---

[1] 王毅：《藏王墓——西藏文物闻见记（六）》，《文物》1961 年第 5~6 期。
[2] 西藏文管会文物普查队：《赤德松赞墓碑清理简报》，《文物》1985 年第 9 期。
[3] 〔意〕G. Tucci: *The Tombs of Tibetan Kings*, Rome, 1950。中译本参见阿·晋美《藏王墓考》，刊于中央民族学院藏族研究所编《藏族研究译文集》第一辑，1983。
[4] 〔意〕G. 杜齐：《西藏考古》，向红茄译，西藏人民出版社，1987，第 24 页。
[5] 笔者未见原文，转引自童恩正《西藏考古综述》，《文物》1985 年第 9 期。

生（H. E. Richardson）也在对琼结藏王陵实地考察之后发表了《西藏之早期墓地及8至9世纪时西藏之装饰艺术》一文，并在文中提供了一些更为详尽的墓葬分布图及七幅照片①，这些工作都为后来中国学者考察藏王陵以及其他吐蕃王室贵族墓地打下了初步的基础。在前人工作的基础上，1994年笔者曾发表《试论吐蕃王陵——琼结藏王墓地研究中的几个问题》一文②，首次提出了藏王陵东、西两个陵区并存、与唐陵制度之间的相互影响等一些新的意见和看法。1993年和2000年，中国社会科学院考古研究所西藏工作队和西藏自治区文物局共同对西藏山南琼结县境内的藏王陵墓再次进行了实地勘测，获取了较之前人的调查更为翔实可靠的各陵墓建筑数据。此次调查利用航空照片和卫星照片等资料对现存吐蕃王陵的数量、分布情况以及各陵墓主等问题也取得了新的研究成果③。2012年6~8月，受西藏自治区文物局委托，四川大学考古系、四川大学中国藏学研究所组成考古队，对藏王陵再次进行了考古测绘与勘探工作，不仅在东、西两个陵区内新发现了以往从未发现的墓葬，同时还发现了1号陵东、北、西三面的围垣，整个陵区重新按照GPS定位系统进行了全面的地形与陵墓分布状况测绘，部分陵区还作了考古钻探工作④。上述这些考古调查与科学研究不仅积累了关于藏王陵的大量考古资料，也从学术上提升了藏王陵的影响度和知名度。

藏王陵作为国家于1961年首批公布的全国重点文物保护单位，历年来从中央财政到地方财政都得到了大量经费对藏王陵进行文物保护工作。其中较大的几次投入为：1984年，由国家文物局投入经费5万元，对藏王陵西陵区1号陵墓顶松赞拉康进行维修；1990年，国家文物局投入经费30万元，对西陵区1号陵前河堤进行维修；2000年，由西藏自治区财政投入900万元，在西陵区5号墓、6号墓侧修建了两座拦沙坝，并对陵区北面的河堤进行了修葺；2002年，由西藏自治区财政投入经费150万

---

① Richardson, H.: Early Burial Grounds in Tibet and Tibetan Decorative Art of the 8th and 9 Centuries, *Central Asian Journal*, 1963, Vol. 8, No. 2, pp. 73 - 91.
② 霍巍：《试论吐蕃王陵——琼结藏王墓地研究中的几个问题》，《西藏考古》第1辑，四川大学出版社，1994。
③ 王仁湘、赵慧民、刘建国、郭幼安：《西藏琼结吐蕃王陵的勘测与研究》，《考古学报》2002年第4期；中国社会科学院考古研究所编《藏王陵》，文物出版社，2006。
④ 有关本次田野考古工作的资料尚在整理当中。

元，开展了藏王陵保护规划的前期考古工作。2010 年，在国家文物局支持之下，藏王陵列入了"十二五"期间西藏文物保护工程计划名录，开始了保护规划的制定。

在文物保护机构的设置方面，琼结县成立了县文物局，并在藏王陵设立了文物保护工作站，有专人负责陵区内的文物保护工作。此外，琼结县民族宗教管理局也在陵区内 1 号陵——即松赞干布陵墓顶的寺庙松赞拉康设置了寺庙管理委员会（简称寺管会），现有寺管会管理人员 3 名，现任寺管会主任为顿珠多吉，均为寺内僧侣。

藏王陵区的管理体制最初确定为文物与宗教部门实行双重管理。双方具体分工为：由文物局负责陵区的文物保护、陵区维修与整治工作；由民宗局负责松赞拉康寺院的管理与对外开放。陵区的旅游门票由松赞拉康出售，收入所得交归地方财政后再由文物和民宗部门根据实际需要分配。据笔者 2012 年 8 月在藏王陵所做的实地调查，目前藏王陵实际上的经营管理权主要集中在寺管会，每天由松赞拉康负责对境内外游客发售参观门票（每张票 80 元人民币，各地藏族群众来此进香的香客则免票），门票收入最初由文物部门提成 10%，其余部分归宗教部门所得，再由民宗局与寺管会分成。但在经营运作后期由于门票收入很少，文物部门的提成也实际上形同虚设。

在开发利用方面，藏王陵是西藏自治区重要的旅游景点，也是山南地区推出的重要旅游景点之一。但与拉萨市、日喀则市、林芝市等西藏主要的旅游地相比较，藏王陵虽然名气很大，但实际的效益却有相当大的差异。以笔者于 2012 年 6~8 月的抽样调查为例，可以大致了解到其运营情况。

6 月 14~30 日（以半月为调查时间参数），总计参观人数 424 人。其中参观人数最多的一日为 6 月 30 日，共计 138 人；参观人数最少的一日为 6 月 18 日，仅有 5 人（这组统计数字中不包括藏族进香香客和政府部门免票接待的客人，以下均同）。

7 月 1~30 日（以全月为调查时间参数），全月共计参观人数 716 人，其中参观人数最多的一天为 7 月 30 日，共计 69 人；参观人数最少的一天为 7 月 2 日，仅有 3 人。

8 月 1~6 日（以一周为调查时间参数），参观人数共计 269 人，其中参观人数最多的一日为 8 月 2 日，共计 79 人，参观人数最少的一日为 8 月

1日，共计28人。

这组数据不仅与西藏同为全国重点文物保护单位的布达拉宫、大昭寺、日喀则市扎什伦布寺等文物点相比较存在着巨大的差距[1]，即使是与和藏王陵具有同质性的宁夏回族自治区西夏王陵同期的参观人数进行比较，也存在着巨大的落差。据初步统计，西夏王陵2012年7月参观人数即达到3万余人，其中人数最多的一天初步统计为3300余人；人数最少的一天也近1000余人[2]。

从旅游设施的现场情况考察，藏王陵尚处于较为初级阶段，旅游地主要的必备要素的基本情况如下：

1. 道路情况

目前藏王陵区内有一条水泥路面的公路（可从琼结县通向洛扎县）从陵区中央穿过（图5-1），参观车辆可在1号陵（即松赞干布陵）前停驻。1号陵前设有简易的停车场，约可停放中型和小型客车10余辆。但各陵之间除7号陵与这条公路间有简易的机耕道可以通行小型机动车之外，其余各陵之间均未设置专门的观光道路。除通向1号陵有石砌的阶梯可拾阶而上至陵墓顶上的松赞拉康之外，其余各陵仅有山间小路可供游人通行。

图5-1 松赞干布陵（霍巍摄）

2. 景点标识

藏王陵陵区目前形成的主要观光景点有：被认为是松赞干布陵的1号

---

[1] 有关数据参见本章相关章节。
[2] 有关数据系宁夏回族自治区文物考古研究所罗丰研究员协助调查提供。

陵，陵墓顶上建有松赞拉康寺庙；被认为是赤松德赞陵的6号陵，陵前保存有一对石狮（图5-2）；在陵墓侧边保存有记功碑的7号陵（因有石碑，可确认为赤德松赞陵）。现有的景点标识为：在1号陵前设置有1961年国务院公布的全国重点文物保护标志石碑（图5-3）。在6号陵前立有一不规则的石质标识，对6号陵有简单的石刻文字说明。6号陵前左右两角上各有石狮一座，一座保存较好，一座已残损，两石狮外现皆修建有铁制的栅栏加以保护，但未设立任何标识或说明牌。7号陵侧边的墓碑已修建了一座碑亭对石碑加以保护，但在碑亭内外也均无任何文字说明。此外，在藏王陵其他各陵陵前均未设立标志碑牌之类的指示性标识，在整个陵区内也未设立陵区总平面图、各陵陵位分布图以及对藏王陵进行总体介绍说明的任何语种的说明文字。

图5-2　6号陵前石狮（霍巍摄）

3. 游客服务设施

藏王陵区内现有的游客服务设施集中在1号陵前，在陵墓顶部有由寺庙松赞拉康开设的一个法物流通处（图5-4），流通当地生产的水晶、佛像等纪念品。另在1号陵前的公路旁边搭设有两间简易的铁皮栅屋，一间名为"松赞水晶宝石之店"，另一间名为"松赞庙商店"，除对外出售水晶、宝石之类物品外，也附带销售矿泉水、饮料之类及小食品，目前尚未发现具有藏王陵自身特色的旅游纪念品开发出售。陵区内现无公共厕所、

图 5-3　1号陵前的保护标志石碑（霍巍摄）

游客休息处等设施。靠近1号陵西南角正在修建一处四合院落式的建筑物，据了解将作为寺管会办公用房（图5-5）。

图 5-4　藏王陵区内法物流通处（霍巍摄）

4. 导览与解说

在陵区内现无专职解说员，若需要现场讲解导游，除旅游团自带讲解员之外，一般由松赞拉康僧人兼任讲解。讲解内容也因人而异，从笔者现场调查的情况来看，一般多以藏文文献记载中有关藏王陵的情况以及神话传说为主，如对松赞干布陵内部情况的描述（如陵墓内分成九格，每个格子里随葬佛像、金银等奇珍异宝）、南面有门朝向尼婆罗（尼泊尔）等。

第五章
西藏重点文物保护单位现状的若干个案分析

图5-5 在建松赞拉康寺管会（霍巍摄）

也有某些导游根据当地民间传说附会给藏王陵一些带有"神秘"色彩的内容，如"松赞干布陵墓顶部有一洞穴可通向墓内，上盖有石板，从这个洞穴里可听到从墓里传来的动物叫声，有的像狮子，有的像老虎……"现场未发现有经过科学编撰的较为统一的有关藏王陵的导览介绍材料、语音导游系统等常见的导览设施。

第二节 典型个案之二——布达拉宫

举世闻名的布达拉宫也是国务院公布的首批国保单位。它位于拉萨市中心海拔3700米的红山之巅，依山而建，由白宫和红宫及其附属建筑物组成，是集行政、宗教、政治事务于一体的综合性建筑。主体建筑东西长约370米，南北宽约140余米，高115.4米，现有建筑面积达9万平方米，加上山前城郭和山后龙王潭公园，占地面积约41公顷。布达拉宫由数量众多的大小经堂、灵塔殿、佛堂、经学院、僧房、喇嘛寺及地方行政办公室等组成，是西藏现存规模最大、保存完整的古代宫堡建筑群，是西藏宫殿建筑艺术的精华。布达拉宫的众多建筑并非同时期建造，不同时代的建造师都十分巧妙地利用山形地势修建，使整座宫殿建筑非常完整、协调，成就了建筑美学的天才杰作。布达拉宫以其磅礴的气势和独特建筑装饰风格，加之在历史和宗教上的重要性，它在中国乃至世界建筑史上占据重要地位。恰如国家文物局古代建筑专家组组长罗哲文先生在《西藏布达拉宫修缮报告》中对布达拉宫建筑艺术所做出的高度评价,"它宛如一颗璀璨的明珠,在被称为'世界屋脊'的青藏高原上闪烁着汉藏建筑艺术的光芒"(图 5-6)。

图 5-6 高原明珠——布达拉宫(谌海霞摄)

据历史文献记载,布达拉宫始建于 7 世纪吐蕃王朝松赞干布执政时期。松赞干布迁都拉萨后,开始在"红山"上修建王宫,当时的建筑规模非常雄伟,相传布达拉宫内的曲结哲布(法王洞)和帕巴拉康(帕巴殿)为当年的遗存。法王洞在玛布日山之巅的岩体上,室中现存一炉灶,灶上置有石锅、石臼,据传是松赞干布时的原物。室内供有松赞干布、文成公主、赤尊公主、松芒赤江妃、吞弥·桑布扎、禄东赞等早期塑像。随着吐蕃王朝的衰落,当时修建的宫室遭到严重的破坏。12 世纪以后,红山逐渐成为藏传佛教的活动场所,佛教徒将红山比作佛教中的普陀山,梵语音译为布达拉,今日的布达拉宫由此而来。

17 世纪中叶,五世达赖喇嘛阿旺·罗桑嘉措下令重建布达拉宫宫室。由第巴·桑结嘉措主持,自 1645 年开始至 1653 年,历时八年,白宫基本建成(图 5-7)。1652 年,五世达赖喇嘛进京朝觐顺治皇帝,次年被正式册封。1653 年,五世达赖喇嘛返回拉萨时,适逢白宫竣工,于是从哲蚌寺移居于此,噶丹颇章政府同时也从哲蚌寺迁到宫内。布达拉宫遂成为西藏政教合一、宫殿与寺庙相结合的建筑群。1682 年五世达赖喇嘛圆寂后,第巴·桑结嘉措于 1690 年开始在白宫西侧增建红宫和金塔,1693 年基本完工。此后,历代达赖喇嘛不断增建,布达拉宫逐渐发展到现在的规模①。从17世纪中叶至1959年以前,布达拉宫一直作为历代达赖生活起居和从事政治活动的场所,也是西藏政教合一的统治权力的中心。自1959年以后,中共西藏工委开始负责西藏地区的政治事务,布达拉宫仅保留宗教中心的地位。20世纪90年代以来,随着西藏旅游业的兴盛,布达拉宫成为当今最热门的旅游胜地。

图5-7 布达拉宫白宫(谌海霞摄)

布达拉宫现有大量珍贵文物,如曲结哲布(法王洞)、萨松朗杰(胜三界)、壁画、经卷、金册、金瓶等。萨松朗杰是红宫的最高殿堂,供有清乾隆皇帝画像和汉、藏、满、蒙古四种文字书写的"当今皇帝万岁万岁万万岁"的牌位。布达拉宫的大小殿堂、门厅、回廊都绘有壁画,尤以西大殿二楼的698幅壁画最为突出,除绘有各种佛、菩萨、神、宗喀巴、历世达赖的画像外,还有唐皇七试求婚使者禄东赞、文成公主进藏、修建大昭寺、最初的布达拉宫、五世达赖朝觐顺治皇帝、十三世达赖朝觐慈禧太后和光绪皇帝等历史事件。布达拉宫还藏有珍贵的贝叶经以及大量藏文经卷。其中有明永乐八年(1410)朱砂版藏文《甘珠尔》,清雍正皇帝送给七世达赖的北京版藏文《甘珠尔》。布达拉宫还存有明、清以来中央政府敕封给达赖的金册、玉册、金印以及乾隆御赐转世灵童掣签所用的金本巴

---

① 罗哲文:《中国古代建筑维修史上的壮举》,见西藏布达拉宫维修工程施工办公室等编著《西藏布达拉宫修缮报告》,文物出版社,1994,第5页。

瓶等众多珍品。布达拉宫正门内侧建有一座现代化的博物馆——珍宝馆，专门展示布达拉宫收藏的各类珍奇文物。

布达拉宫在宗教、历史、艺术方面具有的重要价值，以及它在藏族人民心中的神圣地位，对布达拉宫的保护显得尤为重要。保护布达拉宫不仅是对藏族宗教文化的传承，也是对藏民族历史文化的保护，更是对人类共同的文化遗产的保护。

作为西藏自治区的首批国保单位，布达拉宫在建筑总体维修方面所取得的成绩最为巨大。改革开放30多年来，布达拉宫经历了数次维修，大型的维修有两次，一是1988~1994年国家投入5500万元对布达拉宫进行抢救性保护维修，工程结束后出版了《西藏布达拉宫修缮报告》。二是2001年国家投入1.7亿多元对布达拉宫进行更全面的保护维修，工程从2002年6月开工，2008年完工，分两期进行。第一期保护维修工程是在对布达拉宫全面详尽测绘和勘察的基础上，按照"尊重科学、尊重传统、尊重民族风格、尊重宗教需要"的精神，运用了传统施工方法，对建筑木材虫蛀、糟朽状况进行检查和防虫防腐处理。同时对100多平方米壁画进行保护和回帖。第二期保护维修工程在对布达拉宫现状做进一步勘测评估后，在不改变文物原状的原则下提高科技含量，加强工程中的研究、监测和科学实验，相继开展了布达拉宫建筑地基（山体基岩）基础稳定性评价，布达拉宫基础及墙体裂缝观测，及灌浆材料的配比和实施工艺的现场试验、检测与施工指导工作；同时开展了布达拉宫屋顶阿嘎土防水改性研究与试验工作[①]。

此外，2006年国家还投入资金8000万元，对布达拉宫以北的宗角禄康公园进行整治，拆除了宗角禄康农贸市场和宗角禄康公园沿街商品房、拉萨市总工会、拉萨市妇女儿童活动中心等建筑，恢复了园林绿地和水系，改善了布达拉宫的外部环境。"十二五"期间，国家还将实施布达拉宫监测系统建设和防雷工程研究等[②]，为布达拉宫提供更先进、更安全的保护措施。

布达拉宫不仅拥有很高的艺术价值，其蕴含的文化价值更是举世无

---

① 中国文化遗产研究院网站，http://www.cach.org.cn/tabid/91/InfoID/133/frtid/92/Default.aspx。
② 西藏自治区谢旭伟提供相关数据。

第五章 西藏重点文物保护单位现状的若干个案分析

双。布达拉宫作为西藏文化遗产的杰出代表,不仅是藏民族悠久历史文化的重要载体,也是中华民族灿烂文化的重要组成部分和全人类的宝贵文化遗产,是藏族文明和祖国各民族文化交流与融合的珍贵历史见证,对研究西藏社会历史、文化、宗教具有特殊价值,对维护与发展中华民族文化多样性具有重要意义。在西藏自治区国保单位当中,布达拉宫在科学研究等方面所开展的工作也相当突出。

1. 科学研究

布达拉宫的科学保护与维修研究,主要可以概括为以下几个方面:一是建筑艺术;二是绘画艺术,包括唐卡、壁画;三是古典文献;四是文物珍品。

20 世纪 50 年代初至 60 年代,学术界偏重对布达拉宫建筑艺术和藏传佛教艺术的研究。1957 年刘艺斯在《文物参考资料》上发表《西藏佛教艺术》、王尧在《文物》1963 年第 4 期上发表《布达拉宫内有关文成公主的几幅壁画》、陈耀东在 1959 年《建筑学报》上刊登了《藏族建筑简介》,还有王毅在《文物》杂志上连载的《西藏文物闻见记》等。

80 年代以后,学术界对布达拉宫的建筑艺术、历史传承、绘画及文物等方面的研究日渐广泛和深入。《文物》1985 年第 9、第 11 期集中介绍了布达拉宫藏的珍贵文物,包括永乐版的《甘珠尔》、五世达赖的灵塔、明成祖朱棣画像、唐卡、布达拉宫东侧的四处清代摩崖铭刻等。在《文博》《西藏研究》《中国民族》《中国藏学》等杂志有大量相关专题论文发表。例如,王望生《布达拉宫》一文中称"布达拉宫的建筑主要体现了藏族传统的碉房建筑形式,石木结构的特点,同时吸取了中原汉式殿堂建筑中的主要装饰,并融汇了印度、尼泊尔等富有宗教特点的祭坛式入口和装饰,如莲座、卧鹿等,形成了独具一格的藏族建筑风格"[1]。这一时期还出版了综合性大型画册《雪域圣殿——布达拉宫》《布达拉宫壁画源流》《西藏珍贵文物之造像源流》《密集金刚乘本尊之无量宫殿》等。

进入 90 年代以后,布达拉宫的相关专题研究就更加丰富了。其中古典文献和绘画艺术研究有重要论文发表。例如,宿白先生的《拉萨布达拉宫

---

[1] 王望生:《布达拉宫》,《文博》1985 年第 6 期。

主要殿堂和库藏的部分明代文书——西藏寺院调查记之七》①，曹勇的《布达拉宫壁画的保护研究》②。这一阶段还有较多论文涉及壁画保护研究和建筑维修，这与布达拉宫逐年增多的维修保护工程的实践紧密相关。例如，于水山的《西藏建筑及装饰的发展概说》③ 等。

2. 旅游开发对策研究

21世纪以来，随着经济的发展和西部大开发战略的实施，西藏成为全国各地乃至海外游客心目中的旅游胜地，越来越多的游客来西藏观光旅游，布达拉宫是国内外游客几乎必到之处。这一时期，有关布达拉宫的旅游开发和利用也逐渐成为讨论的热点。如胡海燕的《布达拉宫世界文化遗产管理的现状、问题及对策》，针对布达拉宫的管理现状及存在的问题，提出调整或变革上级管理机构，加强内部组织能力建设，扩大遗产保护范围，完善旅游阐释系统，推动遗产旅游等具体对策。陈娅玲和孟来果的《西藏旅游文化遗产的利用和保护研究——基于布达拉宫的容量分析》，提出自青藏铁路通车以来，进藏游客数量激增，布达拉宫作为西藏最具代表性的旅游文化遗产，面临着巨大的接待压力。作者从旅游环境容量的理论出发，就缓解布达拉宫接待压力及加强对布达拉宫保护的具体措施进行了探讨，最后对整个西藏文化旅游遗产的利用和保护提出了对策和建议④。

3. 现有管理机制

自1961年布达拉宫成为全国重点文物保护单位以来，一直由宗教界人士和政府文物机构共同实施保护管理，但始终以国家行政业务机构为主导。1988年11月，西藏自治区成立了布达拉宫管理处，直接归口由西藏自治区文化厅管理，在文博业务方面接受自治区文物局的指导，具体落实政府保护管理行政政策，担负保护管理职责和任务。布达拉宫管理处现有编制人员50人，均为藏族，其中具有文博业务高级职称的1人，中级4人，初级7人。布达拉宫管理处现设有行政办公室、安全保卫科、文物保

---

① 宿白：《拉萨布达拉宫主要殿堂和库藏的部分明代文书——西藏寺院调查记之七》，《文物》1993年第8期。
② 曹勇：《布达拉宫壁画的保护研究》，《文物》1996年第3期。
③ 于水山：《西藏建筑及装饰的发展概说》，《建筑学报》1998年第6期。
④ 陈娅玲、孟来果：《西藏旅游文化遗产的利用和保护研究——基于布达拉宫的容量分析》，《西藏民族学院学报》（哲学社会科学版）2009年第4期。

管科、文物研究室、宣传接待科等。行政办公室下设有财务室、有偿服务部、日常维修组、档案室等。日常维修队，有木工、画工、石匠、缝纫等工种，负责日常维修及险情勘察和监测工作。此外，拉萨消防武警支队驻扎布达拉宫，确保布达拉宫文物及建筑的安全。

在经费运营方面，布达拉宫管理处作为差额事业单位，正式职工工资由国家支付80%，20%为自筹资金。布达拉宫主要是门票收入；总收入10%左右为外部投入，主要是西藏自治区政府的拨款。门票收入40%上缴自治区财政厅，为布达拉宫保护专项基金；60%用于其他开支，其中35%左右用于相关人员工资，包括正式职工20%的工资以及香灯师和临时工的工资；25%左右用于布达拉宫日常维修[1]。

西藏自治区人民政府相继出台了若干关于布达拉宫保护工作的文件。1997年7月，西藏自治区人民政府颁布了《布达拉宫保护管理办法》，明确规定了布达拉宫的保护范围及建设控制地带（缓冲地带）。西藏自治区文物局根据该管理办法制定了《布达拉宫保护管理办法实施细则》，并于2001年批准实施。布达拉宫管理处在此基础上完善了各项规章制度和责任制。布达拉宫作为重点安全防范单位，针对敏感日、节假日等制定了处置突发事件的应急预案措施，实行领导带班轮值制、24小时值班制。大力加强安检工作，在布达拉宫大门、西门及广场等重要出入口都有安检设施，有工作人员和武警战士执勤。虽然布达拉宫内部有监控设备24小时监控，但还是在殿堂内部设立了执勤巡逻点，组织专人执勤，实行区域分片负责制，每个殿堂均有香灯师和消防员负责巡逻，以确保文物安全。

4. 开发利用现状

从全局来看，西藏文物资源作为旅游事业发展的重要支撑，发挥着越来越重要的作用。布达拉宫无疑是西藏最具文物价值的旅游资源，在旅游开发利用方面发挥的作用十分显著，矛盾也十分突出。根据布达拉宫的特殊性，西藏自治区文物主管部门长期坚持"保护为主、抢救第一、合理利用、加强管理"的文物工作方针，对布达拉宫这一世界文化遗产进行有效保护和合理利用，提出了三个功能定位：首先是要满足文物保护的要求，确保布达拉宫建筑和文物安全；其次要为信教群众提供宗教活动场所；最

---

[1] 胡海燕：《布达拉宫世界文化遗产管理的现状、问题及对策》，《西藏研究》2006年第4期。

后为海内外游客提供良好的参观条件。

布达拉宫在文物保护方面历来投入资金巨大，成效显著。在文物的开发利用方面，布达拉宫主要是依托其文物价值，吸引游客参观。除布达拉宫主体宫殿之外，近年来还陆续开发了布达拉宫广场前面的"珍宝馆"，以吸引游客和分散人流，有助于对布达拉宫主体建筑进行有效的文物保护。

布达拉宫是信教群众的朝拜圣地，每日接待的朝佛群众数量巨大。朝佛群众可以优惠门票进入布达拉宫参拜，在重大宗教节日可以在布达拉宫举行庆典活动等。布达拉宫的宗角禄康公园转经廊环绕红山山麓一周，每天都有大量的信教群众在此诵经朝拜（图5-8）。

图5-8 拉萨宗角禄康公园转经廊（谌海霞摄）

2004年，制定了详细的《布达拉宫保护规划》，经过多年的修整，布达拉宫目前的游览设施比较完备。布达拉宫广场及宗角禄康公园环境优美，布达拉宫内道路设施完备，有步行道和观光车道供游人上山参观，有游客服务中心和旅游纪念品专柜，有专职导游讲解服务和语音导览设施，还有《布达拉宫游览指南》等导览手册，参观沿线均有汉、藏、英三种文字的游览指示标志和殿堂解说牌等设施。在宗角禄康公园周边密集分布着各种旅游商品店铺，经营藏式服装、饰品、饮食等特色旅游产品，已经形成较为成熟的旅游观光服务体系和良好的外部环境。在西藏首批国家重点文物保护单位当中，布达拉宫无疑是将文物保护与开发利用结合得最好、内部管理机制也最富成效的典型例证之一。

但是，目前在旅游开发方面遇到的主要矛盾是，布达拉宫脆弱的土木结构建筑与不断增加的旅游压力之间的矛盾。近年来，西藏旅游业不断发展，布达拉宫游客接待量逐年增多，且游客数量受季节影响变化很大，一般集中在5~10月，大量游客的涌入严重威胁到建筑和文物的安全。为了缓解开发利用与文物保护的矛盾，西藏自治区文物局、旅游局、布达拉宫管理处自2003年开始就采用限客减负措施，控制布达拉宫的参观流量，以达到文物保护要求。例如，限制每日接待游客总数、延长开放时间、分时段接待、预约登记、分散参观线路、提高客流速度等办法，有效地缓解了矛盾。据初步统计，2008~2012年全区各级文物保护单位共接待国内外游客和朝佛群众达2000万人次（外宾约50万人次），其中，布达拉宫接待国内外游客和朝佛群众468.8万人次，年均90余万人次。截至2012年9月底，布达拉宫2012年已接待游客和朝佛群众共计92.7万人次[①]。

近年来，随着青藏铁路的开通，内地游客进藏旅游的数量呈现不断增长的态势，布达拉宫所承受的游客压力也在不断增大，保护与利用之间的矛盾将会继续存在并且日益突出。作为藏族历史文化的标志性建筑，今后将要面临的最大困境仍然是有限的文化旅游资源如何面对巨大的市场需求的"瓶颈"问题，需要各部门之间统筹协调，共同设法来加以妥善解决。

第三节 典型个案之三——大昭寺

大昭寺位于布达拉宫东南方向约5公里处，始建于唐贞观二十一年（647），13、17世纪分别有两次大的增修扩建。大昭寺初建时只有8间殿堂，直到15世纪宗喀巴创建了藏传佛教格鲁派之后，大昭寺的香火才逐渐繁盛起来。17世纪时五世达赖喇嘛对大昭寺进行了大规模的扩建，最终形成了占地面积2.5万平方米的庞大建筑群。

大昭寺是西藏重大佛事活动的中心。五世达赖喇嘛建立"噶丹颇章"

---

① 据《西藏自治区文物近五年工作总结暨2012年工作总结和2013年工作要点》，西藏自治区文物局谢旭伟先生提供。

政权后,"噶厦"政府的机构便设于寺内,主要集中在庭院上方的两层楼周围。许多重大的政治、宗教活动,如"金瓶掣签"等都在这里进行。

寺院坐东朝西,由广场、门廊、庭院、神殿及分布在四周的僧舍、库房等部分组成。在大昭寺的正门前面是著名的唐蕃会盟碑。大昭寺从内到外由2个环形组成,分别为环大昭寺内绕释迦牟尼佛殿一圈的"囊廊",和环大昭寺外墙一圈的"八廊"即八廊街。

大昭寺内藏有大量珍贵的文物,有主殿供奉的文成公主从长安带到拉萨的释迦牟尼12岁等身像,还有松赞佛堂供奉的松赞干布、文成公主、赤尊公主塑像,以及各种佛、菩萨、度母、金刚、天王和各类祖师铜造像。铜造像一般通高20余厘米,明代的造像居多。其中,有一批刻有"大明永乐年施"的铜铸鎏金菩萨造像,为永乐皇帝明成祖朱棣的赏赐之物。寺内还藏有大量唐卡,部分悬挂于经房、佛殿、厅堂中,大量入库保存。其中有题款为"大明永乐年施"的胜乐金刚唐卡和大威德金刚唐卡,至今完好如新。据称寺内还藏有一套理塘版朱印《大藏经》,这些都是不可多得的稀世珍品。

1961年大昭寺被国务院公布为第一批全国重点文物保护单位,2000年11月作为布达拉宫扩展项目被批准列入世界文化遗产名录。在西藏现有的国保单位当中,大昭寺的文物维修工程启动甚早,国家的投入也持续不断。

1991年,国家文物局、西藏自治区人民政府、拉萨市政府和大昭寺采取政府拨款和自筹资金相结合的方式,筹集350万元,严格按照大昭寺原有的建筑风格、造型、基本体量、铺装、尺度、建筑与街巷的空间尺度、建筑群组合的空间等方面的特点,用时3年零6个月,对大昭寺6059平方米的古建筑进行全面维修[1]。维修后,寺内庭院南、北、西侧回廊新铺设了石板;庭院内87根柱子新换了精细加工的石垫;通过揭取、复原,保护了早期珍贵壁画92平方米,修复补救原有壁画500平方米,新绘壁画800余平方米;彻底排除了大昭寺中心大殿及其周围殿堂的所有险情[2]。

1999~2000年,国家投入资金4000多万元,对大昭寺周边环境进行

---

[1] 拉萨市地方志编纂委员会编《拉萨市志》,中国藏学出版社,第1117页。
[2] 多吉占堆:《历时三年花费三百万元藏传佛教古寺重放光彩——拉萨大昭寺维修工程竣工》,《法音》1994年第8期。

了整治。2001年11月,开始大昭寺维修保护工程,该项目由中国文化遗产保护研究院承担设计,工程总投资1400万元。维修范围主要包括拨正或抽换释迦牟尼主殿、千佛殿前和北廊等处出现的歪闪、变形、断裂的木构件;替换附属建筑中的虫蛀木构件;对新替换的木构件实施防腐、防虫处理;楼面和屋面阿嘎土重新处理;更换挑檐局部构件;修补彩绘等工作。

2011年,大昭寺金顶维修工程开工,工程预算达1.2亿元。整个维修工程包括5座大殿金顶和部分房檐,目前措钦大殿和强巴佛殿工程已经完成(图5-9),松赞干布殿的维修工作正在进行(图5-10),2013年年底完成包括释迦牟尼殿和千手观音殿在内的全部维修。

图5-9 已经维修完成的强巴佛殿(谌海霞摄)

图5-10 维修中的大昭寺金顶(谌海霞摄)

西藏重点文物保护单位的现状、潜在资源分析与保护对策

2012年6月,国家文物局又投资1000多万元启动对大昭寺壁画保护工程,将对大昭寺内约4050平方米壁画进行全面维修。动工之前,相关部门做了大量的基础性研究。国家文物局从2009年开始派出专家,历经3年时间调研,进行了对大昭寺壁画分布及面积统计、制作工艺调查、病害统计及病害分布图绘制、原位测试、保护工艺现场试验等工作。通过长期的实地勘察和动态监测,设计了相应的维修保护措施。目前,施工方针对大昭寺壁画出现的起痂、裂缝、污损等情况,采取灌浆加固、弥合裂隙、清除附着物、局部补绘等措施进行维修。该工程邀请到中国文化遗产研究院壁画保护专家和西藏本地具有绘制传统壁画经验的能工巧匠共同参与。壁画修复期间,大昭寺大殿外周的转经廊壁画都被铁栏杆隔离起来,暂停开放,专家和维修工人小心翼翼地对壁画进行维修。游客只能通过铁围栏搭建的临时通道进行参观。

作为首批全国重点文物保护单位,大昭寺内集中展示了西藏建筑、绘画、雕塑、工程技术等多方面的成就,具有历史、经济、文化、宗教、艺术等方面的重要研究价值。从现有情况来看,各项研究工作开展得也颇具成效。

1. 科学研究

对大昭寺的科学研究过去集中在历史研究、文物研究、绘画艺术和建筑艺术研究等方面。例如,1981年恰白·次旦平措等的《大昭寺史事述略》、1986年张仲立的《大昭寺》等著述,均从不同的层面对大昭寺的历史有所论及。近年来,陈楠《拉萨大昭寺觉卧佛像考》根据历史文献记载,对佛像的历史背景进行深入细致梳理,对佛像铸造缘起、辗转传入汉地、随文成公主入吐蕃、安放供养以及经历法难浩劫等历史过程作系统考述,并对相关事件名物诸如大昭寺、小昭寺等作深入探案考辨[①],指出现供奉于拉萨大昭寺正殿的释迦牟尼佛像系西藏现存最重要历史文物之一。霍巍《神幻之影——拉萨大昭寺吐蕃木雕的艺术风格与源流》,从文献和考古资料两方面分析了拉萨大昭寺内现存的吐蕃时期木雕,认为以往学者们较多注意到这些木雕其受到印度、尼泊尔等地古代文化影响,而较少留意其中受到中原唐代建筑影响的因素。事实上,

---

① 陈楠:《拉萨大昭寺觉卧佛像考》,《中国藏学》2012年第2期。

大昭寺的总体木构建筑明显也受到内地风格的影响，融合有南亚与中原唐文化不同文化因素①。

近年来，随着西藏旅游业的兴盛，也有学者开始注意到大昭寺在文化遗产旅游开发等方面的现状调查与研究。如石应平等撰《拉萨大昭寺游客满意度调查与历史文化遗产旅游开发的对策》一文，以大昭寺为例，通过游客对大昭寺的满意度调查，了解大昭寺旅游资源保护和开发的现状及问题。其中尤其是对内地游客不断增加与西藏区内"香客"之间矛盾日益凸显这一新出现的问题做了详细分析，并进一步提出了相应的对策与解决方案，希望各部门之间应加强协调，相互沟通，采取科学管理的措施切实改进现状，以促进西藏旅游业的发展②。

2. 管理机制

大昭寺的管理机制与同属于全国重点文物保护单位的布达拉宫、罗布林卡不同，一直是由拉萨市民族宗教事务局指导下的大昭寺寺管会实施日常管理，文物部门仅负责对其进行保护维修。这种情况在西藏自治区境内较为常见。据统计，西藏自治区各级文物保护单位中，有64.81%不归文物部门管理，而是归属于其他部门管辖。其中有大量的佛教寺院归属于民族宗教部门管理，大昭寺就是其中之一。自20世纪80年代以来大昭寺一直归属于民族宗教局寺庙文物管理科。目前大昭寺有僧人102名（2011年），设有寺庙民主管理委员会（简称为"寺管会"）。此外还设立有对外接待办公室等管理机构。由寺管会和僧侣一起负责大昭寺日常管理事务。

从调查情况来看，大昭寺的寺管会与拉萨市文物管理部门之间的协作机制已经较为健全，运作畅通，双方分工合作，各司其职，共同承担起了日常管理与专业维护、维修的各项工作。旅游门票的发售由寺管会负责，收入统一上缴西藏地方财政，再由政府财政支付给寺院必需的各项经费。对西藏区内外进香的各族群众——"香客"，则实行免票制度。

3. 开发利用现状

大昭寺所在的八廓街历史街区，是目前西藏最重要的宗教朝圣区，也

---

① 霍巍：《神幻之影——拉萨大昭寺吐蕃木雕的艺术风格与源流》，《西藏大学学报》2010年第1期。
② 石应平、武树含：《拉萨大昭寺游客满意度调查与历史文化遗产旅游开发的对策》，《赤峰学院学报》（自然科学版）2012年第13期。

是集商贸、居住、旅游、文化等多功能于一体的城市中心区，依然保存着浓郁民族和宗教风格的建筑和街道，保留着拉萨古城典型的传统特征，具有很高的文化旅游价值①。大昭寺是该区域中最具文化价值的历史建筑。经过长期的规划治理，目前大昭寺周边整体环境清洁，交通便利，道路畅通。大昭寺内有完整、明确的导览标志、殿堂简介等说明文字，提供有偿讲解服务，也设有旅游纪念品柜台。寺外广场和八廓街遍布特色旅游纪念品商店，旅游购物十分方便。

拉萨大昭寺是藏族人民心目中最神圣的寺院，历来就是朝圣之地，每年都有大量信教群众前来朝圣，包括来自安多和康藏地区的藏族信众。长期以来，大昭寺一直作为重要宗教活动场所和著名旅游景点向信众和游客开放。随着青藏铁路的开通，西藏旅游逐年升温，进藏游客人数逐年攀升。游客大多来自中国内地，少数来自海外。从大昭寺所在地拉萨市城关区旅游接待统计数据看，2010~2012年游客数量一直保持持续稳步的增长势头。2010年，拉萨城关区实现旅游接待人数213.0774万人次，比2009年同期增长99.08%，其中国内游客达657899人次，比2009年同期增长94.36%；海外游客39641人次，比2009年同期增长71.82%②。

游客数量的巨幅增加为大昭寺带来了可观的门票收益，同时也带了一些问题。第一，僧侣和游客在公共空间利用上的冲突。每年旅游旺季7、8月份，大昭寺日均接待量超过4000人次，原本神圣的佛教寺院变成世俗的活动场所。由于过多游客的涌入，僧人的生活空间受到限制，打破了原有的修行生活，且僧人几乎不会讲汉语，游客也不会说藏语，语言上的隔阂导致双方交流困难。第二，信众和游客的冲突。往来穿梭的游客，不仅影响了僧人的修行与日常生活，也影响了藏民朝圣的信仰。在藏民心目中神圣的殿堂和佛像，日渐成为世俗大众的参观对象，宗教仪式也因沦为商业化的表演而变得不再神圣。

为了缓解这一矛盾，大昭寺为此做出很多努力。例如，为了满足信众的朝圣愿望与游客的参观需求，规定每天8：00~11：30主要接待信众朝

---

① 中国城市规划设计研究院：《拉萨八廓街地区保护规划》，《中国文化遗产》2004年第3期。
② 石应平、武树含：《拉萨大昭寺游客满意度调查与历史文化遗产旅游开发的对策》，《赤峰学院学报》（自然科学版）2012年第13期。

奉，10人以上的旅游团队被限制进入，11：30~17：30主要对游客开放。大昭寺结合自身旅游接待能力与文物安全保护考虑，还实行限时参观，主要是针对旅游团队，规定团队在大昭寺内参观时间不超过1小时，其中千佛廊内20分钟，中心殿内20分钟，金顶20分钟。同时，为了避免殿堂内拥挤和喧哗，大昭寺管理委员会要求导游在游客入寺前完成对大昭寺的宣传和讲解，在大殿内不允许用扩音设备。2012年6月，大昭寺第一次印制了《参访大昭寺的礼仪和禁忌》宣传单，散发给游客。其中包括"每日朝圣信众很多，勿与信众拥挤、吵闹，干扰信众的朝拜""勿要妨碍僧人进行佛事"等。尽管大昭寺采取种种限制性措施，努力维护宗教场所应有的肃穆氛围，但仍收效甚微。目前看来，解决这一问题的关键，还在于对游客进行有效的沟通与疏导，建立起游客与香客之间在文化上的相互尊重、相互理解、相互合作的良性关系，才能从根本上解决这个矛盾。

大昭寺作为重要的宗教文化遗产，历来受到从中央到西藏地方各级政府部门的高度重视，国家近年来投入了大量资金用于维修大昭寺建筑、壁画等，目的是保护和传承藏民族的文化传统和宗教遗产。但在这个过程当中出现的另一个问题是，虽然在文物保护维修工程方面取得了巨大进展，也为旅游开发奠定了良好的基础，然而也在一定程度上影响了现阶段旅游接待的质量，许多殿堂由于维修工程的需要而不得不暂时关闭；一些寺内的交通道路也因此受到阻隔，给游客参观带来不便，在一个较长的时期内，这类问题还会继续存在，也需要采取一些必要的措施来统筹兼顾各方面的利益诉求。

第四节 小结

通过上面三处全国重点文物保护单位的典型个案分析，其现状是很具代表性的，表现出两种截然不同的现象：一种现象是开发利用不足，价值体现不到位，尚有很大开发利用的余地；另一种现象则恰恰相反，有开发过热的倾向，需要及时加以调适与控制。

其中，藏王陵是西藏自治区重要的旅游景点，也是山南地区推出的重要旅游景点之一，但与拉萨布达拉宫和大昭寺相比，旅游开发上存在着的差异很大。导致差异的主要原因一方面是与文物本体的空间形态、游线路程距离、文化内涵、艺术形式有很大差异有关。相较藏王陵较为单一的地表墓丘而言，布达拉宫、大昭寺拥有的建筑艺术、绘画艺术和文化内涵更丰富，因此更具有旅游吸引力。因此，针对不同类型的文化遗产，应突出其文化价值，采取不同的开发手段和利用方式。而另一方面，也与宣传营销、基本旅游设施建设、导游系统建立等客观因素有关。藏王陵虽然作过一些针对不同层次、不同国别游客的宣传，但从区位优势、立地条件、宣传热度等各方面而言，所达到的效果与布达拉宫、大昭寺仍然存在着较大差距。在旅游开发和基础设施上，这几处国保单位更是差距巨大，很难放到一个平台和层面上加以衡量。

而与藏王陵门庭冷落的局面相对的另一个侧面，则是布达拉宫所面临的"人满为患"的困境，过度的参观流量和远远不能相互调适的供求矛盾已经使得这座历经千百年风雨的土木建筑不堪重负，"减负"和"降温"已经成为当前最为急迫的需要。

在管理机制上，布达拉宫、大昭寺的管理模式已经形成良好的运作机制，虽然两者分属文物和宗教两个部门，但彼此之间的沟通与协调经过长期磨合也基本上到位，能够有效地推进各方面工作的开展。但藏王陵的管理机制却有待进一步调整与完善，尽管在松赞干布陵墓上设有"松赞拉康"寺庙，但将整个陵区的管理经营交由寺院的寺管会显然有失妥当。目前整个陵区的文物保护、维修工程等都是由文物部门承担实施的，但管理、开发与利用却与文物部门无关，这与作为考古大遗址（陵墓区）的文物本体之间很不协调。按照国家文物局新近颁发的《考古大遗址保护法规》的规定，对藏王陵实施整个陵区的保护规划与开发利用，文物部门的主导地位和主导作用必须加以确立，否则依照目前的情况是难以实现的。

就文化遗产内部系统的整体规划与布局而言，也还存在着一些值得加以改进之处。如布达拉宫世界文化遗产不仅仅只包括布达拉宫单体建筑，还应包括罗布林卡和大昭寺，它们都属于布达拉宫历史建筑群的扩展项目。但在实际管理中，三个单位各自为政、互不统辖，而且在行政隶属关系上，布达拉宫和罗布林卡归属文物部门，大昭寺归属宗教部门。布达拉宫世界文化遗产系统实际上是三个独立单位的"点"状管理，在管理机制上缺乏整体和系统的理念，今后对作为世界文化遗产的三个国保单位如何实现整合与规模效应，实施更为有效的开发利用，也值得更为深远的思考与探索。

总体而论，西藏全国重点文物保护单位的现状呈现出严重的不平衡性。大多数国保单位目前均不具备旅游观光的基本条件，仍应以保护为主，在适当的时机才能考虑合理利用的问题。另外，在一些已经具备旅游观光条件的国保单位的开发利用上，一方面，作为业已成熟、呼声很高的西藏旅游景点的全国重点文物保护单位，要对游客接待量和人流速度加以有效控制，注意文物保护与旅游开发之间关系的协调；另一方面，作为一些初步具备文化旅游基本要素，但目前资源利用不够、开发水准不足的国保单位，则应通过提高服务工作质量与服务能力、完善与增设旅游、休闲设施、改善食宿环境、完善文化旅游活动等各项举措来逐步满足游客文化体验的需求，同时维护香客朝拜的精神文化利益，真正将国家级重点文物保护单位所具有的文化价值、艺术价值、科学价值加以体现，服务于人民群众日益增长的精神文化与物质文化需求，发挥其不可替代的作用。

第六章 西藏重点文物资源的保护对策与建议

通过前面五章各项数据的统计与分析,我们对以重点文物保护单位为中心的西藏重点文物资源的历史与现状有了较为全面、深刻的认识和把握。本章将立足于西藏的现实境况,着眼于未来西藏文化遗产保护事业的发展,在全球化视域下思考西藏文化遗产保护与利用的发展走向与趋势,提出对西藏重点文物资源的若干保护对策与建议。

第一节 继续深化文物资源的普查工作

文物资源,尤其是重点文物资源,历来是一个民族文化遗产的重要组成部分,它不仅仅体现了一个民族文明的成就与达到的高度,同时也是一种不可替代、无法复制的重要文化资源。重点文物资源的确定,必须基于对各地文物资源状况的基本掌握,才能从中有所选择。

如前所述,西藏文物资源的丰富程度实际上是过去人们难以想象的。传统认识一直有一个误区,认为西藏地理条件险恶,人迹稀少,文物资源就一定匮乏。正是由于这种"先入为主"的主观判断,使得长期以来对西藏文物资源蕴藏状况的调查与登录工作相对祖国内地和周边地区而言,仍处于相对较为滞后的地位。近年来,在国家文物局和西藏自治区文物局的领导下,随着西藏前后三次文物普查工作的展开、文物保护单位"四有"[①]的建立以及配合青藏铁路等国家基本建设项目开展的大规模文物考古工作,对西藏文物资源的总体情况有了较多的了解和掌握。但是由于西藏地

---

① 即有标志说明、有保护范围、有记录档案、有管理机构和人员。

广人稀、自然条件限制、专业机构与专业人员分布不均衡等各种主客观原因，这项工作仍然还有相当大的空间有待拓展。我们建议，在文物遗产资源的调查工作中，当前应当尤其重视下述几个方面。

一　对文物资源内涵的认识要随时代的变化而变化，随着时代的进步与社会的变迁转变观念，拓展"文物资源"这一概念的内涵与外延

国家文物局前局长单霁翔在谈到当前文化遗产保护新的发展趋势时曾经指出，近年来对于文化遗产保护的范围出现新的变化，其中心点是从过去单纯的"文物保护"走向"文化遗产保护"的转型。具体而言体现在下述六个方面：第一，是文化遗产保护的要素，从重视单一文化要素的保护，向同时重视由文化要素与自然要素相互作用而形成的"混合遗产""文化景观"保护的方向发展；第二，是文化遗产的保护类型，从重视"静态遗产"的保护，向同时重视"动态遗产"和"活态遗产"保护方向的发展；第三，是文化遗产的保护空间尺度，从重视文化遗产"点"、"面"的保护，向同时重视"大型文化遗产"和"线性文化遗产"保护的方向发展，文化遗产保护的视野已经从单个文物点或古建筑群、历史文化街区、村镇，扩大到空间范围更加广阔的"大遗址群""文化线路""系列遗产"等方面的保护；第四，是文化遗产保护的时间尺度，从重视"古代文物""近代史迹"的保护，向同时重视"20世纪遗产""当代遗产"的保护方向发展；第五，是文化遗产的保护性质，从重视重要史迹及代表性建筑的保护，向同时重视反映普通民众生活方式的"民间文化遗产"保护的方向发展；第六，是文化遗产的保护形态，从重视由"物质要素"与"非物质要素"结合而成的文化遗产保护方向发展[①]。

纵观此前西藏文物资源普查的现状，在空间尺度和时间尺度上基本还是以传统的"文物点"的概念为先导而展开的，例如，重视单点的"文物点"调查记录，而对与之相关的大遗址群、文化线路、系列遗产等"线"与"面"的文化遗产调查重视不足；重视古代文物与近代史迹的调查，而对20世纪遗产、当代遗产的调查重视不足；重视具有代表性的古代寺院、

---

① 单霁翔：《谈文化遗产保护新的发展趋势》，《城市规划通讯学术动态》2010年第3期。

古代建筑等"标志性史迹"的调查，而对一般民众生活方式的民间文化遗产重视不足。

根据笔者多年来在西藏进行田野考古工作的实际经验，实际上只要我们转换观念，更新认识，就完全有可能从新的层面和新的时空范围通过调查研究去发现、拓展与丰富现有的西藏文物资源。例如，上文中所谈到的由"文化要素"与"自然要素"相互作用而形成的"混合遗产""文化景观"，在西藏高原这个特殊的地理与自然环境之下是最容易形成的。在这片号称"世界屋脊"的雪域圣地之上，有世界第一高峰珠穆朗玛峰，有世界上海拔最高的大河雅鲁藏布江，有世界上海拔最高的湖泊纳木错，有世界上环境污染最轻的古城拉萨，在这里还有银雕玉砌般的冰峰雪岭，有绿茵如毡、一望无际的藏北大草原，有藏南遮天蔽日的原始森林和江南风光，也有藏西阿里高原的千里沙海，而许多文化景观恰恰也是和这些自然景观相互作用形成"混合遗产"的。如珠峰下的千年古寺，纳木错旁的扎西岛古岩画群，藏南洛扎县、林芝县的古碉楼群，阿里札达县"土林"环抱的古格故城，都是集人文景观与自然景观于一体的复合型景观带，需要我们以新的视野与理念去进行系统调查。

再如，关于"大遗址群"、"文化线路"和"系列遗产"的调查，也应当成为今后西藏文化遗产资源、文物资源调查的一个重点。阿里以象泉河、狮泉河等流域为中心形成的象雄王国、古格王国时期的大遗址群，就是其中一些具有典型意义的例证。目前已有的线索表明，古格王国时期的古遗址群大大小小约有几十处，主要集中分布在以阿里象泉河流域札达县境内的众多山谷之中，其中相对规模较大的如古格、皮央、东嘎、多香、玛那、底雅、扎巴、香巴、普兰等地，每处遗址群都由佛教寺院、佛塔、佛教石窟寺、民居等组成，有的还附属有古墓葬或其他一些门类的遗迹（如冶炼、铸造工坊、城防建筑设施等）。这些遗址年代相近、性质相同，都是在古格王国各个历史时期形成的，彼此之间具有十分紧密的关联度，完全可以视为一个"大遗址群"来看待。

早于古格王国时期的象雄王国时期遗址，近年来也在象泉河上游的噶尔县境发现了卡尔东遗址、曲松多遗址等。这些早期的遗址通常是由列石或独石类的大石遗迹、古墓葬、居住遗址、古代城堡等组成，目前对这类遗址的调查与发掘工作才刚刚开始，但已有迹象表明它们在时代上要明显早于10世纪以后形成的古格王国时期,在地望上也和藏文史料中所记载的"象雄"和汉文史籍中所记载的"羊同"相合,推测其极有可能即为"象雄时代"的遗存。

西藏类似这样集中分布、彼此关联的遗址,以往都是作为单个的文物点来展开调查与保护工作的,新的发展趋势要求我们将其作为一个"大遗址群"来对待,深入、系统地进行调查和登录,并且通过科学研究对各个遗址之间的性质、年代、相互关系等都能够做出科学的说明,从一个更为广阔的学术视野来把握其文化内涵,加以合理保护与利用。

西藏的"文化线路"也是一项很有特色的文化遗产内容。过去,曾经有学者分别从古代交通史、文化交流史等不同的角度提出过"高原丝绸之路""茶马古道""唐蕃古道""麝香之路""食盐之路"等概念试图对此加以概括与描述[①]。在这些著名的古道上,一个个文物点星罗棋布,犹如一颗颗散落的珍珠,需要我们用文化作为主线来加以串联。以藏东地区为例,一批吐蕃时代的佛教摩崖造像先后在昌都市的芒康、察雅等地发现。近年来的考古调查表明,类似这样的吐蕃时代佛教摩崖造像在与昌都市相邻近的四川石渠、青海玉树等地也有分布,它们不仅题材相仿,造像风格相同,而且从遗留的藏文和汉文题记来看很有可能彼此之间互有关联[②],而成为一条环绕川、青、藏等地的吐蕃时期佛教文化传播交流的"文化线路"。

值得加以重视的是,在上述这些吐蕃时期的佛教遗存的背后,都存在着一种相似的文化现象,即在遗存所在地多受唐文成公主与吐蕃松赞干布联姻的历史背景的影响,许多造像或被认为是文成公主在进藏途中凿刻,甚至有的直接被认定为"唐文成公主""吐蕃松赞干布"的形象,或被称之为"文成公主庙"。在14世纪以后形成的藏文史书如《贤者喜宴》《西藏王统记》当中,也有唐代公主于"丹玛岩"刻石造像的记载:"尔时,汉女公主同诸蕃使已行至丹玛岩,曾于岩上刻弥勒菩萨像一尊,高约七肘,《普贤行愿品文》两部。"[③] 这里讲到的"丹玛岩",学术界多将其比定为今西藏昌都与四川交界的"邓柯",由于在这一带发现有吐蕃时期的

[①] 有关这方面的论著十分丰富,可参见常霞青《麝香之路上的西藏宗教文化》,浙江人民出版社,1988;张云:《丝路文化吐蕃卷》,浙江人民出版社,1995;等等。

[②] 有关情况可参见本书第五章介绍。

[③] 索南坚赞:《西藏王统记》,刘立千译,西藏人民出版社,1985,第73页。

摩崖造像，因此也有学者将这些造像遗迹与唐文成公主进藏路线联系起来加以考虑①。

如果仅仅从这个层面来考虑，将这些遗迹直接与唐文成公主进藏路线相联系还缺乏足够的证据。因为首先从这些摩崖造像的年代来看，均没有早到7世纪者，而唐文成公主入藏年代史载为唐贞观十五年（641）；两者年代显然不合；其次，如同前人曾经指出过的那样，且不论文成公主进藏所采取的路线是否与之有涉，仅就唐文成公主进藏之时，"吐蕃佛教处萌动阶段，文成公主在艰辛的行程中在佛教尚无社会基础的条件下恐难雕造如此工程浩大耗时持久的佛像，更难造出这样汉地尚不流传的大日如来并八大菩萨的密教造像。因此，文成公主途中建庙之说，显然是人们寄托给文成公主的一种美好愿望和怀念"。②

但是，如果我们换一个角度，从唐蕃关系与文化交流的层面来加以考虑，虽然这些摩崖造像时代早不到唐文成公主的时代，其分布也未必一定与文成公主入藏的"唐蕃古道"相关联，却仍然能够反映出唐蕃关系史上许多重要的史实。首先，从地理位置上看，"丹玛"曾是吐蕃东向发展的要冲之地，是处在唐蕃边界的一处重镇。在《敦煌本吐蕃历史文书》中曾提到吐蕃赞普"及至虎年（678年）……隆冬于'邓'集会议盟"③，有学者认为"邓"这个地名即为"丹玛"。还有学者指出，在藏文《弟乌教法史》当中曾记载，在松赞干布之时曾在吐蕃全境设立了八个大集市，其中丹玛就是下部三个集市之一，已是吐蕃重要的粮草集散地④。由此可见，在吐蕃东部与汉地交界的横断山脉地区出现的这些具有诸多汉文化因素的佛教摩崖造像，既体现出吐蕃与中原唐文化的密切联系，也是吐蕃文化东向发展导致的必然结果。

在上述摩崖造像题铭中，有两处地点（西藏昌都仁达与青海玉树贝纳沟）均提到一位吐蕃高僧——大译师益西央（益西扬），他不仅参加过唐

---

① 黄显铭：《文成公主入藏路线初探》，《西北民族学院学报》1980年第1期；《文成公主入藏路线再探》，《西藏研究》1984年第1期。

② 张宝玺：《青海境内丝绸之路及唐蕃故道上的石窟》，《段文杰敦煌研究五十年纪念文集》，世界图书出版公司北京分公司，1996。

③ 王尧、陈践译注《敦煌本吐蕃历史文书》，民族出版社，1992，第147页；黄布凡、马德：《敦煌藏文吐蕃史文献译注》，甘肃教育出版社，2000，第42页。两个译本当中对此地名分别译为"邓"与"箪"。

④ 根旺：《"丹玛"史地杂考》，《西藏研究》1998年第3期。

蕃会盟，主持或参与了这两处石刻造像的工程，而且据铭文记载他还在"玉、隆、蚌、勒、堡乌等地亦广□写"，由此可见他是一位具有较高宗教地位、在藏东地区的宗教活动中也十分活跃的人物①。藏东地区出现的这批吐蕃摩崖造像，很可能与他生前的宗教活动有着密切联系。然而，对于这位人物的生平情况，过去却知之甚少。王尧先生曾对"比丘大译师益西扬"有所提及，指出据《藏汉大词典》记载，益西扬当为"吐蕃二十五位得道者之一"，但其有何译作传世已不得而知②。国外学者对此人则有较为深入的研究。法国学者 P. A. 石泰安在其《川甘青藏走廊古部落》一书中曾经指出，在藏东地区有一位布族的著名高僧益西扬（Yeshes-dbyangs），卒于850或862年，死后其尸体陈列在赤噶（Kri-ga），这个地名在同时代的汉文史料中称之为"溪哥城"，据拉露女士的研究，赤噶一名也曾出现在敦煌藏文写本当中。赤噶及其附近地区过去曾是吐蕃僧侣们的一个汇集中心，吐蕃末代赞普朗达玛（卒于842年或902年）灭佛并迫害佛教徒时，曾有许多高僧逃到那里避难，后来谋杀朗达玛的杀手拉隆白吉多吉（Lha-lung dpal-gyi rod rje）也曾在此地藏匿。吐蕃王国崩溃之后，在这一带由唃厮啰建立起割据政权③。瑞士学者阿米·海勒则进一步指出，益西扬其人通晓藏、汉、梵文，曾经连任赤噶寺的主持（墀巴），而赤噶地处丝绸之路的正南方，是联系通向唐朝长安、敦煌以及四川、云南等地的交通要冲。有证据表明，从8世纪以来，汉地与吐蕃的禅宗大师都曾在赤噶居住过，敦煌写卷中出现的有关禅宗内容的经卷以及来自印度与汉地的高僧关于禅宗在吐蕃地位的辩论都提供了相同的文化背景。因此，藏东地区这批吐蕃时期摩崖造像中以大日如来佛为中心的供奉崇拜现象显然在佛教密宗经典与禅宗修持中都极为流行④。

从唐蕃关系史上来看，8~9世纪时，一方面随着吐蕃王国势力的不断向外扩张，唐蕃关系总的来说处在时战时合的状态，既有相互战争，也时

---

① 最新的线索表明，在青海与甘肃交界处也发现有益西扬题刻的吐蕃时期摩崖石刻，资料有待正式公布。
② 王尧：《青海玉树地区贝考石窟吐蕃碑文释读》，《唐研究》第十卷。
③ 〔法〕P. A. 石泰安：《川甘青藏走廊古部落》，耿升译，四川民族出版社，1992，第132~133页。
④ 阿米·海勒：《公元8—10世纪东藏的佛教造像及摩崖石刻》，杨莉译，刊于《国外藏学研究译文》第十五辑，西藏人民出版社，2001，第201~203页。

有和平相处。而在吐蕃境内，佛教势力也得到了空前的发展，在赤松德赞时期所保存的金石铭刻上和后来的史籍当中都记载有几次"兴佛证盟"的誓文，证盟的参加者有吐蕃赞普、王室成员、文武百官、高僧大德以及诸部首领等①。上文中所涉及的吐蕃高僧益西扬，曾经参加过唐蕃之间的会盟，显然也熟悉吐蕃国内"兴佛证盟"的仪式法轨，在由他所主持或参与刻写的西藏昌都仁达以及青海玉树贝纳沟摩崖造像题铭中，都可以看到类似这样"兴佛证盟"内容的誓词。所以，我们可以确定这批石刻的建立与吐蕃势力扩张之下吐蕃佛教的传播影响也有着密切的关系，尤其是在吐蕃新占领区内的汉藏交界地带，树立这种具有"兴佛"与"盟誓"双重意义的纪念性标志更是具有多方面的功能。另外，由于大译师益西扬主要的宗教活动是在今青海地区（藏传佛教史上也称之为"宗喀"）以"赤噶寺"为中心的一带展开，基于地理环境和人文环境的密切联系，其影响波及相邻的藏东昌都以及四川西北的"邓柯"（即藏文文献中所称的"丹玛"）地区，是完全可能的。甚至有学者认为，这种影响在更南端的南诏时期佛教摩崖造像中也能见到其痕迹②。也同样是因为这些原因，来自汉地佛教的影响也可以通过四川、敦煌等地与来自吐蕃本土的藏地佛教相互交流、融合，在佛教造像艺术上产生新的流派与风格。我们在藏东遗存下来的这批吐蕃摩崖造像上既可以观察到可能源自吐蕃本土的印度—尼泊尔风格的影响，也可以观察到浓厚的汉地文化因素（如刻工中的汉人工匠、造像当中的唐式风格、题铭当中残存的大量汉文等），也正是唐蕃关系在文化交流方面的具体表现。所以，我们不必拘泥于"唐文成公主进藏"这一长期以来的传统模式来看待这批吐蕃遗存，而应当将其置于更为广阔的汉藏文化交流背景之下来加以考察，才会更加接近于历史的真实。

在吐蕃佛教发展史上，来自汉地佛教的影响一直是学术界所密切关注的一个问题，其中关于禅宗在吐蕃的流传与影响更是中外学术界的热门话题之一，相关论著颇丰③。通过藏东地区这批吐蕃佛教造像遗存的考古学研究分析，我们可以发现，在以大日如来信仰为中心的艺术表现形式之

---

① 藏族简史编写组：《藏族简史》，西藏人民出版社，1985，第60~68页。
② 阿米·海勒：《公元8~10世纪东藏的佛教造像及摩崖石刻》，杨莉译，刊于《国外藏学研究译文》第十五辑，西藏人民出版社，2001，第202~203页。
③ 〔法〕戴密微：《吐蕃僧诤记》，耿升译，西藏人民出版社，2001。

下，很可能隐含有如同阿米·海勒所意识到的在佛教密宗经典与禅宗修持中都曾经同时流行的某些宗教因素。由于汉藏边界特殊的交流渠道，这些因素通过来自藏地的吐蕃高僧和来自汉地的佛教高僧可以传播影响到敦煌和吐蕃。举例而言，藏汉文史料记载约在765年唐蕃会盟之后，吐蕃赞普曾派遣吐蕃使节前往汉地求取佛法，当他们回途经过益州（今四川省成都市）时，曾经向成都净众寺禅僧无相（又称金和尚，648～762）、保唐寺无住（714～774）求其所传禅法，后来在敦煌藏文写卷 P.T.116、P.T.121、P.T.813 当中便抄录有这两位禅师的部分语录。荣新江先生曾经据此研究考证认为《历代法宝记》这一系统的禅宗学说即是由吐蕃遣唐使臣从益州西北传至敦煌，并西入吐蕃的[1]。我们可以由此推论，佛教显、密系统中不同的经典与信仰在藏东地区也完全可能相互交融影响，从而在摩崖造像上形成别开生面的格局。

通过上述这个例证的分析，我们可以清楚地认识到，一旦突破过去以散点式的"文物点"进行思维的传统模式，而以"文化线路"的新概念为引导来重新审视和重组这些文物资源，深入地发掘和梳理其背后的文化资源，就可以站在新的时代高度形成点、线、面相结合的立体式观景，极大地丰富和提升文物资源的质量与能量，为合理利用这些文物资源造福于社会和人民开辟新路径。据悉，青海省旅游部门已经策划将勒巴沟、贝勒沟的几处吐蕃摩崖造像从"唐蕃古道"的角度开发出一条新的文化旅游线路[2]，目前正在进行公路的扩建与升级和旅游设施的整备工作，这就是由"文化线路"的资源调查获得的最为直接服务于社会经济发展所起到的转换作用。

二 要将文物资源调查的区域进一步扩大：从中心区域扩大到周边地区；从国有文物单位和宗教寺院扩大到民间；从静态的调查方式扩大到动态的"跟踪式"调查方式

第一，经过三次全国文物普查工作，西藏自治区的文物资源调查也进

---

[1] 荣新江：《〈历代法宝记〉中的末曼尼和弥师诃》，收入其论文集《中古中国与外来文明》，三联书店，2001，第343～368页。
[2] 笔者2012年7月于青海省文物局调查所悉。

入到一个前所未有的新阶段,从目前已经掌握和登录的三级文物保护单位名录来看,各地文物资源的基本状况已经较为清楚。今后的工作区域应当从西藏自治区内的一、二级中心城市逐渐开始向其周边的县城、乡、镇转移,将调查区域在空间范围上进一步扩大。

第二,以往调查对象的属性基本上属于国有文物和宗教寺院所有,而事实上在西藏民间还散落着大量与藏族传统生活方式、民居建筑、生产商贸活动、民间信仰习俗等有关的文物资源,这部分资源过去对其重视不足,登录较少。例如,沿滇藏、川藏线公路两侧分布着大量具有独特建筑风格的藏式村落与藏式民居,村落中散落着已具百年以上历史的藏香、藏纸制作工坊、水磨、风筝、卡垫织造作坊等生产和生活设施,其中有许多传统建筑物的木雕与彩绘门窗精雕细作,极富民族和地域特色。以往的文物资源调查中对这样一些反映普通民众生活方式的"民间文化遗产"缺乏重视,导致一些村落的旧式民居建筑、传统的生产与生活设施等随着新农村建设高潮的到来而被拆除或破坏。所以,根据这一情况我们必须将文物资源调查的重心下移,从社会高层下移到民间,进一步扩大其时空范围。

第三,以调查方式而言,以往的调查都是一次性的静态作业,在文物普查登录工作完成之后,很少再实施有效的动态跟踪观察,许多文物资源随着时间的推移已经发生了重大改变甚至已经消失,也未能及时地得到反映。因此,针对这些现象,今后也有必要由各级文化和文物部门组织力量实行不定期的重点抽查、复查和补查,采取动态的"跟踪式"调查方式能动的掌握当地文物资源现状。

三 建立和完善各地文物资源信息数字化系统,实施标准化管理,形成覆盖西藏自治区全区的文物资源信息网络

在全球进入到数字化、网络化时代之后,信息资源的处理、保存、发布、利用等各个环节也发生了革命性的变化。在世界已经变成"地球村"的今天,现代化的冲击已经到达世界的每一个角落,雪域高原也不例外。据统计,西藏自治区现有藏族人口约200万,其中手机用户便已达到90余万[1],互联网也基本上覆盖了全区县级城镇。在这样一个新的时代背景之

---

[1] 刘宣:《全球化时代西藏传统文明的传承与传播》,《对外大传播》2007年第6期。

下，对于文物资源调查工作无疑也提出了新的要求。

经过第三次全国文物普查工作，按照国家文物局制定的信息采集技术标准与处理、储存系统的具体建设要求，西藏自治区已经初步建成了自治区级和地区级的文物信息数字化系统。但是，目前县级和县级以下的文物资源信息化系统还有相当大的发展空间；已有的文物资源信息系统也需要随时进行维护与信息更新。在第三章中我们曾举出一个例子说明西藏自治区级文物保护单位的数据在自治区层面和国家层面面向社会公布的资料出现不一致的现象，其原因就在于没有及时跟踪文物保存的现状，也没有根据新的变化及时更新相关数据造成的。因此，面向未来，我们必须尽早着手建立和完善各地文物资源信息系统的数字化建设，并实施标准化管理，在"十二五"发展期间力争形成可以覆盖西藏自治区全区的文物资源信息网络，提升全区文物资源数字化管理的水平和运作能力，以便更好地服务于社会。

第二节　大力提升全国重点文物保护单位的申报力度与成功效率

全国重点文物保护单位是国家通过行政权威确认的国家级重点文物资源，也是反映一个地区文化遗产历史、科学、艺术价值高低的客观标志。针对西藏自治区目前全国重点文物保护单位的现状，有必要大力提升西藏申报全国重点文物保护单位的力度与客观效率。

在前面的章节中，我们通过与全国和西藏周边同属于边疆民族地区的纵、横比较，得出的基本结论是：

第一，西藏的全国重点文物保护单位绝对数量偏少。西藏现有35处，仅比青海省的18处居多，但与云南、四川、甘肃、新疆等省区存在较大差异。邻近省区中国保单位数量最多的四川，其国保数量是西藏的3.63倍；云南、甘肃的国保单位数也达到了西藏的1倍以上。

第二，从发展趋势上看处于劣势。从一至六批国保单位的增长趋势来看，西藏与周边省区相比较，全国重点文物保护单位各批次之间出现了较大的波动，从第五批的9处11个地点到第六批的8处，出现了下滑的趋势，与新疆的情况有些类似。但新疆的国保单位数在总量上较多，而且发展趋势呈良性上升。例如，在第1~4批次的国保单位名单中，新疆在总量上共有14处，较西藏的18处为少，但在第五批、第六批的国保单位名单中，新疆出现了爆发式增长，一举反超西藏，总数达到了58处。甘肃、四川、云南等省的各批次增长趋势与全国增长趋势也较为吻合，尤其是云南、四川两省，从第五批到第六批国保，分别实现了从9处到44处、24处到78处的飞跃式发展。虽然青海省的国保单位总数较少，但是从总体的增长趋势上看，却一直保持着向上增长的势头，上升趋势稳定。

第三，西藏的全国重点文物保护单位在类型分布上严重不平衡，古遗址仅有3处，古墓葬仅有4处，古建筑则占据了35处国保单位中的29处，石窟寺和近现代重要史迹及代表性建筑则分别仅有1处。在29处古建筑中，绝大多数是藏传佛教寺院，其他类别的古建筑很少。

第四，西藏的全国重点文物保护单位在地域分布上也存在着十分突出的不平衡特点。在西藏腹心地带的拉萨、山南和日喀则，国保单位占到西藏自治区全区38个地点中的31处，占有率高达81.58%。而在那曲地区、林芝市都只有1处，昌都市有2处，阿里地区仅有3处。

因此，我们必须加快发展步伐，深入发掘文物资源，从总体水平（包括质与量）上提升西藏全国重点文物保护单位的申报力度与成功效率。那么，应当如何入手开展这项工作呢？我们的建议是，一是深入挖潜，在更为广阔的时、空尺度上发掘西藏文物资源的潜在能量，从中择优选取具备申报全国重点文物保护单位的文物点列入备选目录；二是对现有的西藏自治区级（省级）重点文物保护单位进行认真的研究分析和梳理，在科学研究的基础上对其文化内涵与价值进行深入发掘，从中筛选出冲击国家级重点文物保护单位的文物点。

在前面的各个章节中，我们已经对现有的西藏自治区级重点文物保护单位的现状做出了以下基本评价：其一，和国家级文物保护单位相比较，西藏自治区级文物保护单位的选列与公布显示出强劲的力度，大大缩小了和全国尤其是邻近各省区之间存在的差距，这和西藏各级地方政府在中央和自治区人民政府的领导下，高度重视文物工作有着直接的联系。其二，西藏自治区级文物保护单位就其类别而言，在一定程度上对过去长期以来存在着的"重地面建筑，轻地下文物"以及在古建筑方面"重寺庙而轻民居"的局面有所改观。尤其是近年来随着西藏科学考古工作的开展，一批新近调查发掘的古遗址、古墓葬、石窟寺及石刻、岩画等门类的文物点被列入自治区级文物保护单位之中，反映出决策者观念意识的更新和文物工作均衡、良性的发展态势。其三，虽然目前与邻近省区相比较，西藏自治区级文物保护单位的总体状态仍居于劣势，但却已经显示出丰厚的潜在资源和良好的发展前景，为下一步西藏申报国家级文物保护单位准备了充足的条件和前期的工作基础。所以，我们应当有信心通过坚实的工作和努力达成目的。

在具体的实际操作方案上，建议加强如下环节，切实做好下一轮全国重点文物保护单位的申报准备与实施运作。

其一，对拟申报全国重点文物保护单位的文物点必须组织专家反复进行认真的实地踏查，对其保存现状、外部景观、文化内涵等各方面情况真正做到心中有数，及时发现存在的问题，完善和补充文字记录、图像记录、标本选择与测试等各方面的资料数据。

其二，认真做好相关申报资料的准备工作。按照国家文物局的统一布置，每个申报全国重点文物保护单位的省级或其他级别的文物点必须填报统一格式的申报材料，其中包括对文物点基本情况的概要介绍、对其科学研究或文物、艺术价值的认定，以及必要的图、表等。从第六批国保单位的申报情况来看，各申报单位都加大了材料准备工作的力度，材料图文并茂，论证严密，可信度高，西藏提交的材料相对而言在厚重度和科学性方面还有一定差距，在今后的工作中必须达到与全国相应的平均水准。

其三，进行必要的对外宣传，提升拟申报文物点的知名度。由于中国幅员辽阔，文物考古工作的区域性特点很强，所以除了极少部分重大的文物考古发现具有全国性的知名度之外，大部分省、自治区、直辖市拟申报国保单位的文物点并不具备这种影响力，部分评审专家对申报点的情况或略有所知，或知之不详，这都会影响到申报的成功率。因此，要有针对性地组织专家学者在业界《考古学报》《考古》《文物》等专业学术期刊和《中国文物报》《光明日报》《中国社会科学报》等国内外具有广大专业读者群的学术性报刊上发表相关考古调查报告、研究论文等，积极参加由国家文物局、中国文物报社等组织的年度"全国十大考古发现"评选活动、中国社会科学院考古研究所进行的年度"全国六大考古发现"评选和公开演讲活动，进行必要的社会宣传，让更多的人了解申报点的学术意义和科学、艺术价值，形成必要的学术氛围和良好的社会影响。

其四，高度重视评审过程中的专家实地核证踏查，组织强有力的专业团队现场介绍情况。根据国家文物局最新制定的评审办法，对初步入选的文物点要组织文物考古专家进行实地核查与现场评估，这是一个极好的宣传、介绍拟申报文物点的时机。要组织除业务主管部门领导和文物考古专家共同组成的专业团队，陪同专家进行实地踏查，在踏查过程中对陪同人员有明确的分工，除了由专业人员介绍文物点本体的专业特点（如年代、性质、文化因素、考古或文物研究的科学价值等）之外，还应由文物主管部门领导介绍拟申报文物点的保存现状、所开展的保护工作、目前面临的问题、解决问题的方案等，从不同的层面和角度加深考察专家的感性与理性认识，达到预期的目的。在回答专家提出的问题时，既要实事求是，也要根据西藏的自然与地理、人文条件等进行合理解释，突出拟申报文物点的特殊性、不可替代性与申报国保单位和必要性和迫切性。

总之，无论从全球文化遗产保护的发展趋势还是从国内的实际需要来看，大力提升西藏全国重点文物保护单位的数量，都是符合党和国家对西藏文化遗产大投入、大保护、大发展的总体战略的有力举措，也是藏族人民的衷心期盼，抓住当前的战略时机大力发展这一利在当代、功在千秋的伟业，对于西藏的文物考古工作者和文物主管部门而言，也是千载难逢的时代机遇，我们一定要以高度的政治责任感和深远的发展眼光来做好这项工作。

第三节　继续加强对现有重点文物保护单位的科学管理工作

西藏自治区区级以上重点文物保护单位的管理工作近年来取得了一系列举世瞩目的成绩。据有关资料数据统计[①]，从20世纪80年代开始，西藏自治区各级文物部门按照《中华人民共和国文物保护法》规定的"四有"工作要求，对已经公布的自治区级以上的文物保护单位都立了保护标

---

① 本项资料数据来源于西藏自治区文物局编《西藏自治区文物志》（未刊稿），资料数据截止到2010年。

识，开展了各级文物保护单位所藏文物的建档工作，迄今为止已先后完成了 8 万余件文物的登记造册工作，建立了较为规范的文物档案。1999 年，西藏自治区文物部门还部署和开展了全国重点文物保护单位的建筑实测建档工作，会同有关部门划定文物保护单位的保护范围和建设控制地带，自治区人民政府先后审核公布了布达拉宫、罗布林卡、扎什伦布寺、萨迦寺等全国重点文物保护单位的保护范围和建设控制地带。

在文物建档工作方面，至 2010 年年底，西藏自治区各级文物部门已经完成了第一批至第六批共 35 处全国重点文物保护单位、第一批至第三批共 48 处自治区级文物保护单位和 64 处第四批自治区级文物保护单位的纪录档案建立和备案工作；完成了全区部分管藏文物腐蚀调查工作；建立了自治区直属文物单位共 1813 件组文物藏品（其中包括一级文物 399 件、二级文物 932 件、三级文物 482 件）的纸质档案；完成了全区共计约 9 万件馆（寺）藏文物的登记建档工作，共计鉴定国家三级以上文物 1.3 万件。

上述成绩的取得，来之不易。在西藏地广人稀、交通不便、自然条件十分艰苦的情况下，能够建立起这样一个西藏文物状况的基本框架和系统，初步奠定西藏各级文保单位管理工作的基础，是西藏自治区各级领导和文物考古部门的实际工作者们付出巨大努力和艰苦劳动所取得的成就，应当给予高度的评价。

但是，我们也应当看到，与国际文化遗产保护工作的水平以及国内一些已经跨入文物保护管理工作先进行列的省区相比较，西藏也还存在着不少的问题和管理水平上的差距，有待于通过科学管理来提高总体水平。具体而言我们提出以下建议。

一 继续依照文物法建立与完善"四有"工作，进一步夯实文保工作的基础

《中华人民共和国文物法》规定文物保护单位必须具备"四有"，即有标志说明、有保护范围、有记录档案、有管理机构和人员，这是国家对全国文物管理部门提出的最基本工作要求，这项工作抓住了文物保护单位科学管理工作的重点，也是符合中国国情的基本文物"国策"之一。

如上所述，西藏自治区在"四有"工作上已经取得了很大的成绩，从

无到有,"四有"工作逐步推广覆盖到全区范围。但是,目前存在的问题是工作开展情况并不平衡,在中心城市如拉萨、日喀则、山南等地、市工作水平较高,而在边远地区则水平差距较为明显。例如,山南地区是西藏文物拥有量大、管理水平也较高的地区之一。从20世纪90年代开始,山南地区文物局开始进行文物建档工作,已基本做到对地区内各级文物保护单位达到"四有"的水平,自治区级以上的文物保护单位均划定了保护范围和建设控制地带,并在基本建设中严格执行。不仅如此,山南地区文物局还率先对地区内尚未列入级别的寺庙文物也开展了建档工作,至2010年年底,山南地区已经完成了县级以上文物保护单位的"四有"工作,还对区内4个边境县和4个沿江县的可移动文物也进行了建档工作,同时建立了数据库。然而在一些地区不仅自治区级文物保护单位不能达到"四有"标准,甚至连全国重点文物保护单位也未能全部达到"四有"标准或资料缺失不全。一些地区虽然名义上建立了重点文物保护单位的管理机构,但却没有专职的管理人员,也缺乏固定的管理经费,使得文物管理工作形同虚设,一些全国重点文物保护单位程度不同的有自然和人为破坏情况,甚至给文物盗窃犯罪分子造成可乘之机,文物被盗情况时有发生,盗窃对象不仅包括可移动文物,近年来被盗文物范围甚至扩展到对寺庙天花板、壁画等不可移动文物的盗窃。

因此,继续加强和完善文物保护单位的"四有"工作,在今后很长一个时期内将仍然会是西藏文物保护工作,尤其是重点文物保护单位科学管理工作的重点和"抓手",必须花很大的力气投入,才能跟上全国文物保护工作和国际文化遗产保护事业发展的速度与水平。

二 加强文物保护总体规划工作,依法、有序、科学地实施文物保护工程

文物保护规划是实施对各级文物保护单位进行有效保护、科学保护的依据和法规性文件,也是近年来国家实施文物保护工程的法规性程序。从2000年起,拉萨市已先后颁布实施《拉萨市城市总体规划(2005—2020年)》《拉萨市历史文化名城保护规划》《拉萨市老城区保护管理暂行规定》《拉萨市八廓街总体保护详细规划》以及《布达拉宫周边地区保护与整治规划》等,对重点文物保护单位和老城区古建筑进行文物保护调研、

第六章
西藏重点文物资源的保护对策与建议

编制保护规划和项目。山南地区文物局也在北京、陕西、西藏等设计规划单位的协助下，制定了桑耶寺、昌珠寺等6处重点文物保护单位的总体保护规划方案，使得今后对这些重点文物保护单位的修缮、加固、设施建设等须按照程序进行审批之后方能动工实施。2012年7~8月，笔者也率队参加了山南地区藏王陵大遗址总体保护规划的前期考古工作。这些工作将会对西藏重点文物保护单位有序、科学地实施保护工程起到重大作用。目前，应着重对阿里、昌都、那曲等边远地区加强文物保护总体规划，尤其是对地下遗址、墓葬、古代岩画等门类遗存的重视程度应进一步提高，逐步将全区的全国重点文物保护单位都纳入文物保护总体规划的范围实施保护。另外，依照相关法规，在大型基本建设项目中，也要严格按照文物保护工程的法规程序和规定，对重点文物进行调查、清理和保护之后方能施工。这一方面西藏可参照其他邻近省份（如四川、甘肃）的做法，逐步建立和完善相关法规政策，有效控制、防范在基本建设过程中可能对重点文物保护单位造成的人为破坏。近年来在青藏铁路建设、横断山脉水利工程建设项目中，西藏文物部门主动介入施工前的文物调查与考古清理工作，为后期的工程施工创造了有利条件，积累了不少成功的经验可供借鉴与推广。

三 大型维修与日常维护并举，确保重点文保单位平稳、安全、长效地发挥作用

20世纪90年代以来，在中央的亲切关怀下，国家投入巨额资金，西藏文物保护的大型维修工程相继上马，出现了一个前所未有的新局面。2001年，中央第四次西藏工作会议确定实施"西藏三大重点文物保护维修工程"（简称"三大工程"），即对布达拉宫、萨迦寺、罗布林卡三大全国重点文物保护单位进行维修保护。"十一五"期间，国家又投入专项资金5.7亿元对扎什伦布寺、夏鲁寺、江孜宗山抗英遗址、乃宁寺、古格王国遗址、朗赛林庄园、拉加里王宫、大昭寺、小昭寺、哲蚌寺、桑耶寺、昌珠寺、色咯古托寺、科加寺、色拉寺、拉萨关帝庙、《大唐天竺使出铭》摩崖石刻、东嘎寺、太昭古城、清代亚东海关遗址、中央人民政府驻藏办事处、波密县中心县委红楼（图6-1）等共计22处文物保护单位进行了大型维修。"十二五"期间，中央专项财政资金将达到18亿元，对西藏全区重点文物实施保护工程。

图 6-1　波密县中心县委红楼

采自中国西藏新闻网，http://www.chinatibetnews.com/。

但是，需要引起注意的是，除了重点专项经费开展的大型维修工程之外，我们更需要关注这些文物保护单位的日常维护状况，形成常态化、制度化的保护举措，将大型维修工程与日常维护工程并举，防止出现"一曝十寒"的局面，始终保持重点文物保护单位处于平稳、安全的运行状态，长效地发挥其在社会经济文化建设中的积极作用。

四　合理利用、有效分流、全面推进西藏重点文物保护单位社会服务体系建设

随着西藏社会文化事业的不断推进，重点文物保护单位在繁荣社会主义文化、促进西藏旅游事业发展方面正在起到越来越重要的作用。许多著名的重点文物保护单位同时也是具有很高文物、艺术、审美价值的人文景观和旅游观光点。但是，一个最突出的矛盾是大量旅游观光者主要集中于拉萨市、日喀则市几个主要的重点文物保护单位，造成布达拉宫在旅游旺季"一票难求"的局面。

布达拉宫是土木石结构的楼层式建筑群，又历经千年风雨，木构件老化腐朽严重，建筑本身的承载力已经十分有限。随着西藏旅游业的不断发

第六章
西藏重点文物资源的保护对策与建议

展,尤其是青藏铁路开通之后,布达拉宫的游客量逐年增多,已经严重威胁到建筑物的寿命与安全。为此,布达拉宫管理处采取了一系列措施来缓解这一矛盾,从延长开放时间、分散游览路线、提高客流速度到2003年最终决定采取每日限客减负的办法,尽管在一定程度上缓解了客流量激增与文物建筑安全之间的矛盾,但并没有从根本上解决问题。

我们认为,最终解决这一问题的关键,在于是否能够发挥更多的重点文物保护单位的作用,加以合理利用,实现有效分流,全面推进西藏重点文物保护单位社会服务体系的建设。仍以布达拉宫为例,在其方圆不过几平方公里的范围内,还分布着大昭寺、小昭寺、八廓街、药王山、查拉路甫石窟等若干重点文物保护单位,如果能够实现宏观调控,加大宣传引导力度,充分发挥这些文物点的作用,吸引游客从不同角度和层面认识西藏古老文化、体验雪域旅游的无穷魅力,形成点、线、面相结果的网络状参观游览线路,可以收到一定效果。

西藏自治区文化、文物主管部门也曾采取过一些举措,来达到"合理利用、有效分流"的目的。例如,为了适应形势的发展,恢复了布达拉宫前的"雪城"。其前提是在"不改变雪城原有建筑风格、环境风貌",按照"整体规划、全面开放、分步实施、力保重点"的原则,力求达成"恢复好、管理好、利用好"的目的。经过充分发掘、研究、论证、评估雪城的历史、艺术、文化价值,开始有计划、有步骤、分阶段实施雪城的恢复重建方案,于2007年6月正式对外开放。雪城通过原景式陈列、复原式陈列、动态展示、专题展示等多种形式再现了雪城作为布达拉宫附属建筑的历史风貌,成为展示西藏历史文化和拉萨文化旅游的一处新景点,取得了良好的社会效果。2009年8月,在雪城内又新建了布达拉宫珍宝馆,集中展示了收藏于布达拉宫内的许多瓷器、唐卡、中央政府和西藏地方政府之间的官方文书等珍贵文物,加强了雪城的对外展示功能,也提供了丰富的文物资源辅助布达拉宫游客的分流工作。据不完全统计,自雪城开放至2010年12月,已经接待宾客220441人次,达到了一定的分流效果。由此可见,这种建设性的思路是值得充分肯定的。

目前存在的问题是,对于雪城和布达拉宫珍宝馆的宣传力度还应进一步加强,不少游客并不知道在布达拉宫附近还有与之有着密切关系的雪城这座古建筑群落。布达拉宫珍宝馆在门票上应与布达拉宫实行"一体化",

真正实现减轻布达拉宫游客量的目的。

从布达拉宫这个例证我们可以十分清楚地认识到，西藏目前对于现有重点文物保护单位的合理利用率还有较大提升空间，其中有两个方面的问题：一是重点文物保护单位本身在服务社会的功能构建上还存在着缺陷或不足，不具备对外开放和利用的条件，有待于加以改善；二是一些文保单位即使已经具备这样的功能与条件，但在各个文物点之间没有形成相互支撑的网络和流通渠道，难以有效地组织客流的统筹、分流。这些问题想要得到根本性解决，必须是在充分发掘、整合历史文化遗产资源的基础上，精心布局、运筹，才有可能逐步实现预期目标。

五 加强培养和配备具有现代文化遗产管理理念和专业知识的人才，充实重点文物保护单位的专业力量

要提高西藏重点文物保护单位的科学管理水平，更好地发挥其在社会主义文化事业中的作用，需要一批具有现代文化遗产管理经验和专业知识的人才。从现状来看，在20世纪80年代曾由四川大学为西藏委托培养的西藏文物考古的大专班毕业生共计30人，其中90%以上成为今天西藏自治区文物考古部门的骨干和领军人物；21世纪初期，又由西藏民族学院再次培养过一个文博大专班，部分毕业生也补充到西藏文物、考古、博物馆及文物管理部门，形成今天西藏自治区专业人才的主要队伍，在西藏各级文物部门发挥着重要的作用。

但是，随着形势的发展和时代的需要，尤其是各级重点文物保护单位的不断增加，覆盖面不断扩大，专业人才的匮乏再次成为制约西藏文化遗产和文物事业发展的"瓶颈"。现状是，具有大专文化程度以上的专业人才平均每个地区不到2人。他们要承担所在地区的考古、文物、博物馆建设、文化遗产管理等多项繁重的工作任务，基本上处于"疲于奔命"的状态，不仅无法对现有的各级重点文物保护单位进行细致、深入的管理，更谈不上自身的知识更新与职业（岗位）轮训，与内地的相同部门相比，在知识结构、眼界视野、业务能力等各方面差距不断拉大。

因此，从西藏文化遗产事业的长远发展计虑，建议在"十二五"期间至少再由内地高校委托培养2~3个针对西藏文化遗产保护与管理方面的西藏班，以进一步充实现有的西藏文博队伍力量，至少达到每个县均有专业

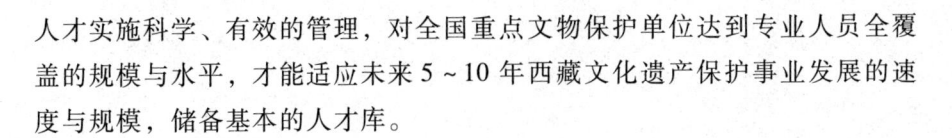

人才实施科学、有效的管理，对全国重点文物保护单位达到专业人员全覆盖的规模与水平，才能适应未来 5~10 年西藏文化遗产保护事业发展的速度与规模，储备基本的人才库。

六 妥善保护与复原遗产风貌，实现重点文物保护单位环境优美、长治久安

如前所述，西藏的许多重点文物保护单位都与优美的自然环境和自然景观融合在一起，形成自然与人文的"复合性遗产"，强烈地吸引着海内外游客前来观光游览。但是，目前还有不少重点文物保护单位周边环境存在着不同程度的"脏、乱、差"现象，规范的旅游设施短缺，外部形象不雅，一定程度上使得其文化价值与审美价值大打折扣。近年来，西藏自治区政府和文物管理部门已经开始重视这一问题，并采取了一些切实有效的措施加以改进与完善。其中较为成功的例子是布达拉宫周边环境的整治工程。为了改善布达拉宫的周边环境，西藏自治区政府和文物部门不断加大对布达拉宫环境整治的力度，一是将布达拉宫绝对保护范围内的"雪城"环境整治列入布达拉宫二期维修工程项目之中，成功地拆迁了其中大批违章建筑，实施了居民拆迁，修复了一批原有的古建筑；二是将布达拉宫周边 1959 年以后新建的建筑物全部予以拆迁，复原其历史风貌。这两项工程从 2006 年起分步实施，已经取得了重要的成效。近年来，自治区文物管理部门还划定了布达拉宫保护范围及建设控制地带，出台了《布达拉宫保护办法》，其中对布达拉宫保护范围及建设控制地带的保护管理问题做出了相关规定与要求。通过这些切实有效的举措，使布达拉宫的历史风貌得到妥善的复原，形成良好的外部环境。我们建议应当参照这一成功的案例，逐步实现对西藏境内现有全国重点文物保护单位的环境治理与保护规划，有选择地对自治区级重点文物保护单位开展试点工作，最终达成让这些珍贵的历史文化遗产长治久安的目的。

结　语

　　本课题是一项基础研究与现实研究相互结合的应用型研究。通过前面六章的研究探讨，形成了本课题的主要框架。我们认为，本课题研究的主要成果及创新点在于以下诸点。

　　第一，本课题站在世界文化遗产发展的前沿，对目前世界上各先进国家在文化遗产保护的理论、方法、具体措施、发展趋势等方面的情况进行了俯瞰式的回顾与总结，并结合国内近年来理论研究与实践发展的实际情况，反思了西藏文化遗产保护所走过的道路与历程，得出了若干重要的启示，成为统领本课题的宏观理论指导。

　　第二，本课题运用大量长期以来西藏文物考古工作中所积累的资料，对不同历史时期、不同类别的西藏历史文化遗产形成、发展、演化的过程进行了深入剖析，总结出以下各点：其一，西藏历史文化遗产所具有的独特的民族传统、风俗习惯和悠久的文化历史，都与其自然地理环境有着密切的联系，在文化资源的空间分布上呈现出独特的态势。其二，就其文化特质而言，由于这一地区的相对封闭性，还保存着大量其他地区已经消失的古老文化因素，更显珍贵。其三，西藏历史文化遗产经过长期的发展，在不同的历史阶段有其不同的内在精神内容与外在表现形态，呈现出多元而丰富的面貌，绝非单一性的宗教（尤其是单一性的藏传佛教）特质所能包容。其四，随着西藏社会的发展进步，其文化遗产的类型、性质、标准等因素都在发生不同的变化，文化内涵中蕴藏着极为丰富的时代信息，必须将其放置到西藏文明发展的宏观视野当中加以考察，认真梳理西藏历史文化资源形成及其发展演变的内在逻辑与外部特质，才能深刻把握目前西藏重点文物保护单位在中国经济步入快车道、城乡建设出现快速增长的新局面之下面对的历史机遇与重大挑战。

第三，重点对西藏历史文化遗产中最具代表性的全国重点文物保护单位、西藏自治区区级重点文物保护单位的设立历史、现状等进行了深入分析，将其置于全国及西藏周边地区相邻省区的同类、同质文物中进行了比较，从质与量两个维度考察了西藏文物资源的现实效益，对其所存在的问题与未来的发展方向提出了见解。

第四，通过分析比照全国重点文物保护单位评审标准的制定与实施，对西藏现有文物资源进行了重点清理，对于西藏潜在重点文物资源的评价体系、标准以及现状做出了较为系统、全面的认识，形成本课题中最为核心的部分。其主要的学术成果可以归纳概括为下述各点：

其一，按照目前国家所制定的全国重点文物保护单位评选标准加以衡量，这些基本标准对于西藏地区而论不仅是完全适合的，而且在若干细则的制定上对于西藏这样一个以藏民族文化为主体和特色、以藏传佛教为主流色彩的民族地区也是极为有利的，所以，应当充分利用这种政策上的优势，跨越式的大力推进对西藏重点文物保护单位的申报、管理工作，并在合理利用方面走出新路径。

其二，通过全国重点文物保护单位的价值原则、真实性和完整性原则以及评选标准的深刻认识，有助于我们根据西藏的具体情况，进一步建立健全已有的自治区级文物保护单位和市县级文物保护单位的基础资料，从结构与布局上调整、完善和充实各类文物点，从中筛选具有竞争力的文物点申报全国重点文物保护单位，改变西藏丰厚的文物资源保存状况与国家级重点文物保护单位现有数量之间的巨大反差。

其三，通过对现有西藏自治区境内各级文物保护单位和历次全区文物普查（尤其是第三次全区文物普查）基础资料的科学分析，可以认识到，西藏是一个文物资源极为丰富的地区，虽然这里处于自然条件极为恶劣的高海拔、高寒、缺氧地区，但人类在这里的生存活动和对自然力的调适与利用，从史前时代直到进入西藏古代文明时代的各个历史时期都有大量地下和地面文物得以保留至今，而且由于自然地理条件和人文历史背景与祖国其他地区的差异性，这些文物点具有极其鲜明的个性特征，从不同的侧面反映出西藏高原社会发展和文明演进的若干精彩断面，不仅具有丰富的文化内涵，而且具有强烈的视觉冲击力、感染力，在中国文明和世界文明体系中均占有重要的地位。但对这些潜在资源的认识还有一个过程，需要在坚实的田野考古工作的基础上，综合发挥考古学与文物学、历史学、民族学、民俗学、文化遗产学等多学科交叉融合的优势，从中提炼和升华其精粹，认识其核心价值。

其四，从中央到西藏各级政府对西藏的文物工作高度重视，采取了一系列行之有效的保护措施，取得了举世瞩目的成绩，各地基础工作开展得扎实有效，这为西藏申报国家重点文物保护单位奠定了良好的基础。尤其是在西藏自治区级文物保护单位当中，已经培育成熟了一大批具有实力冲击国家级文保单位的文物点，如果认真组织力量加以分析、论证，将会大幅度地提升西藏重点文物资源在全国乃至全世界的地位、影响力和竞争力，加强西藏文化的软实力。

其五，通过对西藏重点文物潜在资源的总体评估，也可以反观目前存在的主要问题：一是历史的原因造成了西藏自治区在全国重点文物保护单位的设置上门类较为单一，存在着重地面、轻地下，重宗教、轻世俗，重古代、轻现代等总体发展水平上的不平衡格局，有待于通过改变观念、改进工作来逐步改善这个局面。二是在已有的国家级文物保护单位当中，除极为知名者外（主要集中在第一批国保），大部分国保单位目前在海内外知名度不足，缺乏必要的宣传，不仅在专业人士中认知度较低，对广大民众的吸引力、感染力、影响力都有待进一步提高。三是应及时地对学术界已经公认具有较高学术、艺术、科学研究等方面价值的文物点进行升位（如将尚未公布为文物保护单位者及时加以公布；对已经公布为市、县级的文物保护单位升格为自治区级文物保护单位；将具有申报全国重点文物保护单位潜质的文物点及时列入预备申报名单，做好基础材料的准备工作等）。

第五，针对西藏现有全国重点文物保护单位在维护、管理与合理利用方面的现状与问题，通过选取西藏重点文物保护单位若干个案的调查与分析，从中观察和反思问题与对策，提出了若干建设性的意见和建议，主要包括：一是要继续深化文物资源的普查工作；二是要将文物资源调查的区域进一步扩大：从中心区域扩大到周边地区；从国有文物单位和宗教寺院扩大到民间；从静态的调查方式扩大到动态的"跟踪式"调查方式；三是要大力提升全国重点文物保护单位的申报力度与成功效率；四是要继续加强对现有重点文物保护单位的科学管理工作，其中包括：（1）继续依照文物法建立与完善"四有"工作，进一步夯实文保工作的基础；（2）加强文物保护总体规划工作，依法、有序、科学地实施开展文物保护工程；（3）大型维修与日常维护并举，确保重点文保单位平稳、安全、长效地发挥作用；（4）合理利用、有效分流、全面推进西藏重点文物保护单位社会服务体系建设；（5）加强培养和配备具有现代文化遗产管理理念和专业知识的人才，充实重点文物保护单位的专业力量；（6）妥善保护与复原遗产风貌，实现重点文物保护单位环境优美、长治久安。

最后应当指出，虽然本课题从批准立项到结题是在不到两年的时间内完成的，但其中所利用的基础资料却凝聚着长期以来汉、藏两个民族的文物考古工作者在西藏高原辛勤工作的结晶，也是本课题赖以支撑的科学依据，其中大量章节的内容都参考和利用了笔者及其研究团队多年来的科研成果，也借鉴了众多学者的学术论著。我们能够充分利用这些成果为本课题的研究服务，得益于所有长期辛勤工作在西藏高原的同行专家们，谨致以衷心的感谢！但是，由于我们认识水平的不足，对西藏文物工作全局情况的掌握有限，尤其是缺乏行政管理方面的系统知识，难免在上述研究结论中存在着许多与实际情况有所出入、观察片面甚至错误之处，一些具体数据的准确性也还有待于进一步验证，这些错误则全部应由我们承担，并虚心接受学术界和各级实际工作部门的领导和同志们批评指正！

参考文献

专著

〔法〕P. A. 石泰安：《川甘青藏走廊古部落》，耿昇译，四川民族出版社，1992。

〔法〕戴密微：《吐蕃僧诤记》，耿昇译，西藏人民出版社，2001。

《西藏百科全书》编撰委员会：《西藏百科全书》，西藏人民出版社，2009。

〔俄〕B. A. 李特文斯基主编《中亚文明史》，马小鹤译，中国对外翻译出版公司，2003。

〔意〕G. 杜齐：《西藏考古》，向红茹译，西藏人民出版社，1987。

Knud Larsen, Amund Sinding-Larsen，《拉萨历史城市地图集：传统西藏建筑与城市景观》，李鸽汉译，木雅·曲吉建才藏译，中国建筑工业出版社，2005。

藏族简史编写组：《藏族简史》，西藏人民出版社，1985。

常霞青：《麝香之路上的西藏宗教文化》，浙江人民出版社，1988。

达仓宗巴·班觉桑布：《汉藏史集》，陈庆英译，西藏人民出版社，1986。

单霁翔：《从文物保护走向文化遗产保护》，天津大学出版社，2008。

冯蒸：《国外藏学研究概况》，中国社会科学出版社，1979。

格勒：《藏族早期历史与文化》，商务印书馆，2010。

国家文物局编《中华人民共和国文物博物馆事业纪事 1949—1999》上册，文物出版社，2002。

国家文物局主编《中国文物地图集·西藏自治区分册》，文物出版社，2010。

黄布凡、马德：《敦煌藏文吐蕃史文献译注》，甘肃教育出版社，2000。

霍巍、李永宪、尼玛：《吉隆县文物志》，西藏人民出版社，1993。

霍巍等编写《错那、隆子、加查、曲松县文物志》，西藏人民出版社，1993。

拉萨市地方志编纂委员会编《拉萨市志》，中国藏学出版社，2008。

李方桂、柯蔚南著《古代西藏碑文研究》，王启龙译，清华大学出版社，2007。

李光文、杨松、格勒等：《西藏昌都——历史·传统·现代化》，重庆出版社，2000。

李翎等编《中国美术分类全集·中国藏传佛教雕塑全集》5《石雕》卷，北京美术摄影出版社，2002。

李永宪、霍巍、更堆：《阿里地区文物志》，西藏人民出版社，1993。

李永宪：《西藏原始艺术》，四川人民出版社，1998。

林冠群：《唐代吐蕃史论集·自序》，中国藏学出版社，2006。

罗布主编《辉煌的二十世纪新中国大纪录·西藏卷》，红旗出版社，1999。

四川大学中国藏学研究所：《皮央·东嘎遗址考古报告》，四川人民出版社，2009。

索朗旺堆、康乐主编《琼结县文物志》，西藏人民出版社，1993。

索南坚赞著《西藏王统记》，刘立千译，西藏人民出版社，1985。

王瑞珠：《国外历史环境的保护和规划》，台北：淑馨出版社，1993。

王森：《西藏佛教发展史略》，中国社会科学出版社，1997。

王小甫：《唐、吐蕃、大食政治关系史》，北京大学出版社，1992。

王尧、陈践译注：《敦煌本吐蕃历史文书》，民族出版社，1992。

王尧：《吐蕃金石录》，文物出版社，1982。

王尧：《吐蕃文化》，吉林教育出版社，1989。

西藏自治区博物馆编《宝藏》第一册，朝华出版社，2000。

西藏自治区测绘局：《西藏自治区地图册》，中国地图出版社，2002。

西藏自治区文物管理委员会、四川大学历史系：《昌都卡若》，文物出版社，1985。

西藏自治区文物管理委员会编《古格故城》，文物出版社，1991。

谢继胜：《西夏藏传佛画：黑水城出土西夏唐卡研究》，河北教育出版社，2002。

宿白：《藏传佛教寺院考古》，文物出版社，1996。

张云：《丝路文化吐蕃卷》，浙江人民出版社，1995。

中国社会科学院考古研究所、西藏自治区文物局：《拉萨曲贡》，中国大百科全书出版社，1999。

中国社会科学院考古研究所编《藏王陵》，文物出版社，2006。

中国文物地图集编辑委员会：《中国文物地图集·西藏自治区分册》，文物出版社，2010。

论文和简报

〔法〕R. A. 石泰安著《西藏的文明》，耿昇译，王尧校，西藏自治区社会科学院西藏学汉文文献编辑室印，1985。

〔瑞士〕阿米·海勒：《公元8~10世纪东藏的佛教造像及摩崖石刻》，杨莉译，刊于《国外藏学研究译文》第十五辑，西藏人民出版社，2001。

〔匈〕西瑟尔·卡尔梅：《七世纪至十一世纪西藏服装》，胡文和译，《西藏研究》1985年第3期。

〔英〕H. E. 理查德森：《吐蕃摩崖石刻研究札记》，石应平译，《西藏考古》第一辑，四川大学出版社，1994。

〔意〕G. Tucci, *The Tombs of Tibetan Kings*, Rome, 1950, 中译本刊于中央民族学院藏族研究所编《藏族研究译文集》，译为《藏王墓考》，1983。

Richardson, H., "Early Burial Grounds in Tibet and Tibetan Decorative Art of the 8th and 9 Centuries", in *Central Asian Journal*, 1963, Vol. 8, No. 2, pp. 73 – 91.

安志敏等：《藏北申扎、双湖的旧石器和细石器》，《考古》1979年第6期。

巴桑旺堆：《新见吐蕃摩崖石刻》，《西藏研究》1982年第2期。

参见西藏自治区文物普查队《西藏纳木错扎西岛洞穴岩壁画调查简

报》,《考古》1994年第7期。

曹昌智:《中国历史文化遗产的保护历程》,《中国名城》2009年第6期。

曹勇:《布达拉宫壁画的保护研究》,《文物》1996年第3期。

陈建彬:《关于西藏摩崖造像的几个问题》,《南方民族考古》第四辑,四川科学技术出版社,1992。

陈建彬:《西藏摩崖造像调查简报》,《考古与文物》1990年第4期。

陈映婕、张虎生:《文化空间、价值取向与文化遗产保护》,《文化遗产》2008年第3期。

陈长海:《西藏自治区非物质文化遗产保护条例建议案》,《科技信息》2011年第29期。

陈娅玲、孟来果:《西藏旅游文化遗产的利用和保护研究——基于布达拉宫的容量分析》,《西藏民族学院学报》(哲学社会科学版)2009年第4期。

丹扎:《林芝都普遗址首次发掘石棺葬》,《西藏研究》1990年第4期。

单霁翔:《谈文化遗产保护新的发展趋势》,《城市规划通讯学术动态》2010年第3期。

傅大雄:《西藏昌果沟遗址新石器时代农作物遗存的发现、鉴定与研究》,《考古》2001年第3期。

噶托·仁增次旺:《吐蕃王室后裔在阿里麦贡塘之世系源流明镜》,载《藏文五种史料》,西藏人民出版社,1989。

根旺:《"丹玛"史地杂考》,《西藏研究》1998年第3期。

国家文物局编《第七批全国重点文物保护单位评选参考标准》(内部资料),2010年7月。

国家文物局编印:《第七批全国重点文物保护单位申报项目专家复核意见》(内部资料),2010。

何强:《"拉萨朵仁"吐蕃祭坛与墓葬的调查与分析》,《文物》1995年第1期。

何强:《西藏贡嘎县昌果沟新石器时代遗存调查报告》,《西藏考古》第一辑。

何强:《西藏吉堆吐蕃墓地的调查与分析》,《文物》1993年第2期。

黄明玉:《文化遗产的价值评估及记录建档》,复旦大学博士学位论文,2009。

黄显铭:《文成公主入藏路线初探》,《西北民族学院学报》1980年第1期。

黄显铭:《文成公主入藏路线再探》,《西藏研究》1984年第1期。

霍巍、新巴·扎西达娃:《西藏洛扎吐蕃摩崖石刻与吐蕃墓地的调查与初步研究》,《文物》2010年第7期。

霍巍:《吉隆贡塘王城及卓玛拉康遗址的调查与阿里贡塘王国若干问题的初步探讨》,载《藏学研究论丛》第5辑,西藏人民出版社,1993。

霍巍:《近十年西藏考古的发现与研究》,《文物》2000年第3期。

霍巍:《全球现代化背景下的西藏文物保护战略与策略的思考》,《中国藏学》2011年第3期。

霍巍:《神幻之影——拉萨大昭寺吐蕃木雕的艺术风格与源流》,《西藏大学学报》2010年第1期。

霍巍:《试论吐蕃时期原始巫术中的"天灵盖厌胜习俗"——青藏高原新出土考古材料的再解读》,《中国藏学》2007年第1期。

霍巍:《试论吐蕃王陵——琼结藏王墓地研究中的几个问题》,《西藏考古》第1辑,四川大学出版社,1994。

霍巍:《试论西藏及西南出土的双圆饼形剑首青铜短剑》,吉林大学边疆考古研究中心编《庆祝张忠培先生七十岁论文集》,科学出版社,2004。

霍巍:《试析西藏东部新发现的两处早期石刻造像》,《敦煌研究》2003年第5期。

霍巍:《西藏考古工作的回顾与展望》,《民族研究动态》1994年第2期。

霍巍:《西藏石窟解码:崖壁上的千年佛光》,《西藏人文地理》2012年第3期。

霍巍:《西藏文物考古事业的奠基之举与历史性转折——西藏全区文物普查工作的回顾与展望》,《西藏大学学报》2008年第1期。

霍巍:《西藏西部佛教石窟壁画中供养人像服饰的初步研究》,《四川大学考古专业创建四十周年暨冯汉骥教授百年诞辰纪念文集》,四川大学出版社，2001。

李永宪、霍巍：《西藏岩画艺术》，载西藏自治区文物管理委员会编《西藏岩画艺术》，四川人民出版社，1994。

李永宪：《西藏仲巴县城北石器遗存及相关问题的初步分析》，《考古》1979年第6期。

刘满佳：《全球化视野下的文化遗产保护》（上、下），《今日民族》2008年第2、第5期。

刘宣：《全球化时代西藏传统文明的传承与传播》，《对外大传播》2007年第6期。

刘泽纯等：《西藏高原多格则与扎布地点的旧石器——兼论西藏高原古环境对石器文化分布的影响》，《考古》1986年第4期。

卢天玲、甘露：《神圣与世俗：旅游背景下佛教寺院建筑功能及其空间转化与管理》，《人文地理》2009年第1期。

罗哲文：《中国古代建筑维修史上的壮举》，载西藏布达拉宫维修工程施工办公室等编著《西藏布达拉宫修缮报告》，文物出版社，1994。

罗珍：《西藏文物保护的一些思考》，《西藏日报》2004年5月30日，第002版。

马振华：《西藏文物保护走向法制化》，《光明日报》2003年7月29日。

欧熙文：《古藏王墓——兼谈西藏的丧葬制度》，《西藏历史研究》1978年第4期。

恰白·次旦平措：《简析新发现的吐蕃摩崖石文》，《中国藏学》1988年第1期。

钱方等：《藏北高原各听石器初步观察》，《人类学学报》第7卷第1期，1988。

荣新江：《〈历代法宝记〉中的末曼尼和弥师诃》，收入其论文集《中古中国与外来文明》，三联书店，2001。

石应平、武树含：《拉萨大昭寺游客满意度调查与历史文化遗产旅游开发的对策》，《赤峰学院学报》（自然科学版）2012年第13期。

四川大学考古系：《青藏高原史前研究国际学术会议会议手册与提要》（内部资料），2011。

四川大学中国藏学研究所、四川大学考古系、西藏自治区文物局：

《西藏札达县格布赛鲁墓地调查简报》，《考古》2001年第6期。

四川大学中国藏学研究所、四川大学考古系、西藏自治区文物局：《西藏札达县皮央·东嘎古墓群试掘简报》，《考古》2001年第6期。

宿白：《拉萨布达拉宫主要殿堂和库藏的部分明代文书——西藏寺院调查记之七》，《文物》1993年第8期。

索朗旺堆、侯石柱：《西藏朗县列山墓地的调查和试掘》，《文物》1985年第9期。

索朗旺堆：《西藏考古新发现综述》，《南方民族考古》第四辑，四川科学技术出版社，1992。

索南航旦：《西藏文物保护药正确把握好三个关系》，《人民政协报》2006年10月27日，第C02版。

汤惠生：《青藏高原的岩画与本教》，《中国藏学》1996年第2期。

童恩正：《西藏考古综述》，《文物》1985年第9期。

王景慧：《中国文化遗产：保护状况与规划展望》，《建设科技》2007年第11期。

王明星、强巴次仁、严晓勤：《西藏自治区文物考古机构及主要工作》，《考古》2001年第6期。

王仁湘、赵慧民、刘建国、郭幼安：《西藏琼结吐蕃王陵的勘测与研究》，《考古学报》2002年第4期。

王望生：《布达拉宫》，《文博》1985年第6期。

王尧：《青海玉树地区贝考石窟吐蕃碑文释读》，《唐研究》第十卷。

王毅：《藏王墓——西藏文物见闻记（六）》，《文物》1961年第4～5期。

王运良：《中国文物保护单位制度研究》，复旦大学博士学位论文，2009。

文冰：《第七批全国重点文物保护单位评选工作启动》，《国际人才交流》2008年第4期。

西藏文管会文物普查队：《赤德松赞墓碑清理简报》，《文物》1985年第9期。

西藏文管会文物普查队：《萨迦县夏布曲河流域古墓葬调查试掘简报》，《南方民族考古》第四辑，四川科学技术出版社，1992。

西藏文管会文物普查队：《西藏仁布县让君村古墓葬试掘简报》，《南方民族考古》第四辑，四川科学技术出版社，1992。

西藏文管会文物普查队：《西藏日土县古代岩画调查简报》，《文物》1987年第2期。

西藏自治区文管会文物普查队：《西藏贡觉香贝石棺墓葬》，《考古与文物》1989年第6期。

西藏自治区文管会文物普查队：《西藏吉隆发现唐显庆三年大唐天竺使出铭》，《考古》1994年第7期。

西藏自治区文管会文物普查队：《西藏拉孜、定日两县古墓群调查清理简报》，《南方民族考古》第四辑，四川科学技术出版社，1992。

西藏自治区文管会文物普查队：《西藏墨竹工卡县同给村古墓群的调查与试掘》，《南方民族考古》第四辑，四川科学技术出版社，1992。

西藏自治区文管会文物普查队：《西藏山南拉加里官殿勘察报告》，《文物》1993年第2期。

西藏自治区文管会文物普查队：《西藏山南隆子县石棺墓的调查与清理》，《考古》1994年第7期。

西藏自治区文管会文物普查队：《西藏小恩达新石器时代遗址试掘简报》，《考古与文物》1990年第1期。

西藏自治区文物管理委员会编《拉萨文物志》（内部资料），1985。

西藏自治区文物局、四川联合大学考古专业：《西藏阿里东嘎、皮央石窟考古调查报告》，《文物》1997年第9期。

西藏自治区文物局编《西藏自治区文物志》（未刊稿），资料数据截止到2010年。

席津生等：《西藏人口的变化和现状分析》，国务院人口普查办公室等编《当代中国西藏人口》，中国藏学出版社，1992。

熊文彬：《西藏方兴未艾的文物和文化遗产保护》，《中国藏学》2009年第1期。

熊正德、郭荣凤：《国家文化软实力评价及提升路径研究》，《中国工业经济》2011年第9期。

喻达瓦：《高举旗帜科学发展加快推进西藏文化遗产事业新局面》，《西藏艺术研究》2010年第1期。

于水山：《西藏建筑及装饰的发展概说》，《建筑学报》1998年第6期。

张宝玺：《青海境内丝绸之路及唐蕃故道上的石窟》，《段文杰敦煌研究五十年纪念文集》，世界图书出版公司北京分公司，1996。

张森水：《西藏定日新发现的旧石器》，载《珠穆朗玛峰地区科学考察报告（1966—1968）——第四纪地质》，科学出版社，1976。

张松：《中国文化遗产保护法制建设史回眸》，《中国名城》2009年第3期。

张仲立：《大昭寺》，《文博》1986年第3期。

郑育林：《国际文化遗产保护理念的发展与启示》，《文博》2010年第1期。

中国社会科学院考古研究所西藏工作队、西藏自治区文物管理委员会：《西藏贡嘎县昌果沟新石器时代遗址》，《考古》1999年第4期。

中国社会科学院考古研究所西藏工作队、西藏自治区文物管理委员会：《西藏拉萨市曲贡村石室墓发掘简报》，《考古》1991年第10期。

中国社会科学院考古研究所西藏工作队、西藏自治区文物管理委员会：《西藏拉萨市曲贡村新石器时代遗址第一次发掘简报》，《考古》1991年第10期。

庄孔韶：《文化遗产保护的观念与实践的思考》，《浙江大学学报》（人文社会科学版）2009年第7期。

后 记

  本课题获准立项之后,由霍巍任项目组负责人,并由四川大学中国藏学研究所杨锋、四川大学博物馆谌海霞等人组成课题组。课题组先后于2011、2012两个年度赴西藏拉萨、山南、日喀则等地进行了实地调研,在充分消化调查资料与文献资料的基础上,开始着手进行课题研究与撰写工作。本课题各章节具体的分工情况为:霍巍撰写第二章、第四章、第五章的第一节、第六章、结语,杨锋撰写第三章,谌海霞撰写第一章和第五章的第二、第三两节,最后由霍巍进行统稿。全文的图片由课题组成员分别拍摄和收集,文末的参考文献等由谌海霞整理形成,并承担了全书的格式统一、插图等技术处理工作。

  课题组在实地考察和资料收集的过程中,得到西藏自治区文物局刘世忠副局长、谢旭伟先生、孙丹先生,西藏自治区文物保护研究所哈比布所长、布达拉宫管理处尼玛丹增主任、罗布林卡管理处拉巴次仁主任、山南地区文物局强巴次仁局长等人的大力协助与支持,在此谨表示衷心的感谢!

  课题的立项与后期工作中,还得到了中国藏学研究中心历史所所长张云研究员、四川大学中国藏学研究所副所长石硕教授、四川大学历史文化学院石应平教授等人的批评指导,使本项成果最终得以形成,我们也在此表示衷心的谢意!

霍 巍

2012 年 12 月 31 日

图书在版编目(CIP)数据

西藏重点文物保护单位的现状、潜在资源分析与保护对策/霍巍,杨锋,谌海霞著.—北京:社会科学文献出版社,2016.4
西藏历史与现状综合研究项目
ISBN 978-7-5097-8586-7

Ⅰ.①西… Ⅱ.①霍… ②杨… ③谌… Ⅲ.①名胜古迹-研究-西藏 ②文化遗址-研究-西藏 Ⅳ.①K928.707.5 ②K878

中国版本图书馆 CIP 数据核字(2015)第 312842 号

·西藏历史与现状综合研究项目·
西藏重点文物保护单位的现状、潜在资源分析与保护对策

著　　者 / 霍　巍　杨　锋　谌海霞

出　版　人 / 谢寿光
项目统筹 / 宋月华　袁清湘
责任编辑 / 孙以年

出　　版 / 社会科学文献出版社·人文分社 (010) 59367215
　　　　　地址:北京市北三环中路甲29号院华龙大厦　邮编:100029
　　　　　网址:www.ssap.com.cn
发　　行 / 市场营销中心 (010) 59367081　59367018
印　　装 / 三河市尚艺印装有限公司

规　　格 / 开　本:787mm×1092mm　1/16
　　　　　印　张:16.5　字　数:261千字
版　　次 / 2016年4月第1版　2016年4月第1次印刷
书　　号 / ISBN 978-7-5097-8586-7
定　　价 / 98.00元

本书如有印装质量问题,请与读者服务中心 (010-59367028) 联系

▲ 版权所有 翻印必究